Claus Schulze
17.02.2016

Alexander Rahr

Wladimir Putin

Alexander Rahr

Wladimir Putin

Präsident Russlands –
Partner Deutschlands

UNIVERSITAS

Besuchen Sie uns im Internet unter
http://www.herbig.net

1. Auflage Juni 2000
2. überarbeitete und ergänzte Auflage September 2000
3. überarbeitete und ergänzte Auflage September 2002

Schutzumschlag: Wolfgang Heinzel
Schutzumschlagfoto: dpa
Satz: Fotosatz Völkl, Puchheim
gesetzt aus: 11/13 Punkt Trump Mediaeval
Druck: Jos. C. Huber KG, Dießen
Binden: R. Oldenbourg, München
Printed in Germany
ISBN 3-8004-1408-2

Inhalt

Teil I

Drei Gesichter

Im Jahre 1999, im siebten Monat,
wird ein großer Schreckenskönig
vom Himmel kommen: Den großen
König von Angolmois wird er von
den Toten erwecken, vor und nach
Mars wird er frühzeitig regieren.

(Nostradamus-Prophezeiungen,
X. Centurie, 72. Vers)

Erste Einblicke

Am 9. August 1999 wurde Wladimir Putin, der breiten Öffentlichkeit zuvor völlig unbekannt, von Präsident Boris Jelzin zum neuen Premierminister Rußlands ernannt. Dieser Sensation folgte eine zweite. Jelzin proklamierte den 46jährigen Putin gleich zu seinem Wunschnachfolger. Die Weltöffentlichkeit zuckte nur mit den Schultern: Wie sollte der unbekannte Mann innerhalb der verbleibenden elf Monate bis zu den Präsidentschaftswahlen seine Autorität unter Beweis stellen und eine wirkliche breite Wählerbasis errichten können? War Jelzin total verrückt geworden? Oder gar in Panik geraten?

Rußland befand sich Anfang August 1999 im Kriegszustand mit den tschetschenischen Rebellen, die Dagestan, eine russische Republik im Nordkaukasus, angegriffen und Moskau den »Heiligen Krieg« erklärt hatten. Rußland stand vor der Alternative, sich entweder aus dem Nordkaukasus zurückzuziehen und den islamischen Rebellen das Feld zu überlassen oder mit aller Gewalt gegen die tschetschenischen Kämpfer vorzugehen. Jegliche politische Lösungsversuche waren zuvor gescheitert. Putin befahl den Gegenangriff – der zweite Tschetschenienkrieg begann. Die russische Armee benötigte mehr als ein halbes Jahr, um die separatistische Republik Tschetschenien unter ihre Kontrolle zu bringen. Putin gewann als »Kriegsgott« hohes Ansehen. Der Sieg der Armee katapultierte ihn frühzeitig an die Spitze des Kreml. In seiner kurz vor der Präsidentschaftswahl erschienenen Autobiographie verteidigte Putin den Krieg in Tschetschenien. Er habe Rußland praktisch vor dem Zerfall gerettet.

Doch der Krieg brachte keinen Frieden. Im Gegenteil, das Schreckgespenst einer »Balkanisierung« des Kaspischen Raumes – die Region mit dem höchsten Konfliktpotential auf der Erde – wurde vor allem in Afghanistan nach dem 11. September 2001 zum Leben erweckt.

Sankt Petersburg. Ende März 1994

Die Wagenkolonne des Sankt Petersburger Oberbürgermeisters kam pünktlich vor dem städtischen Gästehaus an. Es war ein kalter Samstag im März 1994. Der Frühling war hier noch lange nicht in Sicht. Die hohen Gäste stiegen aus den schwarzen Limousinen. Schnellen Schrittes ging man in das Innere des Gebäudes. Die Leute vom Sicherheitsdienst umringten das Haus. Drinnen drängten sich schon die Journalisten. Ein ganz besonderes Treffen war angekündigt worden an diesem kalten Wochenende. Zum ersten Mal seit dem Zusammenbruch der Sowjetunion sollte hier, in der ehemaligen Hauptstadt des russischen Reiches, der berühmte Bergedorfer Gesprächskreis der deutschen Körber-Stiftung tagen.

Die Journalisten studierten fleißig die lange Gästeliste. Extra zum Gesprächskreis gekommen war der Bundesverteidigungsminister Volker Rühe, begleitet von seinem Planungschef, Vizeadmiral Ulrich Weisser.

Andrej Kokoschin, Erster Stellvertretender Verteidigungsminister Rußlands – ein Politologe und einziger Zivilist in der russischen Armeeführung –, war aus Moskau angereist, um am Rande der Tagung mit Rühe über die sich abzeichnende NATO-Osterweiterung zu sprechen. Aus den Limousinen stiegen auch noch andere bekannte Politiker, Diplomaten, Journalisten, Wissenschaftler. Sie alle nahmen Platz um den runden Tisch – in alphabetischer Reihenfolge. Die nächsten zwei Tage sollte hier eine grundsätzliche Diskussion über den Stand der russischen Reformpolitik geführt werden. Die Fernsehkameras durften traditionell die Eröffnung des 101. Bergedorfer Forums filmen, danach bat sie der Diskussionsleiter Andreas Meyer-Landrut, damals Staatssekretär im Bundespräsidialamt und Präsident des Deutsch-Russischen Forums, höflich aus dem Raum. Die offene Aussprache wollte man im kleinen Kreis führen.

Das kurze Eingangsreferat hielt natürlich der Hausherr. Anatolij Sobtschak, Oberbürgermeister von Sankt Petersburg und Demokrat der ersten Stunde, war sichtlich stolz darauf, eine solch hochrangige Runde in seinem Amtssitz versammelt zu haben. Doch falls er angenommen hatte, die deutschen, amerikanischen, französischen, englischen, polnischen und estnischen Teilnehmer würden Rußland mit Beifall überschütten, sah er sich getäuscht. Im Gegenteil, die Diskussion wurde im Verlauf der Tagung immer schärfer. Die russischen Politiker sprachen von großen Fortschritten – die westlichen Gäste warnten vor einem Rückfall in alte Zeiten. Vor einem halben Jahr hatte der russische Präsident Jelzin sein Parlament beschießen und auseinanderjagen lassen. Im neuen Parlament, das drei Monate später gewählt wurde, hatten der Ultranationalist Wladimir Schirinowskij und die Kommunisten zwei Drittel der Sitze gewonnen. Wie, so die deutschen kritischen Stimmen, konnte da von Demokratie gesprochen werden!?

Nach dem Mittagessen meldete sich plötzlich ein Mann zu Wort, der bislang die einzelnen Teilnehmer genau studiert, ihre Beiträge sorgfältig registriert, selbst aber im Hintergrund geblieben war. Nur wenige der westlichen Experten kannten diesen Mann, der auf der Liste als Stellvertretender Bürgermeister von Sankt Petersburg aufgeführt war. Wie so oft bei solchen Tagungen nutzen die ermüdeten Diskutanten solche Minuten, wo weniger bekannte Persönlichkeiten sich zu Wort melden, zur Besinnungspause – entweder, um kurz hinauszugehen oder mit dem Nachbarn zu tuscheln oder den nächsten Redebeitrag zu entwerfen. Doch Wladimir Putins scharfer, fast aggressiver Ton ließ alle am runden Tisch aufhorchen.

Putin griff direkt den Moskauer Korrespondenten der Zeitschrift »Die Zeit«, Christian Schmidt-Häuer, an. Dieser hatte die Meinung vertreten, die neue russische Führung Jelzins wisse nach dem Zerfall der Sowjetunion nicht, was denn russische Außenpolitik sein sollte. Die Ablösung Michail Gorbatschows und die Auflösung der Sowjetunion seien pragmatische Machtpolitik ohne jeden Gedanken an eine künftige Außenpolitik gewesen. »Ich halte diese Meinung für vollkommen abwegig«, fuhr Putin ihn an. »Die Politik des Zentralkomitees der KPdSU mit Gorbatschow an der Spitze war auf ganz andere Ziele gerichtet, nämlich auf die Erhaltung der Kommunistischen Partei und der UdSSR.« Gorbatschows Unvermögen hätte jedoch zum völligen Zusammenbruch geführt.

Und dann kam Putin ohne weitere Einleitung auf sein Hauptanliegen zu sprechen: die Zukunft der Gemeinschaft der Unabhängigen Staaten (GUS) und die Rolle der 25 Millionen Auslandsrussen, der russischsprechenden Minderheit, die sich nach dem Zerfall der UdSSR plötzlich in den Territorien fremder Staaten wiederfanden.

Die Auslandsrussen, so Putin, wären keine Eroberer

gewesen, man müßte sie zu denselben Opfern der kommunistischen Herrschaft zählen wie andere Völker auch. Diese Menschen lebten jetzt teilweise auf Territorien, die historisch immer zu Rußland gehört hatten, wie die Krim oder Nordkasachstan. Rußland habe im Interesse des globalen Friedens auf diese Territorien verzichtet. Die Auslandsrussen, so Putin, müßten aber in den neuen unabhängigen Staaten anständig behandelt werden. Sie benötigten eine doppelte Staatsbürgerschaft. »Und«, fügte Putin hinzu, »die Weltgemeinschaft muß jetzt auch um des globalen Friedens willen die berechtigten Interessen des russischen Staates und des russischen Volkes als einer ›großen Nation‹ achten.«

Das war der Ton, der westliche Teilnehmer im Saal zusammenzucken ließ. Putin sprach das Thema an, das Rußland bis heute intensiv beschäftigt. Den Verlust seines Imperiums hat das Land nicht überwunden. Man weiß das im Westen – und umgeht lieber das Thema, weil eine Debatte darüber meistens in Konfrontation ausartet. Putins Beitrag provozierte sofort heftige Reaktionen. Der Direktor der Stiftung für Wissenschaft und Politik, Michael Stürmer, zeigte sich über die von Putin vorgetragenen Denk- und Handlungsmuster russischer Politik tief besorgt. Der britische Historiker Garton Ash fragte Putin, wie er die britische Nationalität definieren würde? »Etwa als alle englischsprechenden Menschen? Dann käme man auf einen Staat, der etwas größer wäre als China.« Der deutsche Generalsekretär der KSZE, Wilhelm Höynck, meinte, die gesamte frühere Sowjetunion wäre theoretisch eine »russischsprachige Minderheit« – Putins Begriff für die russische Nation wäre völlig unzureichend. Ein Berater des estnischen Verteidigungsministers ging zum Frontalangriff auf Putin über: Die russischsprachigen Bürger der baltischen Staaten wüßten selbst nicht, was sie wollten. Man hätte sie durch russische Propaganda irregeleitet und orientierungslos gemacht.

Der Stellvertretende Verteidigungsminister und spätere Sekretär des Nationalen Sicherheitsrates, Kokoschin, versuchte dagegen, Putin Schützenhilfe zu geben. Putin habe zu Recht gesagt, Rußland wäre in seinen jetzigen Grenzen noch nicht recht eingerichtet. Der Westen müsse, fuhr Kokoschin fort, sich diesen Prozessen aufgeschlossener zeigen. Rußland habe in der Tat auf viele Territorien freiwillig verzichtet, und der Verzicht sei durch nichts kompensiert worden. Das Pendel der öffentlichen Meinung könne zur anderen Seite ausschlagen – das dürfe man nicht als Wiedergeburt irgendwelcher Großmachtideen deuten.

Putin hatte ungewollt der Diskussion eine entscheidende Wendung gegeben. Im Grunde hatte er den wunden Punkt getroffen. Die deutschen und westlichen Teilnehmer hatten ihren Streitgegner ausgemacht. Nun reihten sich die Anhänger und Gegner seiner These auf. Die Debatte wurde immer kontroverser. Eine deutsche Stimme meldete sich – für Putin. Der Vorsitzende des Außenpolitischen Ausschusses im Deutschen Bundestag, Karl-Heinz Hornhues, warf dem Westen vor, einerseits sich über den Begriff »nahes Ausland« zu beschweren, andererseits aber nicht bereit zu sein, einen eigenen Friedensbeitrag, beispielsweise im Kaukasus, zu leisten. Deutschland könne sich nicht einerseits um die Belange der Rußlanddeutschen bemühen, gleichzeitig aber russische Sorgen über heimatlos gewordene Russen ignorieren.

Laute Kritik erntete Putin gleich darauf wiederum aus den eigenen Reihen – der Berater Jelzins für Nationalitätenfragen, Emil Pain, warnte Putin davor, Auslandsrussen »zu verteidigen«, da sich dadurch das Konfliktpotential in der GUS erhöhen und damit die Lage der Schutzbedürftigen selbst enorm verschlechtern würde. Putins Sankt Petersburger Kollege, Professor Watanjar Jagja, konnte nur den Kopf schütteln: Welche Gebiete, die Moskau scheinbar freiwillig an die neuen unabhängigen Staaten abgegeben hat, meinte Putin? Die Krim wäre erst Ende des 18. Jahrhunderts von Rußland erobert worden, Nordkasachstan sei seinerzeit auch von den Zaren annektiert worden. Mit solchen Erklärungen – so Jagja an die Adresse des ihm gegenübersitzenden Putin gewandt – provozierte man nur imperiale Stimmungen, die eine Großmachtpolitik ermöglichen.

Der Riß mitten durch das russische politische Lager wurde immer deutlicher. Putin mußte sich auch von anderen russischen Kollegen korrigieren lassen. So habe nach Ansicht von Andrej Zagorskij der größte Teil der Russen die Nase voll vom Imperialismus vergangener Jahre – extreme nationalistische Positionen würden nur von »aktiven politischen Minderheiten« vertreten.

Putins kurze Intervention beschäftigte einige Teilnehmer des Bergedorfer Gesprächskreises noch am darauffolgenden Tag. Die deutsche Leiterin des Zentrums für russisches Reformwesen an der Staatsuniversität Sankt Petersburg, Ingeborg Fleischhauer, eine der wenigen Damen am runden Tisch, zeigte sich von Putins Vision einer urtümlich russischen Territorialbestimmung verschreckt. Frau Fleischhauer bezeichnete die Vision als einen aus der asiatischen Tradition kommenden Archetypus, der sich so ausdrückt: Territorien, die mit russischem oder slawischem Blut getränkt sind, haben ein Recht darauf, für immer in slawischem Besitz zu bleiben. Und Putin entspräche dieser Mentalität.

Seit diesem Bergedorfer Gesprächskreis sind sechs Jahre vergangen. In dieser Zeit wurden Hunderte von Konferenzen ähnlichen Inhalts abgehalten. Gerade wenige Tage vor dem Sankt Petersburger Treffen war Putin Teilnehmer einer EU-Konferenz in Hamburg gewesen. Dort hatte der Präsident Estlands, Lennart Meri, die Russen in seiner Rede mehrmals als »Okkupanten« bezeichnet. Putin stand auf, verließ während der Ansprache demonstrativ die Versammlung – das Parkett knarrte unter seinen Schritten – und schlug mit lautem Knall die Tür hinter sich zu.

Der ausgebildete Geheimdienstmann hatte in diesen Jahren nicht nur ausschließlich mit Vertretern der Wirtschaft zu tun. Er kam immer öfter mit Politikern von Weltformat in Berührung, kannte die ausgewiesenen Rußlandexperten aus dem Westen, hörte ihren Ansichten zur Zukunft oft nur kopfschüttelnd zu. Im Auftrag von Sobtschak holte er Staatschefs und andere wichtige Persönlichkeiten, die in diesen Jahren in die Newa-Metropole kamen, am Flughafen ab. Putin setzte die hohen Gäste in seinen Wagen und begleitete sie auf der Fahrt zum Hotel. Unterwegs regte er interessante Gespräche an, so beispielsweise mit Henry Kissinger. Letzterem beichtete Putin seine Verbundenheit mit dem KGB, wobei der Amerikaner zum großen Erstaunen Putins darauf erwiderte: »Alle wichtigen Politiker haben irgendwann einmal mit den Geheimdiensten kooperiert, auch ich bin da keine Ausnahme.« Oft ergriff Putin bei passenden Gelegenheiten selbst das Wort, vertrat seine Ansichten, scheute keine Konfrontation. Als ein amerikanischer Diplomat bei einem Empfang für US-Vizepräsident Al Gore am Flughafen einen russischen General wegstieß, ließ es Putin auf einen diplomatischen Eklat ankommen. Der Diplomat wurde daraufhin versetzt. Weniger konfrontativ ging es bei Besuchen deutscher Delegationen zu. Manchmal erklärte sich Putin bereit, für seine deutschen Besucher den Part des Fremdenführers zu übernehmen, wie beispielsweise bei dem Besuch der Delegation der Bertelsmann AG mit Mark Wössner und Manfred Lahnstein an der Spitze kurz nach dem Augustputsch 1991.

Putin machte keinen Hehl daraus, daß er sich zu einem Antikommunisten gewandelt hatte. Die Kommunisten hatten seiner Meinung nach das große Rußland terrorisiert und später heruntergewirtschaftet. Sein Wunsch war es, Rußland wieder in seiner früheren nationalen Größe zu sehen – am liebsten demokratisch, wenn es aber nicht anders ging, auch als autoritäre

Macht. Im Gespräch benutzte Putin keine geschliffene diplomatische Sprache, sondern nannte Dinge beim Namen. Beim Bergedorfer Gesprächskreis schien es, als ob Putin sich die Argumente der internationalen Teilnehmer genau anhören würde. Überraschenderweise verzichtete er darauf, ein zweites Mal das Wort zu ergreifen. In den Kaffepausen suchte er, stets in Sichtweite des Oberbürgermeisters Sobtschak stehend, das Gespräch mit seinen Opponenten. Am Samstagabend fand ein festlicher Empfang im Sankt Petersburger Jusupow-Palast statt. Sobtschak zeigte sich von seiner freundlichsten Seite. Einige Gäste wurden in den Keller geführt – in die »Gruselkammer«, wo Felix Jusupow in einer dunklen Nacht des Jahres 1916 Rasputin vergiftet hatte. Rasputin war ein dahergelaufener Mönch aus Sibirien gewesen, der aufgrund seiner angeblichen Heilkünste das Vertrauen der Zarin gewinnen konnte. Zehn Jahre lang hatte sich Rasputin hinter den Kulissen in die russische Politik eingemischt.

Der Name Rasputin ist heute in Rußland wieder in aller Munde. Unter Jelzins Herrschaft waren in den vergangenen Jahren mehrere sogenannte Rasputins im Kreml aufgetaucht. Von einigen dieser grauen Kardinäle wird noch ausführlich die Rede sein. Als die Teilnehmer des Bergedorfer Gesprächskreises sich von Sobtschak verabschiedeten und sich für die großartige Gastfreundschaft bedankten, zeigte der Oberbürgermeister mit dem Finger auf seinen Untergebenen. »Das ist Wladimir Wladimirowitsch Putin, er ist mein Deutschlandmann, mit ihm könnt ihr zukünftig alle eure Anliegen besprechen, ich habe ihn soeben zu meinem Ersten Stellvertreter ernannt!«

Putin stand immer in engem Kontakt mit Deutschland. Er begleitete Sobtschak auf seinen vielen Reisen, vornehmlich nach Deutschland, Frankreich und Italien. Bei Sobtschaks Besuch im Bonner Bundeskanzleramt bei Helmut Kohl kurz nach dem Augustputsch 1991 fungierte er sogar als Dolmetscher. Putin traf Kohl mehrmals – aber immer in Begleitung von Sobtschak. In seiner Autobiographie zollte Putin dem deutschen Bundeskanzler größte Hochachtung. Der ehemalige Geheimdienstmann war vor allem von Kohls Kenntnissen über die gegenwärtigen Probleme Rußlands und Kohls persönliches Interesse an der russischen Geschichte sehr angetan. Damals konnten sich natürlich weder Kohl noch andere vorstellen, daß dieser schmächtige und unscheinbar wirkende Apparatschik, den man in den Kaffeepausen der Konferenzen hinter seinem Rücken einen »typischen russischen Nationalisten« nannte, weil er sich in der Frage der Auslandsrussen so entschieden äußerte, sechs Jahre später aus der Versenkung auftauchen und an die oberste Spitze des russischen Staates gelangen würde.

Kreml. Jahrtausendwende

Im Oktober 1999 wurde Putin plötzlich mitten aus einer Kabinettssitzung heraus in den Kreml beordert. Einige Regierungsmitglieder horchten auf: Sollte der neue Ministerpräsident nach drei Monaten entlassen werden? In Wirklichkeit informierte Zar Boris Jelzin seinen Günstling Putin damals von seinem Entschluß, frühzeitig zurückzutreten. Dieser Entschluß wurde in Moskau wie ein Staatsgeheimnis gehütet. Putin selbst wußte erst gar nicht, wie er sich verhalten sollte. Jelzin war sprunghaft, er konnte Putin genauso schnell auch wieder entlassen. Kronprinzen hatte es in der Vergangenheit zur Genüge gegeben. Zwei Tage vor Silvester bat Jelzin dann seinen Günstling zum entscheidenden Gespräch zu sich. Nach Aussage von Putin hatte sich zwischen ihm und Jelzin keine besondere Seelenverwandtschaft entwickelt; das Verhältnis der beiden Politiker war keineswegs von einer tiefen Freundschaft, einem Vater-Sohn-Verhältnis oder gar von einer Verehrung geprägt. Die beiden Männer verband ein sachlicher, pragmatischer Umgangston. Jelzin fragte Putin nicht nach dessen Wünschen, Jelzin entschied – und erwartete – daß sich andere, auch Putin, fügten. So auch an diesem Tag. Als er gefragt wurde, ob er bereit wäre, die große Verantwortung auf seine Schultern zu laden, antwortete Putin mit einem Ja.

Am 31. Dezember 1999, kurz bevor die Kremlglocken das neue Jahrtausend in Rußland einläuteten, verließ Jelzin seinen Amtssitz, von dem aus er ein Jahrzehnt lang Rußland regiert oder – wie manche sagen – beherrscht hatte. In seinen Wintermantel eingehüllt, übergab Jelzin sein Büro dem 20 Jahre jüngeren Putin. Das russische Staatsfernsehen filmte die gesamte Episode. Die Fernsehbilder gingen um die ganze Welt. Putin sagte keinen Ton, begleitete den alten, kranken Mann bis an dessen Limousine. Zuvor hatte er von Jelzin die eigentlichen Insignien der Macht erhalten – das berühmte Atomköfferchen mit den geheimen Codes zum Abschuß der russischen Nuklearraketen. Dieses Instrument gibt dem russischen Präsidenten praktisch die Macht, im Bedarfsfall jeden beliebigen Angreifer atomar zu zerstören. Dann hatte Putin noch den Wunsch geäußert, der russische Patriarch Alexij II. solle die Machtübergabe segnen. Das Oberhaupt der orthodoxen Kirche wurde wie ein Notarzt aus dem Gottesdienst in den Kreml gerufen.

Jelzin winkte lange in Richtung seiner Mitarbeiter. Von seiner »Familie« war auf den letzten Bildern niemand mehr zu sehen, außer dem Leiter der Präsidialadministration Alexander Woloschin und dem Pressesekretär Dmitrij Jakuschkin. Jelzins gepanzerte Limousine – eine Art Festung, mit allen modernen Kommunikationssystemen ausgestattet – setzte sich langsam in Bewegung und fuhr auf die Moskauer Straßen hinaus. Konsterniert verharrte Putin im Eingang des Kremlpalastes. War in Rußland wirklich eine neue Epoche angebrochen? War der »Alte« wirklich für immer aus der Politik verschwunden? Oder würde er plötzlich nach einer Weile wiederkommen – bei Jelzin war man vor Überraschungen niemals sicher – und verkünden, er würde doch gerne seine Amtszeit bis zum Juni 2000 zu Ende regieren und hätte sich alles anders überlegt?

Jelzin hätte den Zeitpunkt seines Abgangs nicht günstiger wählen können. Normalerweise wäre seine Amtszeit im Juni 2000 zu Ende gegangen. Doch die Bevölkerung war seiner Person und Politik längst überdrüssig geworden. Nachfolger Putin war durch den Tschetschenienkrieg aus dem Schatten seines großen Gönners herausgetreten. Mit Putin und niemand anderem verband ein großer Teil der Menschen ihre Hoffnungen für die nächsten Jahre. Jeder länger im Kreml verbrachte Tag nagte am historischen Image des alten Herrschers. Putin war sein persönlich erkorener Nachfolger. Jelzin wollte selbst seinem Nachfolger die Krone aufs Haupt setzen. Und diese Entscheidung sollte, nach Jelzins Vorstellung, vom gesamten Volk in demokratischen Wahlen »abgesegnet« werden. Jelzins Rückzug in den letzten Stunden des ausgehenden Jahrtausends brachte ihm viel Wohlwollen, Respekt und möglicherweise wichtige zukünftige politische Dividenden bei den Menschen ein.

In der Silvesternacht fiel kein böses Wort über ihn. Der erste Präsident Rußlands hatte in seiner Ansprache sein Volk um Verzeihung gebeten – für alle seine Verfehlungen und nicht erfüllte Versprechungen. Es war etwas wirklich Historisches an diesem Tag passiert.

Rußland hatte im Verlauf des 20. Jahrhunderts viele Machtwechsel erlebt. Von den insgesamt elf Herrschern waren fünf im Amt gestorben. Fünf wurden gestürzt oder zum Rücktritt gezwungen, wie Zar Nikolaj II. und zuletzt Michail Gorbatschow. Der letzte Herrscher Rußlands im 20. Jahrhundert trat mit Würde ab, ohne Putsch, und übergab sein Präsidentenamt einem Mann seiner Wahl, den er zuvor aus dem Nichts kreiert hatte.

Jelzin verließ den Kreml freiwillig, er hatte sich keineswegs, wie überall behauptet wurde, an seine Macht geklammert. Vielleicht war dieser mutige Schritt entscheidend dafür, daß Jelzin sich zukünftig einen positiven Platz in der Geschichte sichern konnte.

Ist Putin wirklich Jelzins Antwort auf all die riesigen Probleme des heutigen Rußlands? Die Art und Weise, wie Jelzin abtrat, stimmte mißtrauisch. Hinter der Fassade der großen demokratischen Geste verbarg sich nach Ansicht vieler Beobachter auch ein politisches Machtkalkül. Nach diesem Abgang Jelzins war ein Sieg Putins bei den Präsidentschaftswahlen nicht gefährdet. In einem halben Jahr hätte sich die Lage wieder anders, weniger vorteilhaft für den Kronprinzen entwickeln können. Jelzin, der um seine persönliche Sicherheit nach dem Rückzug aus der Politik besorgt war, mußte die Gunst der Stunde nutzen, um sicherzustellen, daß kein anderer Politiker in Rußland an die Macht kommen würde. In der Tat zinkte er die Karten der anderen Bewerber um das höchste Amt. Keiner von ihnen konnte sich Chancen ausrechnen, in den verbleibenden Wochen einen erfolgreichen Präsidentschaftswahlkampf gegen Putin, der mit dem vorteilhaften Amtsbonus ausgestattet war, zu führen.

Beobachter fragten sich, ob hier nicht demokratische Grundsätze manipuliert, für andere, undurchsichtige Ziele verbogen worden waren. Hinter den hohen Mauern des Kreml schienen gewiefte Machtpolitiker die Strippen gezogen zu haben. Wurde, wie »Der Spiegel« behauptete, der störrische alte Jelzin von seiner eigenen Umgebung zum Rücktritt gezwungen, die sich von einer Protektion Putins mehr versprach? Oder hatte Jelzin selbst, bekannt für seine oft sadistisch anmutenden Handlungen, Freunde und Feinde an der Nase herumgeführt und den KGB-Mann Putin auf die ihm überdrüssig gewordenen Finanzoligarchen angesetzt, um Rußlands Staatsbürokratie zu säubern – eine Politik, zu der er selbst aus bekannten Gründen nicht mehr in der Lage war? War der Machtwechsel in Wirklichkeit ein hervorragend inszeniertes Theaterstück, das am Silvestervorabend der Weltöffentlichkeit vorgeführt wurde? Ein abgekartetes Spiel um Einfluß, Interessen und Macht? Ein Endspiel um die Kontrolle über die Bodenschätze des potentiell reichsten Landes der Erde?

Sankt Petersburg. Februar 2000

An der Newa fand ein trauriges Ereignis statt: ein Staatsbegräbnis. Anatolij Sobtschak wurde zu Grabe getragen. Tausende von Menschen erwiesen ihm die letzte Ehre. Mit 62 Jahren war der ehemalige Oberbürgermeister von Sankt Petersburg plötzlich einem Herzschlag erlegen – während einer Reise nach Kaliningrad. Das Begräbnis wirkte in doppelter Hinsicht betrübend. Putin ergriff mit Tränen in den Augen das Wort, würdigte Sobtschak als großartigen Organisator, fast als einen Märtyrer, den seine politischen Gegner in den Tod »gehetzt« hätten. Die Worte »Reform«, »Demokratie« kamen Putin aber nicht über die Lippen. Ein seltsames Schauspiel bot sich hier dem Betrachter: Putin stand da, umringt von Leibwächtern. Kein demokratischer Politiker war an seiner Seite zu sehen, Anatolij Tschubajs und seine Kollegen – die Demokraten der ersten Stunde – standen abseits, weit weg von Putin. Manche Journalisten sprachen davon, daß an diesem Tag die russische Demokratie feierlich zu Grabe getragen wurde ...

Moskau. März 2000

Am 26. März wurde Putin mit 52 Prozent der Stimmen schon im ersten Wahlgang zum neuen russischen Präsidenten gewählt. Erstaunlich für einen Mann, dessen

Gesicht vor einem halben Jahr der Öffentlichkeit noch völlig unbekannt war. Nichts konnte seine Wahl zum Präsidenten mehr stoppen, andere Kandidaten hatten praktisch das Handtuch geworfen. In Moskau kursierte der erste Putin-Witz: »Ein armer Russe in der tiefen Provinz erhält von der Regierung ein Carepaket mit humanitärer Hilfe. Er öffnet es und findet darin einen Fernseher, ein Radiogerät, mehrere Zeitungen und – Konserven. Er schaltet den Fernseher ein – dort erscheint Putin. Er schaltet das Radio ein – dort hört er die Stimme Putins. Er schaut in die Zeitungen – auch überall Putin. Der hungrige Mann sitzt lange da und überlegt – soll er die Konserven wirklich öffnen?«

Im März 2000 war Tschetschenien endgültig wiedererobert, die Wirtschaftskurve zeigte eindeutig nach oben, die westlichen Gläubigerbanken hatten der russischen Regierung im Februar 16 Milliarden US-Dollar, die Hälfte der sowjetischen Altschulden, erlassen – ein ganz besonderes Geschenk an die neue Kremlführung. Mit dem neuen Mann waren im Westen zahlreiche Hoffnungen auf einen Durchbruch in der Reformpolitik verbunden. Putin selbst nährte geschickt westliche Hoffnungen auf Stabilität in Rußland. Erinnerungen wurden wach an das Jahr 1984, als der junge Michail Gorbatschow als Kronprinz die Staatsgeschäfte aus den Händen des sterbenskranken Generalsekretärs Konstantin Tschernenko übernahm und der Westen ihn als einen Politiker feierte, mit dem man, wie Margaret Thatcher sagte, »business« machen konnte. Ähnlich, fast zu ähnlich äußerte sich eine andere große Dame der Weltpolitik im Januar 2000 – die amerikanische Außenministerin Madeleine Albright zeigte sich von dem Reformwillen Putins überzeugt. Und US-Präsident Bill Clinton, der auch Thatchers Worte gegenüber Putin verwendete, griff nach Jelzins Abgang sogar selbst zur Feder und schrieb einen sehr persönlichen Artikel über Jelzin für das »Time Magazine«, in dem er dem Nachfolger Putin wünschte, daß Groznyj von Terroristen bald »befreit« würde. Der deutsche Außenminister Joschka Fischer, der britische Premier Tony Blair, NATO-Generalsekretär George Robertson – sie alle reisten nach Moskau, um den neuen Mann zu begutachten. Kurz vor den Präsidentschaftswahlen kam schließlich eine hochrangige deutsche Wirtschaftsdelegation nach Rußland. Otto Wolff von Amerongen und Klaus Mangold vom Ostausschuß der Deutschen Wirtschaft waren sichtlich angetan: Der Kreml war bereit, ein neues Fenster nach Europa aufzuschlagen. Das Signal war überdeutlich: Der Westen streckte Putin die Hand entgegen.

Eine Biographie über den neuen Kremlherrscher zu schreiben war nicht einfach. Man weiß einfach zu wenig über das Leben des langjährigen Geheimdienstmannes. Journalisten aus aller Welt suchten in den Wochen vor den Präsidentschaftswahlen verzweifelt nach irgendwelchen interessanten Spuren, die Putin in Sankt Petersburg oder Dresden – den Städten, in denen er vor seiner Versetzung nach Moskau im Spätsommer 1996 lebte – möglicherweise hinterlassen hatte. Einige Quellen taten sich auf – ehemalige Kollegen Putins aus dem KGB, die Schwiegermutter des neuen Präsidenten, frühere Schulkameraden. Fast alle Zeitzeugen zeichneten ein positives Bild vom neuen Kremlchef. Allerdings wurden auch andere Stories über Putin verbreitet, die nicht im Einklang mit dem vom Kreml gezeichneten Herrscherbild standen und seinem Ansehen einige Kratzer zufügen konnten. Um etwaigen Schaden von Putin abzuwenden, kam seine Kremlmannschaft auf die geniale Idee, eine Woche vor den Wahlen eine Autobiographie Putins auf den Markt zu bringen. Drei Journalisten, eine von ihnen die international bekannte Journalistin Natalja Geworkyan, wurden für mehrere Tage auf eine Regierungsdatscha eingesperrt, wo sie mehrere Stunden mit Putin zusammentrafen, ihm die Mikrofone vor die Nase halten durften und er ihnen seine eigene Lebensgeschichte erzählen konnte, bevor die ersten Putin-Biographien veröffentlicht wurden. Auch Putins Frau Ljudmilla, seine beiden jungen Töchter, seine Schullehrerin und zwei, drei wohlgesinnte Freunde Putins durften mit ihren Aussagen helfen, das Image des neuen Kremlchefs aufzupolieren.

Die Presseabteilung des Kreml hatte das gesamte Material, das über den Kremlchef in den letzten Wochen veröffentlicht worden war – ob in westlichen Zeitungen, russischen Medien oder im Internet – herausgefiltert und in akribischer Kleinarbeit analysiert. Ohne daß die Journalisten ihn danach fragten, ging Putin in seiner Autobiographie nun daran, alle kantigen Stellen zu glätten, den negativen Mythos Putin zu entzaubern. Der Tod seines Judoka-Kameraden, der Besuch im Bordell an der Hamburger Reeperbahn, der mysteriöse Erwerb eines eigenen Pkws in den Studentenjahren, sein Autounfall in Leningrad, seine Agententätigkeit in der Ex-DDR, sein Verhälnis zu Sobtschak, die verlorene Gouverneurswahl von Sankt Petersburg und schließlich die Hintergründe seines kometenhaften Aufstiegs in der Moskauer Machtzentrale – alles wurde von ihm zurechtgebügelt.

Wenige Tage vor den Wahlen erschien die Autobiographie als Buch im renommierten Verlag »Vagrius« auf dem Markt. Allerdings hatte die Kremladministration die Texte zensiert, einige Passagen aus den Putin-Interviews – auch auf Wunsch seiner Frau – wieder herausgestrichen. Durch die Veröffentlichung der interessanten persönlichen Einblicke hat Putin seinen anderen Biographen natürlich den Wind aus den Segeln genommen. Doch die Nachforschungen über das Leben des unbekannten Zaren im Kreml werden dadurch kaum eingestellt werden. Wer sich hinter der Sphinx mit dem Namen Putin verbirgt, hat auch sein Selbstporträt nicht aufklären können. Haben wir es mit einem neuen großen Herrscher zu tun, der Rußland im 21. Jahrhundert in der demokratischen Weltgemeinschaft verankern wird – wie der scheidende Präsident Jelzin es prophezeit hat? Oder ist Putin ein »Schreckenskönig«, der Rußland in neue gefährliche Konfrontationen mit dem Westen verstricken könnte?

Der »nette« Junge

Wladimir Putin erblickte am 7. Oktober 1952 das Licht der Welt. Eine lange historische Ära ging gerade zu Ende. Sowjetdiktator Josif Stalin hatte nur noch fünf Monate zu leben. Mitte Oktober 1952 hielt er seinen letzten Parteitag ab, auf dem er eine neue Säuberungswelle vorbereiteten wollte. Junge Kader, wie Leonid Breschnew, wurden in das Zentralkomitee der KPdSU neu gewählt. Auf der unteren Ebene profilierte sich schon der Nachwuchs: Komsomolaktivisten wie Michail Gorbatschow und Boris Jelzin trimmten die Studenten ihrer Universitäten auf die offizielle Parteilinie ein.

Unter Stalin war Rußland zu einer Weltmacht geworden. Nach dem Sieg über das faschistische Deutschland im Zweiten Weltkrieg hatte sich Stalins Herrschaft über ganz Osteuropa ausgebreitet. Die Sowjetunion besaß Atombomben, was sie praktisch von außen her unverwundbar machte. Als Stalin Anfang März 1953 im Alter von 73 Jahren starb, hinterließ er ein Riesenreich, das seinesgleichen in der Weltgeschichte suchte. Doch Stalins Weltreich verkörperte eine aggressive kommunistische Ideologie, die die übrige Welt bedrohte. Stalins Politik provozierte einen neuen kalten Krieg, der in einen neuen Weltkrieg münden konnte. Nach dem Tod des Diktators wurde die Sowjetunion kaum berechenbarer. Äußere Zerfallserscheinungen, wie die Volksaufstände in Ostdeutschland (1953) und Ungarn (1956), wurden von Stalins Erben gnadenlos mit Panzern unterdrückt. Mit der gleichen Brutalität wurden die inneren Machtauseinandersetzungen geführt. Der einst mächtige Geheimdienstchef Lawrentij Berija wurde als Spion hingerichtet, einige Jahre danach Ministerpräsident Georgij Malenkow entmachtet. Als der kleine Putin in die Schule kam, erblickte er an den Wänden und auf den ersten Seiten seiner Schulbücher nur das Porträt eines Sowjetführers – Nikita Chruschtschow hatte sich an der Spitze des Kreml durchgesetzt. Chruschtschow versuchte das starre Sowjetsystem vorsichtig zu reformieren. Er verurteilte offiziell die Greueltaten des Stalin-Regimes und gab Schriftstellern, Künstlern und Journalisten ein wenig mehr geistiger Bewegungsfreiheit.

In dieser »Tauwetterperiode« wuchs Putin auf, allerdings nicht in Moskau, sondern in seiner Geburtsstadt Leningrad. Die ehemalige Metropole des russischen Reiches war im Zweiten Weltkrieg ziemlich zerstört worden. Von 1941–44 hatte die berühmte Leningrader Blockade gedauert. Sieben Jahre danach waren die Trümmerberge beseitigt, aber die Stadt noch lange nicht wiederaufgebaut. Doch was waren materielle Schäden gegen menschliche Schicksalsschläge? Zwei ältere Brüder des gegenwärtigen russischen Präsidenten hatten während des Zweiten Weltkriegs im Kleinkindalter ihr Leben verloren – der junge Wladimir, der später geboren wurde, hat sie nie zu Gesicht bekommen. Auch Putins Großmutter mütterlicherseits – Elizaweta Alekseewna – wurde vermutlich von Soldaten der deutschen Wehrmacht im Oktober 1941 als Partisanin erschossen.

Putin macht aus seiner Herkunft kein Geheimnis. Sein Großvater väterlicherseits hieß Spiridon und war Koch – aber kein gewöhnlicher. Spiridon Putin bereitete Speisen für Lenin zu, nach dessen Tod kochte er für Stalin. Ein Mann in einer solchen Stellung, der eine solche Nähe zur Kremlmacht besaß, konnte nicht anders als im NKVD – dem Volkskommissariat für Innere Angelegenheiten, dem Vorläufer des KGB-Geheimdienstes – angestellt gewesen sein. Ein Koch, der Hand an die täglichen Speisen des Diktators Stalin anlegte, stand unter ständiger Aufsicht und war im gewissen Sinne wichtiger als ein Mitglied des Politbüros. Spiridons Vater Iwan – Putins Urgroßvater – arbeitete noch als Leibeigener in der Landwirtschaft. Spiridons Bruder Michail soll gegen Ende seines Lebens ins Kloster eingetreten sein. Der Stammbaum der Familie läßt sich bis 1723 verfolgen. Putins Vorfahren waren Bauern im Gouvernement Twer.

Putins Vater hieß Wladimir und wurde 1911 in der Hauptstadt des Russischen Reiches, Sankt Petersburg, geboren. Im Ersten Weltkrieg flüchtete die Familie vor den vorrevolutionären Wirren nach Twer – eine Provinzstadt zwischen Sankt Petersburg und Moskau. Das war die Heimat von Putins Großmutter. Dort wuchs Putins Vater auf, dort erlernte er einen Arbeiterberuf und heiratete 1928 Putins Mutter, Maria Iwanowna Schelomowa, als sein Vater schon auf der Stalin-Datscha bei Moskau lebte. Aufgrund der verantwortlichen Tätigkeit des Großvaters in Moskau befand sich Putins Vater von früh auf unter ständiger »Obhut« des NKVD. Wladimir Putin Senior beteiligte sich als Jugendlicher aktiv an der sowjetischen Antireligionskampagne, die eine neue kommunistische Weltideologie kreieren sollte. Er riß Ikonen von den Wänden und galt als Scharfmacher unter den jungen Atheisten seiner Region.

1932 zogen die Eltern des heutigen Präsidenten von Twer zu Marias Bruder Iwan nach Leningrad um. Iwan Schelomow diente bei der sowjetischen Marine. Zunächst verdiente Putins Vater sein Geld als Wachmann beim Waggonbauwerk. Maria Putina arbeitete beim gleichen Wachdienst – als Sanitäterin. Später wurde Wladimir Putin Schlosser im selben Werk. Mitte Zwanzig wurde er zum Wehrdienst berufen, den er sogleich bei seinem Schwager auf einem Unterseeboot ableistete. Als der Zweite Weltkrieg ausbrach, wurde er in ein Sonderbataillon des NKVD für Sabotageakte im Feindlager berufen. Wladimir Putin verübte Anschläge auf deutsche Transportzüge, zerstörte den Nachschub. Dabei geriet er in Estland in den Hinterhalt und entkam, durch Granatensplitter schwer verletzt, nur knapp dem Tod. Putin senior nahm auch an anderen Kampfhandlungen teil. Zweimal verlor er dabei fast sein Leben, wurde wie durch ein Wunder gerettet. Die Verletzungen an den Beinen machten ihm bis zu seinem Tode im August 1999 – wenige Tage vor der Ernennung seines Sohnes zum Ministerpräsidenten – zu schaffen. Putins Mutter, die im Krieg eine schwere Gesichtsverletzung erhielt, starb 1998 in Sankt Petersburg an Krebs.

Nach dem Krieg mußten Wladimir und Maria Putin den Tod ihrer zwei jungen Buben überwinden und sofort die Ärmel hochkrempeln, um mit anderen Überlebenden die zerstörte Stadt wiederaufzubauen. Wladimir Putin senior ging als Meister in das Egorow-Eisenbahnwaggonbauwerk in Leningrad, Maria Putin verdiente Geld als Putzfrau und Nachtwächterin in einem Lager. Wladimir Putin war 41 Jahre alt und seine Frau Maria nicht viel jünger, als sie ihren dritten Sohn – Wladimir – bekamen. Als der Kleine gerade drei Jahre alt wurde, konnte sein Vater stolz verkünden, daß das erste Teilstück der Leningrader Untergrundbahn mit einer Länge von elf Kilometern und acht Stationen in Betrieb genommen werden konnte – mit Zügen, die in seinem Betrieb hergestellt worden waren.

Wladimir junior wuchs in sehr bescheidenen Verhältnissen auf. Die Familie lebte in einer Gemeinschaftswohnung im fünften Stock eines alten Hauses im Baskowskij Pereulok im Zentrum der Stadt. Der Lebensraum beschränkte sich auf 20 Quadratmeter. Die Küche mußte mit mehreren Nachbarfamilien, darunter einer streng jüdischgläubigen, geteilt werden. Im Bad gab es kein Wasser – der Vater, ein Kriegsinvalide, mußte das Wasser in Eimern die Treppen hochschleppen. Auf der Treppe hausten Ratten, die der kleine Wladimir mit dem Stock jagte und die, wenn sie in die Ecke gedrängt wurden, sogar Menschen angriffen. Als Putin fünf Jahre war, schlich sich seine Mutter mit ihm aus der Wohnung und ging, nur in Begleitung einer älteren Nachbarin, in die nächstgelegene Kirche. Dort wurde der kleine Wladimir im geheimen getauft. Der Vater durfte von der Taufe nichts wissen, er war damals gerade zum Sekretär der Parteiorganisation einer Betriebsabteilung in seiner Fabrik aufgestiegen. Ein Gutheißen der Taufe hätte für ihn negative Konsequenzen gehabt. Ähnliche Fälle spielten sich damals natürlich auch in anderen russischen Familien ab.

Von seinem familiären Hintergrund und der Jugendphase her unterschied sich der junge Wladimir also kaum von anderen Kindern. Materielle Bedürfnisse wurden in diesen Nachkriegsjahren nur notdürftig gestillt, Streben nach Reichtum kannte man nicht. Andere Werte standen im Vordergrund. Drei Tage vor Wladimirs fünftem Geburtstag brach in der gesamten Sowjetunion riesiger Jubel aus. Die UdSSR schickte ihren ersten Satelliten ins All. Sputnik I umkreiste die Erde – über dem Territorium des Hauptkonkurrenten USA. Die gesamte Sowjetnation hing mit dem Ohr am Radiogerät und vernahm die Erfolgsmeldung. Übermütig versprach Staatschef Chruschtschow, nun bald Amerika wirtschaftlich zu überholen.

Im September 1960 wurde Putin mit knapp acht Jahren in die Schule Nummer 193 eingeschult. Nach Aussagen seiner Lehrer war er ein schwieriger Junge. Wowa – so wurde er damals genannt – wuchs praktisch auf der Straße auf. Die anderen Kinder hatten große Angst vor ihm, denn er schlug bei Auseinandersetzungen als erster zu. Mit anderen Straßenkindern machte er die Gegend unsicher, kletterte in Hinterhöfe, rannte oft von zu Hause weg, schlug sich mit Nachbarjungen und mußte selbst Prügel einstecken. Die strenge Erziehung seines Vaters, die frühe Jugend auf der Straße prägten natürlich den Charakter Putins. Er lernte früh seine Gefühle zu verbergen, sich von den Gefahren der Umgebung ständig in acht zu nehmen. In der Schule war er als Lausbub verschrien, deshalb durfte er lange nicht der Pionierorganisation beitreten, was ihn aber offensichtlich nicht störte. Sein Vater ließ Strenge walten, auch die Lehrerin beschwerte sich über sein Verhalten – doch alle Disziplinarmaßnahmen halfen nicht. Erst mit dem Eintritt in die vierte Klasse beruhigte sich der junge Putin, fing an, über die ernsteren Dinge des Lebens nachzudenken. Eine große Rolle in seiner Erziehung spielte von nun an sein Sportlehrer, der ihn buchstäblich von der Straße holte. Der junge Putin interessierte sich plötzlich wieder für seine Hausaufgaben und schrieb sich zur größten Überraschung seiner Lehrerin in den fakultativen Deutschunterricht ein.

Im Oktober 1964 feierte Wladimir seinen zwölften Geburtstag. Der Sturz Chruschtschows im Zuge eines neuen Machtkampfes auf dem berühmten Oktober-Plenum des ZK der KPdSU berührte die Familie Putin nicht. Im Fabrikgebäude des Wladimir senior sowie in der Schulhalle des Wladimir junior wurden nur die Porträts ausgewechselt. Statt dem glatzköpfigen Chruschtschow schaute nun ein anderer Parteiführer mit dichten schwarzen Augenbrauen auf die Menschen herab.

Im Internet hat es ein russischer Psychoanalytiker gewagt, ein psychiatrisches Porträt Putins zu entwerfen. Nach diesem Persönlichkeitsprofil könnte Wladimir in seiner Kindheit gehemmt gewesen sein sowie Unsicherheitsgefühle entwickelt haben. Möglicherweise hing es damit zusammen, daß er sich aufgrund seines kleinen Wuchses zu schmächtig vorkam. Aber der Junge entfachte eine einzigartige Fähigkeit zur Selbstdisziplin. Er lernte schnell, analytisch zu denken, und fand Gefallen an zwei exotischen Kampfsportarten, möglicherweise unter anderem auch, um sich auf dem Schulhof gegen körperlich stärkere Schüler besser durchsetzen zu können. Zunächst widmete sich der zehnjährige Wladimir dem Boxsport, doch nachdem ihm seine Nase gebrochen wurde, wechselte er in die Sportsektion für Sambo. In Bereichen, wo es ihm wichtig erschien, entwickelte sich Putin zu einem Perfektionisten. Nach außen hin muß er aber schon von Jugend an einen kalten und formalen Eindruck gemacht haben. Unordnung und Disziplinlosigkeit konnte er nicht ausstehen. Spontaneität, Risiko und Improvisation scheute er. Wladimir pflegte konservative Freundschaften; Treue und Loyalität schätzte er sehr, weil er selbst diese Eigenschaften verinnerlichte. Für zufällige Bekanntschaften war er andererseits schwer zu begeistern.

In der sechsten Klasse wurde Putin, nun ruhiger und besonnener, in die Pionierorganisation aufgenommen. Aber seine Sprache war weiterhin emotional; er redete schnell wie ein Wasserfall. Gar nicht begeistern konnten sich seine Erzieher über den ganz besonderen Wortschatz, den er sich als Straßenjunge angeeignet hatte. Im Jahre 1968 beendete Putin nach acht Jahren die obligatorische Hauptschule. Er hätte nun wie sein Vater Fabrikarbeiter werden können. Doch seine Eltern wollten, daß er einen Ingenieurberuf ergriff und schickten ihn auf die Mittelschule Nummer 281, gelegen im Sowjetskij pereulok. Für damalige Verhältnisse hatte diese Schule elitären Charakter, sie war als eine Sonderfachschule für spätere Chemiker konzipiert. Der kleine Wladimir mußte allerdings eine Aufnahmeprüfung ablegen, und da er, wie seine damalige Lehrerin Wera Malyschkina der Zeitung »Sobesednik« erzählte, im Fach Chemie kein Wunderkind war, setzte er sich während des Examens dicht neben seinen weitaus begabteren Freund Slawa Jakowlew.

Putins erste Klassenlehrerin, Mina Moiseewna Judizkaja, emigrierte später nach Israel. Die anderen beiden Lehrerinnen, Tamara Stelmachowa und Vera Malyschkina, leben noch in Sankt Petersburg und erzählen jedem, der es hören möchte, daß der 15jährige Putin damals immer fleißig, aber beileibe kein Musterschüler war. In den Fächern Physik, Chemie, Rechnen und Geometrie bekam er nur eine Drei. Er war bemerkenswert schüchtern und hatte ständig ein Lächeln auf den Lippen. Für die Lehrer war er der typische »nette Junge«. In der Klasse gab es mehr Mädchen als Jungen. Einige von ihnen ahmten schon ihre Gleichaltrigen aus dem Westen nach und wagten es, im Minirock in die Schule zu kommen. Eine davon, die hübsche Komolmolsekretärin Tanja Naprienkowa, war in Putin verliebt. Später heiratete sie einen Deutschen aus der DDR und verlor ihn aus den Augen. Wladimir stellte den Mädchen selbst nicht nach, er trank auch nicht und ließ sich kein einziges Mal von der strengen Klassenlehrerin rauchend auf der Knabentoilette erwischen.

Putin interessierte sich für die westliche Musikszene. Auf Klassenparties legte er sogar Kassetten mit offiziell verpönten Beatles-Songs auf. Wladimir erlernte auch Gitarrespielen und sang Lieder von Wladimir Wysozkij. Dieser berühmte Liedermacher wurde von offizieller Seite geächtet, der KGB stellte ihm nach, doch in der Underground-Szene war er der gefeierte Star. Noch stärker als für Musik interessierte sich der junge Putin für Literatur. Klassenkameraden erinnern sich, wie er bei Leseabenden im Kerzenschein Gedichte vortrug. Möglicherweise sang der kleine Putin zu dieser Zeit nicht nur verbotene Lieder, sondern las auch schon verbotene Bücher, die im sogenannten »Samizdat« im politischen Untergrund erschienen. Jedenfalls wurde Putins Interesse für die Sozialwissenschaften – ein neu eingeführtes Fach an der Schule – sofort geweckt. Dagegen war er für Chemie nicht mehr zu begeistern, auch nicht für andere Naturwissenschaften. Seine Mathematiklehrerin Mila Grigorjewna erinnerte sich daran, wie sie eines Tages ihren Schuhabsatz verlor und herausfand, daß Wladimir und andere Jungs damit in den Pausen Fußball spielten.

Als an der Mittelschule der erste Klub für Politinformation gegründet wurde, trat ihm Wladimir sofort bei. Er half mit, politische Abende an der Schule zu organisieren, und hatte keine Hemmungen, vor dem Publikum des überfüllten Schulsaals aufzutreten. Über seine politische Ansichten aus den Jugendjahren ist aber kaum etwas bekannt. Der 15jährige Wladimir befand sich gerade in den Sommerferien, als sowjetische Truppen in die Tschechoslowakei einmarschierten und mit Panzern den Prager Frühling gewaltsam niederschlugen. In der russischen Gesellschaft regten sich zaghafte politische Proteste gegen die Intervention der Warschauer-Pakt-Truppen in das sozialistische Nachbarland. Die ersten Bürgerrechtsbewegungen entstanden, doch sie wurden vom KGB mit brutaler Härte verfolgt. Doch anders als in den vorangegangenen Jahren erhielten die neuen »Dissidenten« moralische und politische Unterstützung aus dem Ausland. Die Sowjetunion, wirtschaftlich vom Westen in immer stärkere Abhängigkeit geratend, konnte ihre bekannt gewordenen Regimekritiker nicht mehr so einfach in Konzentrationslager oder Irrenhäuser einsperren. Einige Dissidenten durften nun in den Westen ausreisen.

Anfang der siebziger Jahre kam in Leningrad ein besonders konservativer Parteiapparatschik an die Macht. Der neue Erste Gebietsparteisekretär Grigorij Romanow entpuppte sich als eisenharter Stalinist. Als jüngstes Mitglied im mächtigen Politbüro schielte er schon damals auf den Posten des Generalsekretärs des Zentralkomitees der KPdSU. Romanow erklärte allen Nonkonformisten in Leningrad den Krieg. Er verfolgte die Dissidenten seiner Stadt mit noch größerer Vehemenz als seine Parteikollegen in anderen Teilen der Sowjetunion. Schon für die Lektüre verbotener »Samizdat«-Literatur ließ er hohe Haftstrafen verhängen. Schriftsteller, Künstler, Schauspieler, Underground-Musiker, die in den 60er Jahren noch viele Freiheiten der »Tauwetterperiode« genossen hatten, waren vor ihm bald nicht mehr sicher und verließen Leningrad. In nur wenigen Jahren hatte Romanow die gesamte Leningrader Intelligenzia aus der Stadt vertrieben.

Der arrogante Parteibonze genoß sichtlich seine Machtfülle. Die Hochzeit seiner Tochter feierte er im prunkvollen Zarenpalast. Dabei zerschmetterte ein betrunkener Gast hochwertiges altes Porzellan aus dem 18. Jahrhundert. Romanows Benehmen wurde schließlich auch den Sowjetführern im Kreml ein Dorn im Auge. Es war bestimmt kein Zufall, daß gerade Grigorij Romanow ein Jahrzehnt später erstes prominentes Opfer der Antikorruptionspolitik des neuen Generalsekretärs Gorbatschow wurde. Heute ist der Name Romanow fast vergessen. Nur wenige erinnern sich daran, daß Romanow 1985 gute Chancen hatte, selbst Generalsekretär zu werden. Gorbatschow und der ihn damals unterstützende KGB mußten schon alle Hebel in Bewegung setzen, um den Machtanstieg des Leningrader Apparatschiks, der den Rüstungswettlauf mit den USA wiederaufnehmen wollte, zu verhindern.

Neben dem Leningrader Romanow gab es noch ein Dutzend anderer Politiker im Politbüro, deren Porträts jeder Schüler aus den Zeitungen und Propagandawänden kannte. Staats- und Parteichef Breschnew, Ministerpräsident Alexej Kosygin und Verteidigungsminister Dmitrij Ustinow – die beiden letzteren kamen aus der Rüstungsschmiede von Leningrad. Dann gab es noch im Politbüro den langen, hageren Greis Michail Suslow, den eigentlichen grauen Kardinal hinter den Kulissen. Er galt als der »Hohepriester« im sowjetischen Olymp, verantwortlich für die Reinhaltung der kommunistischen Lehre. Ein Gesicht prägte sich der junge Wladimir ganz besonders ein: Jurij Andropow, damals 60 Jahre alt, wurde 1968 Chef des sowjetischen Komitees für Staatssicherheit (KGB). 1973 ernannte ihn Breschnew zum Vollmitglied des Politbüros – ein bedeutendes Zeichen der politischen Aufwertung einer Institution, die unter Stalins totalitären Herrschaft in schweren Verruf geraten war. Der kleine Putin konnte sich damals in seinen kühnsten Träumen nicht vorstellen, daß nur 30 Jahre später er den Platz Andropows einnehmen würde.

Eines Tages, im Hochsommer 1970, klopfte der 17jährige Putin an die schwere Tür des Gebäudes Nummer vier am Litejnyj Prospekt. Die meisten Bürger der Stadt machten einen großen Bogen um dieses Haus, in dem die Leningrader KGB-Administration residierte. Der spätere Chef Putins im Geheimdienst erzählte der Zeitung »Komsomolskaja Prawda«: »Der Wunsch, für den Geheimdienst zu arbeiten, kam bei Putin, wenn nicht im Kindesalter, dann zumindest in seinen frühen Jugendjahren. Gleich nach Beendigung der Mittelschule kam er zu uns in die Administration und stellte die Frage: ›Wie kann ich KGB-Agent werden?‹« Putin bestätigte später in seiner Autobiographie, daß sein erster Traumberuf der eines Piloten gewesen wäre. Doch mit 16 Jahren hätte er sich für die Karriere eines KGB-Agenten entschieden. Wahrscheinlich spielte bei dieser Entscheidung die familiäre Herkunft keine unwichtige Rolle. Die Leningrader KGB-Offiziere waren aber verblüfft, solche Besucher hatten sie bislang kaum gesehen. Der Junge wurde vertröstet. Man legte ihm nahe, zuerst einen Hochschulabschluß vorzuweisen. »Aber welchen?« fragte der enttäuschte Wladimir. »Werde Jurist« erhielt er als Antwort. Daraufhin setzte Putin alle Hebel in Bewegung, um in die elitäre Rechtsfakultät der Leningrader Universität, die an der 22. Linie der Wasilij-Insel im Stadtzentrum lag, aufgenommen zu werden. Dies war nicht einfach. Zunächst mußte er den Widerstand seiner Eltern überwinden, die ihn in die Ingenieurschule schicken wollten. Dies erwies sich als schwer genug. Dann mußte er, um der Rechtsfakultät beizutreten, entweder eine politische Protektion oder aber Bestnoten im Abschlußzeugnis der Mittelschule aufweisen. Und es sprach für seinen Fleiß, daß er kurz darauf beim ersten Versuch die Aufnahmeprüfung in die Fakultät schaffte.

Einige Wochen später feierte Wladimir seinen 18. Geburtstag. Als er am darauffolgenden Tag die Nachrichten hörte, erfuhr er von der Verleihung des Nobelpreises für Literatur an den Schriftsteller Alexander Solschenizyn – eine schallende Ohrfeige für das Sowjetregime, denn der Westen würdigte mit diesem Preis einen der schärfsten Gegner des sowjetischen Systems. Aller Wahrscheinlichkeit nach hatte er Solschenizyns Lagerroman »Ein Tag im Leben des Iwan Denisowitsch« schon lange gelesen. Über den damaligen Parteichef von Stawropol, Gorbatschow, weiß man heute, daß er gewisse Sympathien für die damaligen Dissidenten hegte. Der damalige Parteiführer in Swerdlowsk, Jelzin, der Mitte der siebziger Jahre das Ipatow-Haus, in dem die Zarenfamilie 1918 erschossen worden war, niederreißen ließ, wollte dagegen mit Nonkonformisten niemals etwas zu tun haben. Er regierte in seinem Gebiet eher wie Romanow in Leningrad. Und was dachte der gerade erwachsen gewordene Putin? Er wollte zum KGB und war, seinen eigenen Angaben zufolge, verwundert, daß man ihn als Jugendlichen nicht angeworben hatte. In der vorveröffentlichten Version seiner Autobiographie verteidigte Putin die Tätigkeit der sogenannten »informellen Mitarbeiter«. Der Staat, so Putin, habe das Recht, mit Hilfe von Agenten an die notwendigen Informationen heranzukommen.

Möglicherweise interessierten den jungen Studenten Putin aber ganz andere Tätigkeitsfelder im KGB als die stupide und wenig ehrenhafte Jagd nach Andersdenkenden. Gerade hatte die berühmte Ostpolitik Willy Brandts begonnen. Die Phase der Entspannung im Verhältnis zum Westen wurde eingeläutet. Die Sowjetunion fing an, die Bundesrepublik Deutschland als ihren wichtigsten europäischen Wirtschaftspartner zu sehen. Im Februar 1970 wurde das erste historische Erdgasröhren-Geschäft zwischen Bonn und Moskau unterschrieben. Im August 1970 unterzeichneten Bundeskanzler Brandt und Breschnew in Moskau den deutsch-sowjetischen Grundlagenvertrag.

Träumte Wladimir gar davon, ein russischer James Bond zu werden? Dafür fehlte ihm zunächst die Ausbildung. Zu den besonderen Merkmalen der Putin-Biographie gehört, daß der zukünftige Präsident keinen Militärdienst ableisten mußte. Da es an seiner Universität einen sogenannten Lehrstuhl für Militärfragen gab, brauchte der junge Putin, wie viele Studenten in ähnlichen Schuleinrichtungen, keinen aktiven Dienst mit der Waffe anzutreten. Er mußte sich allerdings an Wehrübungen im Rahmen der Ausbildung am Militärlehrstuhl beteiligen – was von Jugendlichen seines Alters mit einem ausgeweiteten Sportunterricht gleichgesetzt wurde. Am Ende des Studiums erhielt er den Grad eines Leutnants der Reserve.

Neben dem Rechtsstudium widmete sich Putin seinem Lieblingshobby – den Kampfsportarten Judo und Sambo, die er seit seinem zehnten Lebensjahr praktizierte. Damals hieß es generell, daß solche Kampfsportarten nur von Personen ernsthaft betrieben werden konnten, die mit dem KGB auf gutem Fuß standen. Putin wurde 1973 – also im dritten Semester – diplomierter »Meister« des Sports in Sambo, 1975 in Judo. Ein Jahr nach Beendigung des Studiums – 1976 – gewann er als kampferprobter KGB-Mitarbeiter die Leningrader Judo-Meisterschaft. Bei einem Wettkampf soll er sogar den damaligen sowjetischen Judo-Weltmeister Wladimir Kjullenin aufs Kreuz gelegt haben. Ein nicht genannter Schulkamerad erzählte der Zeitschrift »Moskowskie nowosti« aber auch eine weniger schöne Geschichte, wie der vom sportlichen Ehrgeiz besessene Putin im zweiten Studiensemester 1971 bei einem Sambo-Turnier an der Universität einen Freund, der diese gefährliche Sportart nicht beherrschte, dazu überredete, als Ersatzmann für einen anderen erkrankten Mannschaftskameraden einzuspringen. Am Tage zuvor versuchte Putin seinem Freund auf die Schnelle einige Sambo-Tricks beizubringen. Doch während des Turniers kam es zu einer furchtbaren Katastrophe. Der unerfahrene Amateur wurde schwer verletzt und erlag kurze Zeit später seinen Verletzungen im Krankenhaus. Mannschaftskapitän Putin litt jahrelang psychisch aufgrund der Folgen dieses schlimmen Vorfalls. Beinahe wurde er aus der Hochschule ausgeschlossen. Bei dem Begräbnis soll er schrecklich geweint haben. In seiner Autobiographie schilderte Putin den Vorfall dagegen ganz anders.

Im zweiten Semester machte Wladimir Bekanntschaft mit dem Mann, dem er später seine große politische Karriere verdankte. Anatolij Sobtschak, damals Anfang Dreißig, trat den Unterricht als Rechtsprofessor an der Leningrader Staatsuniversität an. Putin besuchte zweimal pro Woche Sobtschaks Vorlesungen über das Zivilrecht, hatte aber ansonsten wenig mit ihm zu tun. Sobtschak galt als eine Art Dissident an der Universität. Er hatte 1973 eine Doktorarbeit zum Thema Demonopolisierung des Staatseigentums geschrieben, die ihm von seiten der Vorgesetzten viel Kritik einbrachte. Der Doktortitel wurde ihm deshalb erst zehn Jahre später verliehen.

Im Jahre 1974, gegen Mitte des vierten Semesters, wurde der Wunsch des jungen Wladimir endlich Wirklichkeit. Ein Mitarbeiter des KGB rief ihn zu Hause an und schlug ihm ein Treffen in der Pausenhalle der Universität vor. Am nächsten Tag wartete der nervöse Wladimir lange auf seinen Gesprächspartner. Dieser hatte sich verspätet. »Irgendein Schweinehund ist das«, dachte Wladimir, »ruft mich an, um sich später über mich lustig zu machen.« Der Mann erschien schließlich doch und offerierte Putin einen Job beim Geheimdienst.

Er ließ natürlich durchblicken, daß der KGB immer nach aussichtsreichen »Kadern« in der Rechtsfakultät Ausschau hielt und daß er beileibe nicht jeden Studenten anwerben wollte. Außer Putin erhielten nur drei weitere Kommilitonen ein ähnliches Angebot. Der KGB lockte mit anständigem Gehalt und interessanten Weiterbildungsmöglichkeiten. Die Werber hatten einige Jahre zuvor auch Sobtschak ins Visier genommen, doch dieser hatte eine Zusammenarbeit mit dem KGB nach eigenem Bekunden strikt abgelehnt.

Putin mußte aber noch ein ganzes Jahr warten, bis er in die Personalabteilung des mächtigen KGB offiziell vorgeladen wurde. Manch einer mag in Leningrad im nachhinein gedacht haben, daß Putin schon früher für den KGB arbeitete. Ein Kommilitone erinnerte sich daran, wie sehr er gestaunt hatte, als »Wolodja« im letzten Studiensemester mit einem eigenen Kleinwagen – einem Zaporoschets – vor die Universität fuhr. »Ich habe den Wagen in der Lotterie gewonnen«, erzählte er den verdutzten Studenten. In seiner später erschienenen Autobiographie versicherte Putin ausdrücklich, daß dieser Wagen ein Lottogewinn seiner Mutter gewesen wäre. Seine Eltern hätten den Wagen auch gewinnbringend verkaufen und somit ihren Lebensunterhalt aufbessern können; statt dessen veräußerten sie das Auto an ihren Sohn. Laut Putin fuhr er den Wagen auch nicht im letzten Semester, sondern schon im dritten.

Das Geld für den Zaporoschets hätte der junge Putin aber auch selbst verdienen können. Er arbeitete nämlich mit Freunden in den Semesterferien als Saisonarbeiter auf dem Bau. Im Bautrupp verdiente er schon einmal einen Tausender – was für damalige Verhältnisse bei einem sowjetischen Monatsdurchschnittslohn von 150 Rubel sehr viel Geld war. Andererseits war Wladimir dafür bekannt, das schwerverdiente Geld gleich wieder auf den Kopf zu hauen – in seiner Autobiographie schwärmt er von einer Reise mit Freunden ans Schwarze Meer. Nach einigen Wochen war das Geld alle, und Wladimir und seine Freunde mußten als Schwarzfahrer per Schiff und Zug ihren Weg nach Hause zurückfinden.

Im Oktober 1975 feierte Putin seinen 23. Geburtstag. Er war nun fertiger Jurist, hatte eine Diplomarbeit über das Prinzip der Meistbegünstigung einer Nation im Welthandel geschrieben und war mit der Bestnote belohnt worden. In seiner Charakteristik stand zu lesen: »außerordentlich ehrlich, anständig, verantwortungsbewußt«. Sein Jugendtraum war ebenfalls in Erfüllung gegangen: Wladimir arbeitete beim KGB. Wenige Tage nach seinem Geburtstag kam die Nachricht von der Verleihung des Friedensnobelpreises an den Physiker und Regimekritiker Andrej Sacharow. Der hartgeplagten russischen Dissidentenbewegung verlieh sie neue Hoffnungen. Im KGB ärgerte man sich darüber. Die Nachricht löste eine regelrechte Hetzjagd auf Sacharow-Anhänger aus. Putin kümmerte sich nicht darum. Sein Idealbild des Geheimagenten blieb intakt. Vor ihm lagen viele interessante Jahre.

An der unsichtbaren Front

Wladimir Putin arbeitete 15 von seinen insgesamt 25 Berufsjahren als KGB-Offizier und hat es, wie er später immer wieder und bei jeder Gelegenheit beteuerte, niemals bereut. Über diesen Lebensabschnitt hat Putin die breite russische Öffentlichkeit in seiner Autobiographie aus seiner Sicht sehr ausführlich informiert. In Rußland fragt heute keiner danach, ob die lange Karriere im Geheimdienst eines totalitären Staates – und die UdSSR war nun einmal jahrzehntelang ein solcher Staat gewesen – sich auf die Persönlichkeit und das Bewußtsein des neuen russischen Präsidenten negativ ausgewirkt haben könnte. Diese Frage beschäftigt eher den Westen.

Spekulationen in der deutschen Presse, Putin habe Mitte der siebziger Jahre, gleich nach Beendigung seines Studiums, unter dem Deckmantel eines TASS-Journalisten in Bonn spioniert und wäre womöglich vom deutschen Verfassungsschutz ausgewiesen worden, entpuppten sich als wilde Spekulationen. Putins erster Job beim KGB war im Sekretariat der Leningrader Geheimdienstadministration. Schon nach wenigen Monaten wechselte er in die Zweite KGB-Hauptverwaltung für Spionageabwehr in der Leningrader Administration über. Viele ehemalige Freunde Putins wußten damals nicht, wo er arbeitete. Putin verbreitete unter seinen Freunden zunächst die Version, er wäre bei der Miliz angestellt. Das Gebäude, in das Putin in den folgenden zehn Jahren zur Arbeit ging, kennt jeder Bürger der Newa-Metropole. Heute werfen ausländische Touristen einen eher neugierigen Blick auf das große mehrstöckige Haus am Litejnyj Prospekt im Stadtzentrum von Leningrad. In früheren Zeiten flößte das Hochhaus allerdings eine gewisse Furcht ein. Als Putin dort seine Karriere begann, fanden in Leningrad zahlreiche Dissidentenprozesse statt. Künstler, die sich der rigiden Parteilinie nicht unterordnen wollten, wurden verfolgt, ihre Bilder vom KGB beschlagnahmt oder – wie auf einer nicht genehmigten Ausstellung in Moskau – mit Bulldozern niedergewalzt. Putin regte sich furchtbar darüber auf, daß die Partei gerade den KGB mit der Durchführung solcher Aktionen betraute. In seiner Autobiographie schildert er, wie er sich intern gegen die Vorgehensweisen alter Stalinisten im Geheimdienst auflehnte. Dies läßt sich im nachhinein natürlich leicht sagen.

Putin selbst wurde nicht an der Dissidentenfront eingesetzt. Da er ein großer Sportliebhaber war, durfte er in der Rolle des »Aufpassers« sowjetische Touristen- und Sportlerdelegationen ins Ausland begleiten. Dort mußte er sie vor fremden Einflüssen schützen, vor allem Versuche einzelner russischer Emigrantengruppen unterbinden, Sowjetbürgern verbotene Literatur, wie beispielsweise die in Frankfurt a. M. erscheinende Zeitschrift »Possew«, mitzugeben. Manchmal wurde Putin auch zu weniger spannenden Einsätzen beordert. Seine Kommilitonen erkannten Putin oft unter den Ordnungshütern mit den berühmten roten Binden auf Kirchenprozessionen. Gottesdienste wurden in den Kirchen der damaligen Sowjetunion nur begrenzt abgehalten. Der KGB beobachtete dabei die Kirchgänger ganz genau. Nach einer solchen Prozession zu Ostern wurde Putin nachts auf einer Bushaltestelle von einem betrunkenen Rowdy belästigt. Es kam zu einer Schlägerei, Putin ließ den Aggressor mit einem Judogriff durch die Luft fliegen. Ähnliche Vorfälle ereigneten sich immer wieder in seinem späteren Leben, zuletzt kurz vor seiner Abreise in die DDR in der Moskauer U-Bahn. Bei dieser Schlägerei brach er sich den Arm.

Nachdem er 1976 einen einjährigen Speziallehrgang in Moskau absolviert hatte, durfte sich Putin als »operativer Mitarbeiter« stärker auf westliche Ausländer in Leningrad »spezialisieren«. Er wurde von der Spionageabwehr in die Erste Hauptverwaltung des KGB – die Auslandsaufklärung – versetzt. Die Aufklärungsabteilung war immer die Eliteabteilung des KGB gewesen. Dort aufgenommen zu werden war nicht einfach. Nach den vorliegenden Biographien Putins scheint festzustehen, daß der 25jährige zunächst in eine Spezialausbildung geschickt wurde, um seine Fähigkeiten unter Beweis zu stellen. Wie ein ehemaliger Geheimdienstausbilder in der russischen Presse berichtete, mußte jeder junge Neuankömmling zunächst zur Mutprobe mit dem Fallschirm abspringen. Danach brachte man ihm das technische Handwerkszeug jedes Agenten bei, dann Fremdsprachen. Um seine Karriere in der Eliteabteilung zu beschleunigen, mußte Putin aber der KPdSU beitreten.

Die Erste Hauptabteilung des KGB lockte aufgrund ihres Prestiges und der Möglichkeit, ins Ausland zu fahren, viele Sprößlinge der Parteinomenklatura an. Die Kinder der Parteibonzen genossen sofort eine privilegierte Stellung, wurden rascher befördert und erhielten die interessanteren Jobs im Ausland. Man hielt sie für vertrauenswürdiger als die Kinder proletarischer Herkunft, zu denen Putin gehörte. Die professionellen Eigenschaften waren hierbei zweitrangig. Für den jungen Putin war diese Situation untragbar – er mußte das Doppelte an dem leisten, was andere zeigten –, aber er biß die Zähne zusammen und wartete auf seine Chance. Bei den Kollegen war er als Streber verschrien. Zehn lange Jahre sollte Putin ausharren, um seine Fähigkeiten im Ausland unter Beweis zu stellen. Zunächst mußte er sich die Sporen auf den Straßen von Leningrad verdienen – westliche Ausländer für den Spionagedienst rekrutieren.

Der 25jährige Putin wurde höchstwahrscheinlich auf Gleichaltrige, also Studenten, angesetzt. Doch wie konnte er westliche Rußlandreisende davon überzeugen, für die Sowjetunion zu spionieren? Erpressung war die eine Methode. Man konnte einen ausländischen Studenten beim Schwarzgeldhandel, Besitz unerlaubter politischer oder religiöser Literatur oder bei sonstigen »Delikten« erwischen, ihm mit der Ausweisung drohen, dann aber ein freundliches Gespräch mit ihm führen und sich möglicherweise »einigen«. Überzeugungstäter zu rekrutieren war für Putin viel schwieriger. Im Sommer 1975 war die KSZE-Schlußakte von Helsinki unterzeichnet worden, die UdSSR hatte sich verpflichtet, Menschenrechte zu achten. In der Sowjetunion gründeten sich immer neue Bürgerrechtsbewegungen, die für Meinungsfreiheit und Demokratie eintraten. Die sowjetische Geheimpolizei verfolgte und schikanierte die Dissidenten. An Attraktivität gewann das Breschnew-Regime dadurch nicht. Andererseits erhielt die westeuropäische Friedensbewegung zu jener Zeit durch die Diskussionen über den NATO-Doppelbeschluß und die Neutronenbombe riesigen Aufwind. Wie man heute weiß, wurden Teile der Friedensbewegung von der Sowjetunion finanziell unterstützt. Waren Aktivisten der Friedensbewegung, also Personen aus der linken Szene der NATO-Staaten, Zielscheibe von Putins Anwerbungsversuchen? Nach Mutmaßungen von Personen, die Putin damals gekannt haben, könnte er sich auf Finnen konzentriert haben.

Wer als westlicher Ausländer in der zweiten Hälfte der siebziger Jahre in Leningrad studiert, eine Touristentour mitgemacht hat oder dort geschäftlich weilte, könnte die Bekanntschaft eines freundlichen, etwas schüchtern wirkenden, blonden Mannes mit sportlicher Figur und blauen Augen gemacht haben. Dieser hatte sich möglicherweise als junger Ingenieur ausgewiesen, der sich an den politischen und sportlichen Ereignissen im Westen besonders interessiert zeigte. Von den damals von Putin angesprochenen Ausländern hat sich in der Öffentlichkeit bisher niemand an solche Begegnungen erinnert. Warum auch? Die Opfer haben sich bei ihren einheimischen Spionageabwehrdiensten damals über Putins Anwerbungsversuche ausgelassen und sein Gesicht schnell wieder vergessen. Putin unterschied sich vom Aussehen her kaum von anderen Sowjetbürgern, die einem bei Reisen in das Land begegneten. Putin ist heute stolz auf die damals gesammelten Erfahrungen. In seiner Autobiographie sprach er davon, in diesen Jahren »ein Experte für den Umgang mit Menschen« geworden zu sein.

Im Leningrader KGB machte Putin Bekanntschaft mit zwei gleichaltrigen Kollegen, die 25 Jahre später mit ihm zusammen die allerhöchste Macht in Rußland erringen sollten: Sergej Iwanow, heute Sekretär des mächtigen Nationalen Sicherheitsrates der Russischen Föderation, sowie Nikolaj Patruschew, Putins Nachfolger als Chef des Föderalen Sicherheitsdienstes (KGB-Nachfolgeorganisation), machten damals als Zwanzigjährige mit dem jungen Wladimir ihren Aufstieg im Geheimdienst. Diese Bekanntschaft hat sich über Jahre hinweg gehalten. Möglicherweise ist in diesen Jahren durch diese Männerfreundschaft das Fundament für die spätere Entwicklung Rußlands gelegt worden. Putin, Iwanow und Patruschew – das ist die neue Trojka, die seit dem Jahre 2000 die Geschicke der Großmacht Rußland lenkt.

1980 fanden in Moskau Olympische Spiele statt. Aus allen Teilen der Sowjetunion wurden die fähigsten KGB-Offiziere in die Hauptstadt geschickt, um auf die ins Land strömende Flut von Touristen aufzupassen und den einen oder anderen ausländischen Gast vielleicht für den eigenen Dienst zu rekrutieren. Journalisten aus der »Komsomolskaja Prawda« gelang es, einen Kollegen Putins aus dieser Zeit aufzustöbern. Igor Antonow hatte fünf Jahre lang, von 1980 bis 1985, im gleichen Büro wie Putin im Gebäude am Litejnyj Prospekt gearbeitet. Freimütig sprudelte Antonow eine Information nach der anderen heraus. Antonow erzählte, daß Putin Anfang der achtziger Jahre ein sehr verantwortungsvoller Job im Bereich Agentenführung übertragen wurde. Auf Nachfragen, in welcher Richtung – USA, Asien oder Europa – er spioniert habe, deutete Antonow vorsichtig an, daß Putin einen »beachtlichen Erfolg« beim Aufbau eines Agentennetzes im Lager »unseres wichtigen Gegners« verbuchen konnte. Vor ihm hätte dies keiner geschafft. Zu den größten Fähigkeiten Putins gehörte es, Agenten nicht durch kompromittierendes Material oder Geld anzuwerben. Ihm soll es oftmals gelungen sein, wichtige Ausländer in zweijähriger mühsamer Arbeit zu seinen Gesinnungsgenossen umzufunktionieren, später auch in der DDR. Doch es stellte sich später heraus – so jedenfalls ein anderer Kollege Putins aus jener Zeit im Sender »Radio Liberty« –, daß Putin nur zwei wirkliche Westagenten angeworben hätte.

Einen Monat nach Putins 30. Geburtstag starb Breschnew nach 18 Jahren an der Spitze des Staates. Das riesige Gebälk, auf dem das Sowjetreich errichtet worden war, krächzte an allen Ecken und Enden. Breschnew und andere Greise im allmächtigen Politbüro hatten einen Reformstau provoziert, der sich bald auf gefährliche Art und Weise entladen mußte. Keiner wußte über die inneren Probleme der Sowjetunion so gut Bescheid wie die Mitarbeiter des KGB. Am informiertesten waren die Offiziere des Auslandsaufklärungsdienstes, die über den wahren Zustand der Rückständigkeit des Sowjetsystems interne Studien angefertigt hatten. Zu diesem Personenkreis zählte auch Putin.

Der sowjetische Einmarsch in Afghanistan hatte die Beziehungen zwischen der Sowjetunion und dem Westen schwer belastet und auf ein neues Rekordtief sinken lassen. Gegen Moskau waren wirtschaftliche Sanktionen verhängt worden. Mit dem Machtanstieg des ehemaligen KGB-Chefs Jurij Andropow zum neuen Staats- und Parteichef verbanden nicht nur die Führungskräfte im KGB Hoffnungen für die politische und wirtschaftliche Zukunft des Landes. Eine Aufbruchstimmung kam auf. Mit Andropow, der mit 68 Jahren noch zu den jüngeren Politibüromitgliedern zählte, sollten in der UdSSR endlich die Weichen auf Modernisierung gestellt werden. In der Sowjetunion begann sich plötzlich ein Andropow-Kult zu formieren. Vergessen waren die negativen Seiten des KGB-Generals, wie Unterdrückung Andersdenkender, politische Auftragsmorde und die Organisation von Umstürzen in einigen Staaten der dritten Welt. Unter der breiten sowjetischen Bevölkerung und in Teilen der fortschrittlich denkenden Elite glaubte man damals, daß Andropow aufgrund seiner Verkörperung von »law and order« als einziger Sowjetführer wirklich in der Lage war, nicht nur das Riesenreich aus seiner wirtschaftlichen Misere zu führen, sondern – man staune – auch die notwendigen demokratischen Reformen »von oben« anzuordnen.

Einige der sowjetischen Intellektuellen, die noch unter Chruschtschow mit der »Tauwetterperiode« große Hoffnungen auf liberale Erneuerungen verbunden hatten, ergossen sich förmlich in Huldigungen an den »aufgeklärten Herrscher« Andropow. Der Westen blieb mißtrauisch, im Gegenteil – der amerikanische Präsident Ronald Reagan erklärte die von Andropow geführte Sowjetunion zum »Reich des Bösen«. Reagan, aus CIA-Quellen über den Stand der Wirtschaft in der Sowjetunion bestens informiert, glaubte nun die historische Chance nutzen zu können, dem Gegner ein neues Rüstungswettrennen (»Krieg der Sterne«) aufzuzwingen und ihn damit totzurüsten.

Die Vision von Andropow als verkapptem Reformer hatte dennoch einen wahren Kern. Wie man heute weiß, hatte Andropow in der Tat, noch in seiner Funktion als Chef des berüchtigten Geheimdienstes, schützend seine Hand über zahlreiche Reformdenker gehalten. Solange sie nicht wie die meisten Dissidenten die Staatsautorität in Frage stellten, sah er in den liberal denkenden Wissenschaftlern, wie Georgij Arbatow, Ewgenij Primakow, Oleg Bogomolow, Fedor Burlazkij, Georgij Schachnazarow und Tatjana Zaslawskaja, sogar strategische Verbündete.

Andropow selbst war Anhänger des sogenannten »Chinesischen Modells«. Als ersten Schritt wollte er vorsichtige Reformen in der Wirtschaft durchführen, ohne die Kontrolle des Staatsapparates über die Modernisierungsprozesse in irgendeiner Weise zu schwächen. Eine Demokratisierung des politischen Systems wollte er auf unbestimmte Zeit verschieben, sie am liebsten seinen Nachfolgern überlassen. Um seine Ambitionen in die Tat umsetzen zu können, benötigte Andropow allerdings loyale, intelligente und ausgebildete Führungskräfte, die nicht so korrupt waren wie die anderen Mitglieder der Parteielite. Solche Kräfte konnte er fast ausschließlich nur in den Reihen seiner Institution – dem KGB – ausfindig machen. Noch als KGB-Chef hatte Andropow mehrere Geheimstudien in Auftrag gegeben – um den richtigen Weg zu entwickeln, wie man das »Chinesische Modell« des Staatskapitalismus, das von Deng Xiaping in China damals gerade erfolgreich umgesetzt wurde, auf die Sowjetunion übertragen konnte.

Während seiner kurzen Amtszeit als Sowjetführer von November 1982 bis Februar 1984 konnte Andropow seine Pläne nicht wie erhofft in die Tat umsetzen. Erstens wurde er von seinem Nierenleiden so sehr geplagt, daß er sich mehreren Operationen unterziehen mußte und das Land praktisch nur vom Krankenbett regieren konnte. Zweitens wehrten sich die anderen Politbüromitglieder gegen seine Reformvorhaben. Mit größter Mühe gelang es Andropow, auf den wenigen ZK-

Plenarsitzungen, die in seiner Amtszeit abgehalten wurden, ein paar frische Führungskräfte in die Parteispitze einzubauen. Die Antikorruptionskampagne, die Andropow zunächst mit großem Elan gegen die »Breschnew-Familie« begann, verpuffte schon nach kurzer Zeit. Die konservative Parteimaschinerie konnte sich erfolgreich gegen Andropows KGB-Apparat zur Wehr setzen.

Der sterbenskranke Andropow gab schließlich auf. Mit zittrigen Händen schrieb er, wie einst Staatsgründer Wladimir Lenin, einen Abschiedsbrief an das Zentralkomitee der KPdSU, in dem er den letzten Wunsch äußerte, das mit Abstand jüngste Politbüromitglied Michail Gorbatschow möge zu seinem Nachfolger erkoren werden. Doch die Parteispitze ignorierte Andropows Vermächtnis. Nachfolger im Amt des Staats- und Parteichefs wurde wiederum ein gebrechlicher, alter Parteiapparatschik. Konstantin Tschernenko konnte bei seiner Thronbesteigung kaum gehen und sprechen. Der von einer Asthmakrankheit schwergeplagte Kremlchef verschwand wenige Wochen nach seinem Amtsantritt im selben Krankenhaus, in dem zuvor jahrelang Breschnew und später Andropow ans Bett gefesselt lagen. Die Innen- und Außenpolitik der Supermacht Sowjetunion war monatelang gelähmt. Als Tschernenko Anfang März 1985 starb, blieb den Greisen im Politbüro nichts anderes übrig, als Gorbatschows Ernennung zum Kremlchef zuzustimmen.

Putin erhielt von seinen Vorgesetzen immer ein gutes Zeugnis. Nur eines machte ihnen Sorgen. Der junge Geheimdienstler war 1983 als 30jähriger immer noch nicht verheiratet. Oftmals hing er stundenlang am Telefon, hatte womöglich eine Affäre mit einer hübschen Kollegin, aber ihm fehlte eine Familie, um sein Privatleben in stabile Bahnen zu lenken. Er gefiel den Frauen, doch hatte er Probleme, Gefühle zu zeigen. Das schreckte viele Mädchen ab. Er hatte längere Zeit eine Ärztin als Freundin und sogar als Verlobte gehabt, doch kurz vor der Hochzeit lief er ihr davon. Einen Junggesellen wollte die KGB-Führung nur ungern für längere Zeit ins Ausland schicken.

Am 28. Juli 1983 feierte Putin endlich Hochzeit. Seine Auserwählte hieß Ljudmila Schkrebnewa und war zuletzt Stewardeß bei der sowjetischen Fluggesellschaft Aeroflot. Sie wurde am 6. Januar 1958 in Kaliningrad – dem früheren deutschen Königsberg – geboren. Mit 17 Jahren wurde die bildhübsche Ljudmila Briefträgerin, einige Zeit später erlernte sie den Beruf einer Dreherin im Kaliningrader Werk »Torgmasch«. Später wechselte sie den Job und wurde Sanitäterin im städtischen Krankenhaus. Nebenbei brachte sie, sozusagen als Hobby, jungen Pionieren Theaterspielen bei. Ljudmila war eine offene und natürliche Erscheinung. Ein guter Freund der Putin-Famile sagte in den Tagen vor den Präsidentschaftswahlen: »Ljudmila wird eine hervorragende First Lady werden, sie wird ihrem Mann genauso beistehen wie seinerzeit Raisa Gorbatschowa dem sowjetischen Staatschef zur Seite stand. Nur ist Ljudmila herzlicher, menschlicher, nicht abgehoben …«

Als Putin seine ersten Lehrjahre im sowjetischen Geheimdienst absolvierte, schrieb sich Ljudmila in das Kaliningrader Technologische Institut ein, brach aber das Studium nach dem zweiten Semester ab, um Stewardeß zu werden. Sie liebte es, unter Menschen zu sein, Menschen zu helfen. 1980 fuhr sie nach Leningrad und trat in die Berufsschule (rabfak) für Sprachen ein. Nun widmete sie sich ganz dem Studium der spanischen Sprache.

Wladimir lernte die sechs Jahre jüngere Ljudmila 1981 auf einer Vorstellung des bekannten sowjetischen Satirikers Arkadij Rajkin in Leningrad kennen. Damals mußte er ihr noch erzählen, er sei ein einfacher Fabrikingenieur. Sie wunderte sich allerdings, daß ein einfacher Ingenieur in der Lage war, ihr jeden Wunsch bezüglich

Eintrittskarten für ausverkaufte Konzerte oder Theatervorstellungen in kürzester Zeit zu erfüllen. Putin machte Ljudmila zwei Jahre später ein solch kompliziertes Heiratsangebot, daß sie nicht sofort verstand, ob er sein künftiges Leben mit ihr teilen oder Schluß machen wollte.

Kurz vor der Hochzeit fuhren Wladimir und Ljudmila nach Kaliningrad zu den Eltern der Braut. Ljudmilas Vater, Alexander Abramowitsch (wahrscheinlich jüdischer Herkunft), war – ähnlich wie Putins Vater – einfacher Fabrikmechaniker. Ljudmilas Mutter, Ekaterina Tichonowa, arbeitete als Kassiererin in einer Tankstelle. Doch kaum hatte Putin seinen hellblauen Lada vor dem Haus der Schwiegereltern geparkt und die Koffer ins Haus gebracht, da wurde ihm schon von einem Straßenjungen ein Autoreifen zerstochen. Statt sich mit seinen Schwiegereltern in aller Ruhe hinzusetzen und die bevorstehende Hochzeit zu bereden, verschwendete Putin den gesamten Tag damit, eine Werkstatt mit den notwendigen technischen Vorrichtungen zu finden, um den Reifen zu reparieren – in Kaliningrad damals ein schwieriges Unterfangen.

Nach der Hochzeit, die auf einem Schiff auf der Newa gefeiert wurde, zogen die Putins in die Wohnung von Wladimirs Eltern am Prospekt Statschek in Leningrad. Eine eigene Wohnung konnte sich das Paar damals nicht leisten. Ljudmila nahm ein Fremdsprachenstudium an der Philologischen Fakultät der Leningrader Universität auf. Zwei Jahre lang lernte die junge Frau Spanisch, Französisch, aber auch Deutsch – in weiser Voraussicht, wie sich bald herausstellte. Ihre Diplomarbeit behandelte die Grammatik der modernen spanischen Sprache.

Als Gorbatschow im März 1985 an die Macht kam, war der KGB-Major Putin gerade 32 Jahre alt. Während Gorbatschow auf dem historischen April-Plenum des ZK der KPdSU im April 1985 den Beginn der Perestroika verkündete, wurde Putins erste Tochter – nach der

Schwiegermutter Ekaterina genannt – geboren. Der glückliche Familienvater hatte nun zehn Jahre Erfahrung in der Geheimdiensttätigkeit gesammelt und stand für neue Aufgaben bereit. Auf ihn war man in der Moskauer Zentrale schon lange aufmerksam geworden. Man hatte ihn zur Fortbildung nach Moskau eingeladen; dort absolvierte er 1984 ein ganzes Jahr lang an der heute nach Andropow benannten KGB-Hochschule unter dem Decknamen Platow ein weiterführendes Spezialtraining. Putin erzielte Bestnoten beim Schießtraining und wurde Klassensprecher.

In der Perestroika wurden dem KGB neue Aufgaben zugewiesen. Es ging dabei um nicht weniger als die Reformierung des sowjetischen Einparteiensystems und die Einführung marktwirtschaftlicher Elemente in die verkrustete Sowjetbürokratie. Die Widerstände der Bürokratie, an denen ein so mächtiger Politiker wie Andropow gescheitert war, schienen allerdings unüberbrückbar zu sein. Trotzdem gelang es Gorbatschow, eine neue politische Ära zu eröffnen, die weit über das hinausging, was Chruschtschow 20 Jahre zuvor mit seiner »Tauwetterperiode« bezweckte. Gorbatschows Politik von Perestroika (Umbau) und Glasnost (Offenheit) veränderte grundlegend das gesamte sowjetische System. In seiner Politik stützte sich Gorbatschow auf zahlreiche Berater seines langjährigen Gönners Andropow. Der KGB-Apparat wurde vom neuen, jungen Kremlchef als Rammbock gegen konservative Widerstände innerhalb der Parteinomenklatura eingesetzt.

Überzeugte Anhänger der Reformpolitik – Männer wie Putin – begannen an den Stühlen der Parteibonzen zu sägen und übermittelten Gorbatschow kompromittierendes Material über das Luxusleben der Nomenklatura. Die KGB-Offiziere jagten wie Bluthunde die korrupten Parteifürsten in Moskau und in der Provinz. Gorbatschow benötigte für die Säuberung der Parteispitze weniger als zwei Jahre. 1988 stand er unangefochten an der Spitze der Machtpyramide. Doch dies war nur der erste Schritt zum Erfolg. Um die Ideen der Demokratie und Marktwirtschaft in der Sowjetunion langfristig zu verankern, mußte er anfangen, auch Teile seiner persönlichen Machtfülle zu dezentralisieren: demokratische Institutionen im Lande errichten, die Verfassung umschreiben, Privatinitiative in der Wirtschaft zu erlauben. Um sein historisches Vorhaben zu realisieren, mußte er sich die Sympathien des Westens erwerben. Dieser durfte in der riskanten Zeit des gesellschaftlichen Umbaus die Reformen nicht stören, sondern, im Gegenteil, seinen Teil am Gelingen der Perestroika beitragen.

Gorbatschows Pläne der großen historischen Umgestaltung gingen über die Reformierung der Sowjetunion hinaus. Auch die anderen Länder des Warschauer Paktes sollten sich modernisieren, ihre Perestroika durchführen. In den damaligen Ostblockstaaten waren in der Regel überall noch stockkonservative breschnewähnliche Greise an der Macht. In der gleichen Weise, wie der Inlandsdienst des KGB in den weiten Regionen des Landes auf die Fährte der sowjetischen Parteinomenklatura gehetzt wurde, gab Gorbatschow dem Auslandsdienst des KGB den ähnlichen Befehl, Widerstände gegen seine Reformpolitik auch in den sowjetischen Kolonien in Osteuropa aus dem Weg zu räumen. In Polen, der Tschechoslowakei und vor allem in der DDR suchte Moskau nach neuen, einsichtigeren Parteiführern, die imstande waren, das System nach sowjetischem Muster zu reformieren, ohne die Macht zu verlieren.

Über die Art der Geheimdiensttätigkeit, der Putin in der ehemaligen DDR nachging, gibt es widersprüchliche Angaben. Fest steht, daß er 1985 nach Dresden mit der Familie übersiedelte und dort der »Gruppe der Sowjetischen Streitkräfte in Deutschland« zugeordnet wurde. Speziell arbeitete er im sowjetischen Auslandsaufklärungsdienst, der eng mit dem Staatssicherheitsdienst der DDR (Stasi) kooperierte. Nach eigenem Bekunden arbeitete Putin in der »politischen Aufklärung«. Die sowjetische Auslandsaufklärung in der DDR zählte damals 1000 Mann. In Dresden arbeiteten aber nur acht davon – unter Führung General Wladimir Schirokows. Die DDR war in 14 administrative Bezirke unterteilt – Dresden war einer von ihnen. Der ehemalige »Kurator« aller 14 Bezirke in der Ersten Hauptverwaltung des KGB, heute im Ruhestand, sagte der »Komsomolskaja Prawda«, er wäre mit Putins Arbeit stets zufrieden gewesen.

Journalisten aus aller Welt fuhren in den letzten Monaten nach Deutschland, um dort auf »Putin-Jagd« zu gehen. Sie suchten nach Spuren in Dresden und Leipzig, Bonn und Berlin. Alles, was auf dem Gebiet der Geheimdienste Rang und Namen hatte, wurde ausgefragt. Das Ergebnis war auf den ersten Blick niederschmetternd. Der ehemalige Chef des sowjetischen Auslandsaufklärungsdienstes und Chef des KGB von 1988 bis 1991, Wladimir Krjutschkow, konnte sich an Putin überhaupt nicht erinnern. Ebensowenig sagte dieser Name etwas dem legendären Chef der Staatssicherheit der DDR, Markus Wolf. Der frühere SED-Bezirksparteichef von Dresden, Hans Modrow, hat Putin wissentlich nie in seinem Leben getroffen. Und auch der ehemalige KGB-General der Ersten KGB-Hauptverwaltung, Oleg Kalugin, zuckte beim Namen Putin nur mit den Schultern.

Dafür gibt es drei Erklärungsansätze. Der erste: Putin war damals Mitte Dreißig – noch zu jung, um einen wichtigen Posten zu besetzen. Die zweite Möglichkeit: Putin war ein unbedeutender Geheimdienstler gewesen, der nur am Schreibtisch saß und dem keine wirklich brisanten Aufträge zugeteilt wurden. Die dritte: Putin war so geheim und so in den Tiefen des KGB versteckt, daß ihn sogar seine übergeordneten Bosse nicht zu Gesicht bekamen. Je mehr ein Biograph in die Lebensgeschichte des Geheimdienstlers Putin eindringen möchte, um so widersprüchlicher werden die Angaben. Es scheint, als ob Kräfte der sogenannten »unsichtbaren Front« heute in Moskau versuchen, einen dichten Nebel des Schweigens über diesen Abschnitt der Putin-Biographie zu legen. Andere wiederum legen möglicherweise falsche Fährten aus und wollen gezielt Nachforschungen in die Irre führen. Ob hier nicht wieder ein neuer Putin-Kult, ähnlich wie der Andropow-Kult in den achtziger Jahren, am Entstehen ist?

Putin selbst hat sich zu seiner Agentenzeit in Dresden sehr ausführlich in seiner Autobiographie geäußert. Danach soll er ein effizienter Mitarbeiter des Geheimdienstes gewesen sein, der fleißig Berichte und Analysen nach Moskau schickte, den Mauersturz prognostizierte und sogar Lösungsvorschläge unterbreitet hatte, wie man das »Problem DDR« hätte professioneller lösen können. Mit der Spionage im Bereich Technologie und Wirtschaft habe er sich nicht befaßt. Gegen die Bundesrepublik Deutschland habe er auch nicht spioniert, ansonsten wären ihm seine häufigen Einreisen nach Deutschland nach der Wende vom deutschen Verfassungsschutz nicht gestattet worden. Im übrigen, so Putin, wäre über seine Tätigkeit in Dresden dem Verfassungsschutz in Köln längst alles bekannt; die Stasi-Unterlagen, die seine Arbeit in Ostdeutschland dokumentierten, seien nach dem Fall der Mauer lückenlos an den Bundesnachrichtendienst und Verfassungsschutz übergegangen. Irgendwelche Enthüllungen erwarte er nicht.

In den Archiven der bundesdeutschen Geheimdienste ist über Putin scheinbar wenig bekannt. Aber auch wenn es dort etwas Sensationelles zu finden gäbe – die offiziellen deutschen Regierungsstellen würden sich heute davor hüten, brisantes Material über den Mann an die Öffentlichkeit zu bringen, von dem in den nächsten Jahren oder vielleicht Jahrzehnten die deutsch-russischen Beziehungen und die Stabilität in Europa zum großen Teil abhängen werden.

Putins Büro befand sich in Dresden, in einer grauen Villa in der Angelikastraße 4, am Rande des Nobelviertels Loschwitz, gegenüber des örtlichen Stabsquartiers der Stasi. Er war aber des öfteren Gast in den Quartieren der in Ostdeutschland stationierten 380.000 Mann starken Westlichen Gruppe der Sowjetischen Streitkräfte, in der Ostberliner KGB-Zentrale in Karlshorst und besuchte regelmäßig das sowjetische Generalkonsulat in Leipzig. Nach Leipzig fuhr er schon deswegen oft, weil er dort, unter dem Deckmantel des Stellvertretenden Vorsitzenden der örtlichen Sektion der deutsch-sowjetischen Freundschaftsgesellschaft, nach interessanten Kontaktpersonen Ausschau hielt. Natürlich besuchte er auch regelmäßig die Leipziger Messen. In dieser Eigenschaft hat ihn ein größerer lokaler Personenkreis kennengelernt. Für die in Ostdeutschland lebenden Sowjetbürger und alte russische Emigranten mit einer besonderen Spürnase war der Stallgeruch Putins zu offensichtlich. Deshalb wahrten sie Distanz zu ihm und seiner Familie, was Putin besonders ärgerte, weil er sich selbst immer für offen und ehrlich hielt. Negatives wird aber über die Putin-Familie aus den Dresdner und Leipziger Kreisen nicht berichtet.

Die Putins bewohnten eine typische Zweieinhalbzimmerwohnung im dritten Stock eines Plattenbaus in der Radeberger Straße 101. In der zweiten Hälfte des Jahres 1986 wurde in Dresden Putins zweite Tochter Maria geboren – nach Wladimirs Mutter benannt. Putin erinnert sich gerne an seine Zeit in der ehemaligen DDR. Gemäß seiner Devise »Jeder hat einen schwachen Punkt« entwickelte sich Putin zu einem wahren Liebhaber des traditionellen deutschen Bieres. Jedes Wochenende fuhr er mit Frau und Kindern im kleinen grauen Lada in der Sächsischen Schweiz spazieren. Abends erkundeten er und Ljudmila immer neue Waldgaststätten, wo sie Bier und Würste bestellten. 3,8 Liter Bier pro Woche soll Putin damals getrunken haben. Der nur 1,72 Meter große Putin nahm heftig zu – bis er schließlich 85 Kilogramm wog und seine Garderobe von Größe 44/46 auf 52 erneuern mußte. In der Autobiographie wird Putin als besonders rühriger Familienvater beschrieben. Während andere spionierten, beobachtete er jeden Tag aus dem Fenster seines Arbeitszimmers seine kleine Tochter Mascha, die im Hof der Krippe spielte. In seiner Freizeit las er Schiller und Goethe. Putin trat auch dem örtlichen Anglerklub bei, wo er sogar die deutschen Angler mit seiner pedantischen Art, Fische zu fangen, nervte.

Einem Reporter der »Welt am Sonntag« gelang es, die Stammkneipe des KGB-Agenten in Dresden, »Am Thor«, in der Hauptstraße ausfindig zu machen. Zur großen Enttäuschung derjenigen, die auf sensationelle Enthüllungen gehofft hatten, erzählte der Wirt, daß er Putin niemals betrunken gesehen hatte. Der »Russe« kam des öfteren abends in das Lokal, setzte sich immer an den gleichen Ecktisch (wo sich heute für neugierige Touristen die »Putin-Ecke« befindet), bestellte ein Bier und beobachtete die Menschen. Ab und zu sprach er mit den Gästen, meistens aber unterhielt er sich über belanglose Dinge. Seine politische Meinung tat er in solchen Gesprächen am Biertisch niemals kund. An Feiertagen lud er zum Wodka ein – den er allerdings nicht beim Ober bestellte, sondern aus einer mitgebrachten Flasche unter dem Tisch ausschenkte. Bei offiziellen Anlässen hielt sich KGB-Hauptmann Putin mit dem Trinken stets zurück. Kurz nach seinem Eintreffen in der DDR proklamierte Gorbatschow in der Sowjetunion die berühmte Antialkoholkampagne. Bei einem Empfang der Stasi schüttelte Putin zur allgemeinen Verwunderung den Inhalt seines Wodkaglases in einen Blumentopf.

Wenn man einen KGB-Offizier heute danach fragt, wie wichtig ein Agentenjob 1985 in Dresden gewesen sei, erhält man nur ein müdes Lächeln zur Antwort.

Nach Dresden wollte kein Karriereoffizier entsandt werden. Auszuspionieren gab es kaum etwas in Dresden, was die DDR anbetraf. Die interessantesten Verwendungen für aufsteigende Offiziere der Auslandsspionage fanden sich in den USA, in Westeuropa und der dritten Welt. In ein Ostblockland, wie die DDR, wurden entweder nur durchschnittlich begabte Mitarbeiter geschickt, von westlichen Geheimdiensten entlarvte Spione abgeschoben oder – was nicht völlig ausgeschlossen ist – Männer mit einem wirklichen Spezialauftrag abkommandiert.

Hatte Putin einen solchen Spezialauftrag? Wenn ja, will Putin heute nicht darüber reden. In seiner Autobiographie läßt er anklingen, ihm wären nach der Spezialausbildung in der Andropow-Akademie des KGB für den Auslandsaufenthalt zwei Länder zur Wahl angeboten worden: die Bundesrepublik Deutschland und die Deutsche Demokratische Republik. Um als getarnter Agent nach Bonn oder in eine andere westdeutsche Stadt entsandt zu werden, hätte Putin noch zwei weitere Jahre Spezialtraining absolvieren müssen. Warten wollte er aber nicht mehr. Ihm lag viel daran, zu reisen und neue Länder zu erkunden, Eindrücke zu sammeln. Die Dienstreise nach Ostdeutschland war für ihn und seine Familie auch vom finanziellen Standpunkt her attraktiv. Anders als in Leningrad erhielt er nämlich sein Gehalt in Dresden in ausländischen Devisen. Zunächst hoffte Putin, nach Ostberlin versetzt zu werden. Von dort aus hätte er seine Tätigkeit auf Westberlin – der Schnittstelle zwischen Ost und West – ausweiten können. Doch schließlich landete Putin doch in der Provinzstadt Dresden.

Gemäß Putins eigenen Aussagen lag der Schwerpunkt seiner Arbeit in Dresden in der Beobachtung und Auswertung der politischen Lage in den NATO-Staaten, vornehmlich in der Bundesrepublik. Putin studierte die Parteilandschaft der DDR und BRD, stellte für die

Zentrale die Biographien wichtiger deutscher Politiker sowie aufstrebender Nachwuchspolitiker zusammen. Über Informanten versuchte er sensibles Material aus Bonn und anderen westeuropäischen Städten über Strategien und Taktiken, beispielsweise der NATO, für bevorstehende internationale Verhandlungen zu erwerben. Vermutlich gehörte zu Putins Aufgaben auch die Anwerbung von Agenten unter solchen DDR-Bürgern, die beruflich ins westliche Ausland fuhren oder ganz ausreisen wollten. Einer von Putins Informanten soll, nach Aussagen der »Sächsischen Zeitung«, ein gewisser Rainer Sonntag gewesen sein, den der KGB in die westdeutsche rechtsradikale Szene »eingeschleust« hatte. Der zuvor in der DDR vorbestrafte Sonntag geriet bald ins Rotlichtmilieu und wurde in Deutschland ermordet.

Putin soll Personen, die der DDR für immer den Rücken zukehren wollten, Unterstützung bei den DDR-Behörden versprochen haben, falls sie nach ihrer Umsiedlung in den Westen für den sowjetischen Geheimdienst spionieren würden. So hat er nach Mutmaßungen ehemaliger Stasi-Agenten einige Maulwürfe in den Siemens-Konzern eingeschleust.

Bestimmt hat auch der eine oder andere westliche Geschäftsreisende in Dresden oder Leipzig damals die Bekanntschaft mit Putin gemacht. Viele westdeutsche Wissenschaftler besuchten oft die Universität von Dresden. Der ehemalige Sowjetdiplomat Igor Maximytschew meint, Putins Job wäre der Schutz der Sowjettruppen in der DDR vor NATO-Agenten gewesen.

Putin und seine Kollegen standen bald vor neuen Herausforderungen. Gorbatschow verlangte von ihnen, daß sie im Ausland für ein positives Image der Sowjetunion sorgten. Die Sowjetunion war attraktiver geworden, der Kommunismus wurde zu Grabe getragen. Gorbatschow und der KGB glaubten damals, eine modernisierte Sowjetunion als Stabilitätspfeiler in der Weltpolitik und in einem »Gesamteuropäischen Haus«

verankern zu können. Im Westen suchte man mit neuen Überzeugungsmethoden und Argumenten nach informellen Mitarbeitern. Zahlreiche Personen in aufsteigenden oder verantwortungsvollen Positionen aus Politik und Wirtschaft in den NATO-Staaten, die offen Sympathien für Gorbatschows Perestroika bekundeten, wurden gezielt angeworben. Im Westen war die Angst vor dem bösen KGB gewichen, die demokratische Aufbruchstimmung aus dem Osten hatte sich auf den Westen übertragen.

Die Sowjetunion mußte gewaltige Entwicklungsrückstände aufholen, insbesondere im Bereich der Mikroelektronik, der Computertechnik sowie der gesamten Telekommunikationstechnik, um den anvisierten politischen und wirtschaftlichen Umbau zu bewerkstelligen. Der billigste und einfachste Weg war nun einmal der illegale: das Beschaffen von Forschungs- und Entwicklungsergebnissen der westlichen Industrie durch Spionage. In Dresden befand sich das Prestigewerk der DDR für Computertechnologie – »Robotron«. Die Fabrik belieferte den gesamten Ostblock mit Computern, hatte aber auch gute Kontakte zu Siemens und IBM. In seiner Autobiographie erzählte Putin freimütig, wie seine russischen Kollegen aus der technologischen Spionageabteilung für einige Millionen Dollar ein supergeheimes Technologieprojekt aus dem Westen erwarben. Die Vorgesetzten im Moskauer KGB waren begeistert, überschütteten die Aufklärer mit Orden. Doch dann wurden die Pläne in den Safe gesperrt – die UdSSR verfügte scheinbar nicht über die Hochtechnologie westlicher Staaten, das Projekt zu realisieren. Falls Putin zeitweilig für die Hauptverwaltung für Militärische Aufklärung (GRU) der Armee gearbeitet und mit diesem Projekt den »Eurofighter« gemeint hatte, wäre es verständlich, warum der neue russische Präsident heute eine solch starke Vorliebe für den russischen hochtechnologischen Rüstungssektor entwickelt.

Was tat Putin nun wirklich in der DDR? War er an politischen Manövern hinter den Kulissen beteiligt, von denen DDR-Kollegen aus dem Ministerium für Staatssicherheit nichts wußten? Warum gaben ihm russische Kollegen den Spitznamen Stasi? Putin stieg innerhalb von fünf Jahren zum Hauptmann, dann zum Oberstleutnant auf, was für damalige Verhältnisse keine schlechte Karriere war. Im Jahre 1987 erhielt Putin, allerdings zusammen mit vielen anderen sowjetischen Kollegen, die Verdienstmedaille der Nationalen Volksarmee der DDR in Gold überreicht. Diese Auszeichnung war eher eine höfliche Anerkennungsgeste an den sowjetischen Offizier anläßlich des 70. Jahrestages der Oktoberrevolution. Am 7. Februar 1988 wurde Putin mit der Bronzemedaille des Ministeriums für Staatssicherheit der DDR ausgezeichnet, wofür er ebenfalls keine besonderen »Verdienste« gegenüber der DDR vorzuweisen hatte. Für welche Verdienste Oberstleutnant Putin allerdings zur gleichen Zeit vom Präsidium des Obersten Sowjets der UdSSR der sowjetische Orden »Ehrenabzeichen« verliehen wurde, ist nicht bekannt.

Ein hoher amerikanischer Diplomat äußerte sich Ende Februar 2000 skeptisch über Putin: »Wir wissen von diesem Mann noch viel zuwenig. Es gibt gravierende Lücken in seiner Biographie, die uns viel Kopfzerbrechen bereiten.« Völlig undurchsichtig ist bis heute Putins Rolle beim Zusammenbruch der DDR geblieben. Stand er der Revolution positiv oder negativ gegenüber? Von wo hat er den Fall der Mauer beobachtet? Wie sah er die Leipziger Montagsdemonstrationen, die sich praktisch vor seiner Haustür abspielten? War er – wie manche mutmaßen – sogar Teil eines von Gorbatschow initiierten KGB-Komplotts gegen den Staats- und Parteichef Erich Honecker gewesen?

Wie man heute weiß, sah die KGB-Führung in Moskau bereits 1987 das Ende der DDR kommen. Gleich nach dem Machtaufstieg Gorbatschows im Kreml intensivierte der sowjetische Geheimdienst seine Kontakte zu Intellektuellen in den Ostblockstaaten, um die Ideen der Perestroika auch dort zu verbreiten. Im Juni 1987 kam der damalige Chef der Ersten KGB-Hauptverwaltung, Krjutschkow, zu einem Geheimbesuch nach Dresden und Ostberlin, um die Lage zu erkunden. Im Hause des bekannten DDR-Physikers Manfred von Ardenne wurde unverhohlen darüber nachgedacht, wie man das DDR-Regime demokratisieren und Honecker entweder durch den jüngeren und reformwilligeren ZK-Sekretär Egon Krenz oder durch den bescheidenen Dresdner Bezirksparteichef Hans Modrow ersetzen könnte. Moskau gab sich damals noch der Illusion hin, es werde genügen, Honecker abzulösen, und alles werde wieder ins Lot kommen. In dieser Zeit wurde vom KGB die sogenannte Elitespionagegruppe »Lutsch« (der Lichtstrahl) gegründet – eine der geheimsten Operationen des KGB in den achtziger Jahren im Ausland –, die von der SED-Führung und sogar vom DDR-Geheimdienst geheimgehalten wurde.

Heute leugnet Putin jede Beteiligung an der Aktion »Lutsch« ab – verständlich, denn wer will schon heute mit Gorbatschow und dem Zusammenbruch des Warschauer Paktes direkt in Verbindung gebracht werden? Wenn aber Putin Agent dieser Gruppe war, dann gehörte zu seinen Spezialaufgaben nicht mehr die simple Anwerbung von Ingenieuren und Geschäftsleuten, sondern die vorsichtige Rekrutierung von ostdeutschen Geheimdienstlern für Moskauer Ziele. Praktisch ging es um nichts anderes als um die Vorbereitung eines Umsturzes des kommunistischen Regimes in der DDR. Oppositionelle, vor allem Mitglieder damaliger »Blockparteien«, und auch bekannte Kirchenmitarbeiter wurden ebenfalls zur Zielscheibe von Anwerbungsversuchen des KGB. Die »Sächsische Zeitung« interviewte im März 2000 einen früheren Stasi-Offizier, Peter Ackermann, den Putin persönlich im Januar 1990 für den KGB angeworben haben soll. Mit welchem Ziel betrieb der sowjetische Geheimdienst die Unterminierung des DDR-Systems? Wohl kaum, um die Wiedervereinigung beider deutscher Staaten zu bewerkstelligen. Putin und seine KGB-Kollegen in der DDR konnten an eine solche dramatische Entwicklung kaum ernsthaft glauben. Was die Gorbatschow-Führung von ihnen forderte, war die Entmachtung der stalinistischen Clique um Honecker und Hilfeleistung bei der Umwandlung der DDR in einen modernen sozialistischen Staat.

Ähnliche Operationen verfolgte der KGB scheinbar auch in anderen Ostblockstaaten, obwohl auch hier niemand eine Auflösung des Warschauer Paktes in Erwägung zog. Heute ist fast schon vergessen, daß die »Sanfte Revolution« in der Tschechoslowakei mit aktiver Beteiligung des sowjetischen Geheimdienstes durchgeführt wurde. Was die Ereignisse in der DDR betrifft, so haben die Autoren Andreas Bönte und Ralf Georg Reuth die Tätigkeit der Gruppe »Lutsch« in ihrem 1993 erschienenen Buch »Das Komplott« ausführlich beschrieben.

In seiner Autobiographie zeigte sich Putin entsetzt darüber, wie viele seiner Stasi-Kollegen in der DDR zu dieser Zeit noch an die kommunistischen Ideen wirklich glauben wollten – für Putin, der die Perestroika-Politik Gorbatschows kannte, war diese Haltung nicht mehr nachvollziehbar. Frühere Mitarbeiter der Stasi wiederum schildern Putin heute als einen zurückhaltenden, übervorsichtigen Kollegen, der sich ständig unter Kontrolle hielt, eine Vorliebe für die Arbeit hinter den Kulissen entwickelte, niemals im Vordergrund stehen wollte und deshalb von seiner Umgebung nicht wahrgenommen wurde. Die DDR-Geheimdienstler waren manchmal über Putins Fähigkeit, sich Gesichter einzuprägen, außerordentlich erstaunt. Die Stasi-Kollegen schätzten Putins außerordentliche Intelligenz, seine Verschwiegenheit und seine Effizienz. Er vermied es, schnelle Entscheidungen zu treffen. An ein fremdes Ehrenwort glaubte er nicht – in solchen Fällen verließ er sich immer auf die eigene Intuition.

Erstaunt zeigten sich die Stasi-Kollegen Putins darüber, wie intensiv der Russe die fernöstliche Philosophie des Kampfsports verinnerlichte. Er hatte ein fein ausgeprägtes Gespür für strenge hierarchische Subordination entwickelt, erweckte niemals den äußerlichen Eindruck, um jeden Preis Karriere machen zu wollen, wobei er aber trotzdem sehr auf Erfolg gerichtet war. Die Kollegen schätzten an Putin seine Selbstbeherrschung und Selbstdisziplin, die ihm, als einem innerlich sehr emotionalen Menschen, oft recht schwer fielen. Eine charakteristische Eigenschaft Putins war das Strecken seiner Finger – damit stellte er sein seelisches Gleichgewicht wieder her. Ein Kollege Putins meinte, Wladimir würde schwierige Situation immer nervös »aufnehmen«. Meistens hielt er seine Hände in den Taschen versteckt – offenbar ebenfalls als unbewußte Handlung, um Gefühle zu verstecken. Im Kreis von Freunden und Kollegen bezeichnete sich Putin mit Vorliebe als »typischen Vertreter der Roten Aristokratie« und war stolz darauf, daß sein Großvater aktiv an der Oktoberrevolution in Sankt Petersburg beteiligt gewesen war.

Äußerst ungewöhnlich war Putins Aufnahme in das »Parteikomitee« des russischen Aufklärungsdienstes im Territorium der DDR. Dies bedeutete nur eines: Putin genoß doch eine größere Nähe zur politischen Macht als andere Kollegen. Sicherlich spielte er eine Rolle in den Beziehungen, die sich damals zwischen seiner Heimatstadt Leningrad und Dresden entwickelten. Beide Städte hatten eine Partnerschaft geschlossen. Der damalige Gebietsparteisekretär von Leningrad, Jurij Solowjew, fuhr öfter nach Dresden – wie manche sagen, auch mit Spezialaufträgen Gorbatschows ausgerüstet. Solowjew sollte damals den »besonderen Draht« zu Modrow pflegen.

1989 kam Gorbatschow in die DDR, die Lage war angespannt. In Ostberlin sagte der sowjetische Staats- und Parteichef dann den berühmten Satz: »Wer zu spät kommt, den bestraft das Leben.« Putin und seine Kollegen hatten Gorbatschow über die Zustände in der SED-Parteispitze genau unterrichtet. Nach Gorbatschows Abreise begannen die Tumulte in der DDR. Die Operation »Lutsch« trat in ihre Endphase.

Putin verließ die DDR im Januar 1990 – zwei Monate nach dem Fall der Mauer. Scheinbar verlief Putins Abreise nicht frei von Konflikten. Einerseits beschwerte sich am 29. März 1989 der Leiter der Dresdner Stasi-Filiale, Horst Böhm, schriftlich bei Putins Vorgesetztem, General Schirokow, über die angeblichen »Anwerbungsversuche« von ehemaligen DDR-Militärexperten durch den KGB. Offensichtlich kam das DDR-Regime in diesen Jahren hinter die Aktivitäten der Gruppe »Lutsch«. Verärgert erteilte Honecker Böhm den Auftrag, gegen den Bezirksparteichef von Dresden, Modrow, wegen Verdachts auf Hochverrat zu ermitteln. Dafür versprach Honecker ihm den Posten des neuen Stasi-Chefs. Böhm soll, so der deutsche Historiker Hans-Joachim Hoppe, sogar die Verhaftung Putins wegen Vorwürfen der militärischen Spionage gegen die DDR angeordnet haben. Böhm nahm sich nach der Wende das Leben.

Denkbar wäre es aber auch, daß sich Putins Vorgesetzte in der Moskauer Zentrale verärgert darüber zeigten, daß die Gruppe »Lutsch« ihren Auftrag nicht erfüllt hatte. Putin und seine Kollegen hatten die Revolutionsströmungen in Ostdeutschland falsch eingeschätzt. Die Großdemonstrationen in Leipzig und Dresden kamen für sie überraschend. Wenige Monate vor dem Fall der Mauer im November 1989 verlor der sowjetische KGB die sicher geglaubte Kontrolle über die Lage in der DDR. Vom eigentlichen Fall der Berliner Mauer wurde die KGB-Dependance in Karlshorst nicht etwa vom Verbindungsmann in der Stasi, sondern durch das westliche Fernsehen informiert.

Nachdem die Mauer gefallen war, bliesen einige aufgebrachte DDR-Bürgerrechtler zum Sturmangriff auf die Stasi-Archive. Putin wird wohl den 6. Dezember 1989 niemals vergessen, an dem das russische KGB-Stabsquartier in der Angelikastraße 4 in Dresden von einer wütenden Menschenmenge fast gestürmt worden wäre. Putin telefonierte nach Ostberlin und bat den Kommandeur der Westlichen Gruppe der Streitkräfte um Hilfe. Doch der antwortete ihm, aus Moskau wären hierzu keine Befehle erteilt worden. Putin und seine Kollegen mußten daraufhin ihre Waffen ziehen, um die Aktivisten vom Sturm auf ihr Gebäude abzuhalten. Der 38jährige Oberstleutnant Putin trat selbst vor die aggressive Menge, gab sich als Dolmetscher aus und appellierte an die Menschen, die sowjetische Militärvertretung in Ruhe zu lassen. »Ich bin als Soldat bereit zum Tod« – soll er den empörten Bürgerrechtlern zugerufen haben.

In diesem Moment, erzählte Putin der russischen Journalistin Natalija Geworkjan später, realisierte er, daß es die Sowjetunion nicht mehr gab. Moskau schwieg – niemand kam, um Putin und seine Kollegen zu schützen. Putin zündete den Ofen an und verbrannte in den nächsten Tagen sein gesamtes Dokumentationsmaterial – die Früchte seiner fünfjährigen Spionagearbeit für die Sowjetunion.

Über Putins Rückkehr aus der DDR liegt ein Schleier des Geheimnisses. Aus dem vorliegenden Informationsmaterial geht nicht hervor, ob Putin tatsächlich ein Angebot erhielt, in die Deutschlandabteilung des KGB nach Moskau überzuwechseln. Laut einer anderen, nicht weniger glaubwürdigen Version zeigten Putins Vorgesetzte dem jungen Oberstleutnant nach dem DDR-Debakel die kalte Schulter und boten ihm als Weiterbeschäftigung nur den Posten eines Assistenten für

Internationale Beziehungen des Prorektors der Leningrader Universität an. Dieses Amt galt als typischer Nomenklaturposten für altgediente KGB-Mitarbeiter. Putin war praktisch dort angelangt, wo er vor 15 Jahren begonnen hatte – zu seinen Aufgaben gehörte wieder die Bespitzelung und Rekrutierung von ausländischen Studenten. Nur saß Putin nicht mehr im geheimnisumwitterten KGB-Gebäude, sondern mitten im lauten Universitätsbetrieb.

Putin hatte den Zusammenbruch des DDR-Regimes mit eigenen Augen gesehen. Ihm mußte damals klargeworden sein, daß die Art von Perestroika, die Gorbatschow in der Sowjetunion und in Osteuropa implementieren wollte, ein Fehlschlag war. In der DDR und in anderen Warschauer-Pakt-Staaten wurden die kommunistischen Regime nicht von oben, wie es Gorbatschow anfänglich geplant hatte, sondern durch das Volk – also von unten – abgesetzt. Gorbatschow wollte zwar das Monopol der kommunistischen Parteien brechen, die anderen »Säulen« des Systems, wie den KGB oder die Armee, dagegen stärken. Doch die Revolutionen in Osteuropa fegten gleich alle Säulen der Staatsmacht weg. In einigen Staaten, wie in Rumänien, bezahlten Securitate-Agenten dafür mit ihrem Leben.

Hatte nach dem Zusammenbruch des Warschauer Paktes die Sowjetunion selbst noch eine Überlebenschance? Der junge Putin hatte genug Erfahrung und Wissen angesammelt, um diesbezüglich mit großem Pessimismus in die Zukunft zu blicken. Sein oberster Chef, Krjutschkow, hatte gerade einen Geheimbefehl an alle KGB-Mitarbeiter unterschrieben. Der sowjetische Geheimdienst sollte sich mit allen ihm zur Verfügung stehenden Mitteln den inneren Problemen der Perestroika zuwenden und sich dem drohenden Zusammenbruch der sowjetischen Staatsmacht entgegenstellen. Von größter Wichtigkeit für die Zukunft des Sowjetsystems, so die Order, war die Verhinderung einer politischen Opposition in Rußland. Der intelligente KGB-Boss wollte zunächst gar nicht einmal restriktiv gegen Andersdenkende agieren, wie seine nervösen Kollegen vom Sowjetmilitär im April 1989 in Georgien oder im Januar 1990 in Aserbaidschan. Nein, Krjutschkow legte seinen Männern nahe, sich in die neu entstehenden demokratischen Bewegungen einzuschleusen und sie unter KGB-Kontrolle zu bringen. Im Bedarfsfall wollte Krjutschkow dann die demokratischen Bewegungen von innen heraus diskreditieren.

Krjutschkow befahl seinen Männern, die Uniformen auszuziehen und sich als einfache Intellektuelle den Demokraten anzuschließen. Der Plan des KGB sah vor, bei den Parlamentswahlen im Frühjahr 1990 so viele Agenten wie nur möglich, getarnt als [illegible]ete, in die neu zu wählenden Parlamente Rußlands und anderer Sowjetrepubliken zu infiltrieren. Die Führung des sowjetischen Geheimdienstes schuf ein spezielles »Zentrum« für die Schulung von KGB-nahen Abgeordneten. Andere Geheimdienststrukturen halfen den Kandidaten im Wahlkampf vor Ort mit »Informationen« und kompromittierendem Material gegen Konkurrenten. Der KGB besorgte auch entsprechende Finanzmittel, um die Wahl seiner Abgeordneten in die Parlamente sicherzustellen.

Über diese KGB-Aktivitäten ist damals im Westen viel geschrieben worden. Das Forschungsinstitut von Radio Freies Europa/Radio Liberty in München veröffentlichte darüber mehrere interessante Studien. Viele westliche Experten attestierten Anfang der neunziger Jahre dem KGB eine führende Rolle in der Politik der Perestroika. Nach der Entmachtung der KPdSU durch Gorbatschow, die noch lange vor dem Augustputsch 1991 bewerkstelligt wurde, hing das Schicksal der Sowjetunion in ihren letzten Monaten in der Tat einzig und alleine vom KGB ab – der damals einzig verbliebenen intakten Maschinerie der Staatsmacht.

Im Jahre 1990 wurde die vom Kreml nicht sanktionierte Reformbewegung immer stärker. Boris Jelzin, von Gorbatschow aus dem Politbüro geschaßt und von der KPdSU als »Verräter« verschrien, stieg, zusammen mit dem aus der Verbannung zurückgekehrten Nobelpreisträger und Dissidenten Andrej Sacharow, zum neuen Anführer der russischen Demokraten auf. Früher oder später – das wurde dem KGB schnell bewußt – würden Politiker wie Jelzin in freien Wahlen, ähnlich wie in Osteuropa, in der Sowjetunion an die Macht kommen. Im KGB überlegte man, wie die Kontrolle über die Demokratisierungsprozesse sichergestellt werden konnte? Neben anderen diversiven Maßnahmen, von denen eben die Rede war, entwickelte der KGB den wagemutigen Plan, eine eigene künstliche Ersatzopposition zu kreieren. Im Juni 1990 wurde der sogenannte »Zentristische Block« gegründet. Damit hoffte der KGB, die Illusion zu schaffen, daß es zwischen den ewiggestrigen Hardlinern im kommunistischen Lager und den radikalen liberalen Demokraten um Jelzin noch eine »goldene Mitte« gab, die aus moderaten Demokraten bestand, denen daran lag, die UdSSR als starken Einheitsstaat zu erhalten.

Die ideologische Programmatik des »Zentristischen Blocks« klang außerordentlich primitiv. Das kommunistische System sollte abgebaut, die Sowjetunion als Supermacht erhalten bleiben. Der Kommunismus sollte durch einen Nationalismus ersetzt werden. Das Politbüro des ZK der KPdSU sollte abdanken und einem »Komitee für Nationale Rettung« Platz machen. Dieses Komitee sollte wiederum den Ausnahmezustand im Land ausrufen und mit Hilfe des KGB und der Armee die politische und wirtschaftliche Ordnung wiederherstellen. Die Planwirtschaft sollte durch einen Staatskapitalismus ersetzt werden. Krjutschkow traf sich öffentlich mit Vertretern des »Zentristischen Blocks«, in der Hoffnung, ihnen dadurch politische Legitimität im Lager der nationalistisch denkenden Bevölkerung zu verschaffen. Der Block bestand aus mehreren Zwergparteien, deren Führer fast alle mit dem Geheimdienst verbunden waren.

Eine dieser neu geschaffenen Parteien nannte sich die »Liberal-Demokratische Partei« und wurde von einem bis dahin völlig unbekannten Mann namens Wladimir Schirinowskij angeführt. Niemand konnte damals ahnen, daß dieser nichtssagende politische Wirrkopf einige Jahre später zu einer der schillerndsten Figuren der russischen Politik aufsteigen würde! Im Juni 1991 beteiligte sich Schirinowskij noch völlig chancenlos bei den russischen Präsidentschaftswahlen. Doch was für eine Überraschung erlebten Rußland und das westliche Ausland im Dezember 1993, als Schirinowskij mit seiner Liberal-Demokratischen Partei als stärkste Fraktion in das neue russische Parlament einzog. Die rassistischen Töne Schirinowskijs führten einerseits zum Entsetzen. Andererseits mußten die Demokraten neidlos anerkennen, daß die eigentlichen Strippenzieher hinter den Kulissen – die Wahlkampfmanager und Strategen aus dem KGB – gut gearbeitet hatten.

Doch die »Variante Schirinowskij« war nur ein Testfall gewesen. Damals mußten die neuen Wahltechnologien auf den Ernstfall erprobt, das russische Wählerverhalten und mögliche Manipulationsvorrichtungen für den Wahlausgang genau studiert werden. Der eigentliche Ernstfall sollte erst viel später – im Dezember 1999 – eintreten. Wichtig war zu sehen, daß Figuren wie Schirinowskij austauschbar waren.

Auch in Putins Heimatstadt Leningrad wurde 1990 die demokratische Bewegung zusehends stärker. An der Spitze der Leningrader Demokraten stand Putins ehemaliger Universitätslektor Anatolij Sobtschak. Er war im Frühjahr 1989 in den ersten Volkskongreß der UdSSR gewählt worden – mit Unterstützung der Studenten seiner Universität. Sobtschak unterschied sich von den radikalen Demokraten durch seine gemäßigtere Haltung. Er distanzierte sich von solchen Liberalen, die das Ende der Sowjetunion forderten. Sobtschak, selbst überzeugter Antikommunist, trat zwar für eine weitgehende Demokratisierung des Staates ein, forderte aber die Beibehaltung wesentlicher Ordnungsfunktionen der staatlichen Macht. Aufgrund dieser Haltung war er bei manchen Liberalen als »autoritär« verschrien. Staatschef Gorbatschow dagegen fand Gefallen an ihm und soll Sobtschak mal den Posten des Vizepräsidenten der UdSSR, mal den des Ministerpräsidenten angeboten haben. Jelzin wiederum sah im Leningrader Rechtsgelehrten einen Kandidaten für den Posten des Vizepräsidenten der Russischen Föderation. Auch der KGB nahm Sobtschak als aussichtsreichen Politiker ins Visier. Der »Zentristische Block« schlug vor, Sobtschak zum Vorsitzenden des Notstandskomitees auszurufen.

Im Mai 1990 versammelte Krjutschkow alle ausländischen Botschafter in Moskau zu einem »Gespräch«. Dort versicherte er allen Anwesenden, daß sein Dienst die Perestroika weiterhin voll unterstützen würde. Der Anlaß des Gesprächs war aber ein anderer. Der KGB verfüge, so Krjutschkow, über hochqualifizierte Analytiker und Experten für den geschäftlichen Umgang mit westlichen Firmen. Die westlichen Großunternehmen hätten eigene Analyseabteilungen über die Sowjetunion aufgebaut und verfügten sogar über eigene Aufklärungs- und Spionageabwehrstrukturen. Die jungen sowjetischen Unternehmen wären weniger versiert und noch ziemlich unerfahren, deshalb müßte ihnen der KGB unter die Arme greifen. Krjutschkow warb offen für Verständnis für die Verschärfung der Kontrolle seiner Organisation über die Wirtschaftsprozesse.

Dem 38jährigen Putin muß dies wie eine Zeit größter Wirren vorgekommen sein. Die DDR, in der er vier Jahre lang gearbeitet hatte, gab es nicht mehr. Aber nach seiner Rückkehr mußte er feststellen, daß auch sein Heimatland Sowjetunion vor der Auflösung stand. Die beiden wichtigsten Pfeiler der Sowjetherrschaft – die KPdSU und der KGB, denen er beiden angehörte – wurden von den Zersetzungserscheinungen mit erfaßt. Viele seiner Kollegen quittierten den Job und tauchten ab in das florierende Wirtschaftsleben von Leningrad. Bald saßen sie in den Direktorensesseln der neuen privatwirtschaftlichen Unternehmen, oder sie organisierten Sicherheitsdienste, um die »neuen Russen« und ihre westlichen Partner vor der immer mächtiger und gefährlicher werdenden Leningrader Mafia zu schützen.

Einige Kollegen nutzten geschickt ihre Verbindungen zu ausländischen Kontaktpersonen, um Parteigelder zu waschen. Andere wiederum harrten noch im alten Job aus, fürchteten jedoch ernsthaft, das Schicksal ihrer Amtskollegen aus der Stasi in der DDR oder – noch schlimmer – aus der Securitate in Rumänien teilen zu müssen. Für viele Mitarbeiter der Geheimdienste stellte sich die Existenzfrage, der Staat konnte die Gehälter kaum mehr bezahlen, die Geschäfte waren leer, das Land war plötzlich ganz auf humanitäre Lieferungen aus dem Westen angewiesen. Ein demütigender Zustand. Mit dem Wissen, das sich die »Geheimen« während ihrer Karriere angeeignet hatten, standen sie auf dem sich neu bildenden Arbeitsmarkt besser da als die meisten anderen Sowjetspezialisten. Doch Putin wußte nicht, wohin er sich orientieren sollte. Er begann Material für eine Doktorarbeit zum Thema Eigentumsrecht zu sammeln.

Anfang 1990 flogen der Rektor der Leningrader Universität, Stanislaw Merkurjew, und Sobtschak zu einem Besuch nach New York. Sobtschak sollte an der Universität einen Vortrag halten. Als dritter im Bunde durfte – auf Einladung Merkurjews – der KGB-Mann Putin mit nach Amerika fahren. Während der Reise kamen sich Putin und Sobtschak nach den Universitätsjahren vor 15 Jahren wieder näher. Sobtschak wurde im Mai 1990 Vorsitzender des Leningrader Stadtsowjets – nach der landesweiten Demontage der KPdSU-Strukturen praktisch mächtigster Mann der Stadt. Sobtschak und Putin trafen sich einige Tage nach der Wahl zu einem ernsthaften Gespräch unter vier Augen im Leningrader Stadtsowjet. Sie erinnerten sich später unterschiedlich an dieses Treffen. Nach Sobtschaks Version soll Putin seinem ehemaligen Universitätsprofessor beschieden haben, daß er von der KGB-Führung enttäuscht und deshalb aus dem Geheimdienst offiziell ausgeschieden war. Sobtschak soll danach Putin das Angebot gemacht haben, sein Assistent zu werden. Putins Version klang anders. Danach soll sich Putin gegenüber dem erstaunten Vorsitzenden des Stadtsowjets als KGB-Offizier ausgegeben haben. Sobtschak habe aber nach einigem Nachdenken Putin trotzdem den Assistentenjob in seiner Administration angeboten.

Möglicherweise war Putin gerade der Mann, nach dem Sobtschak verzweifelt gesucht hatte, um seine alles andere als stabile Machtposition abzusichern. Um ihn herum kreisten alle möglichen Gestalten, nur echte Profis mit fundierten politischen und wirtschaftlichen Kenntnissen konnte Sobtschak nicht finden. Gleich nach seiner Ernennung zu Sobtschaks Assistenten lief Putin zu seinem Exkollegen aus dem KGB, Igor Antonow, und erzählte diesem von seinem neuen Glück. »Weißt du, Igor«, soll Putin gesagt haben, »ich bin dorthin gegangen und war entsetzt – von der Inkompetenz und fehlenden Professionalität dieser Demokraten!« Putin forderte seinen Freund auf, mit ihm zu Sobtschak überzuwechseln. Doch dieser winkte dankend ab – mit den Demokraten wollte er nichts zu tun haben. Antonow versuchte Putin zu überreden, beim KGB zu bleiben. Er sprach von der Perspektive einer baldigen Beförderung zum KGB-Oberst, doch Putin blieb stur. »Du hast unrecht«, verabschiedete sich Putin, »du brauchst ja mit Sobtschak nicht zu schmusen. Die große Tat muß vollbracht werden ...« Nachdem Putin das Büro Antonows verlassen hatte, öffnete er eine andere Tür der KGB-Administration und erzählte seine Geschichte von neuem. »Darf ich aus der Uni zu Sobtschak wechseln, ohne den Geheimdienstberuf ganz an den Nagel zu hängen?« fragte er seinen Vorgesetzten. »Bitte, warum nicht«, erhielt er als Anwort. Hocherfreut marschierte Putin daraufhin zurück in sein neues Büro im Leningrader Stadtsowjet. Das Verhältnis mit seinem ehemaligen Arbeitgeber war nicht abgebrochen, und auch finanziell brauchte sich Putin keine Sorgen zu machen: Er erhielt weiterhin ein Gehalt vom KGB bezahlt, verdiente somit doppelt.

Einige Demokraten in Sobtschaks Umgebung fanden schnell heraus, wer der neue Mann im Umkreis des Vorsitzenden des Leningrader Stadtsowjets in Wirklichkeit war. Jemand versuchte sogar Putin mit seiner Vergangenheit zu erpressen. Daraufhin machte Putin sein Verhältnis zum KGB publik. Für Sobtschak stellte sich das Problem KGB in Putins Tätigkeit nicht. Er konnte die bisherige Erfahrung und vor allem die Kontakte seines neuen Beraters zu den Geheimdienststrukturen gut gebrauchen. Die neu gegründeten demokratischen Parteien und Bewegungen in der Sowjetunion waren übersät mit Geheimdienstlern. Viele KGB-Agenten waren in die demokratischen Strukturen infiltriert worden und übten hinter den Kulissen Kontrollfunktionen aus. Andere waren aus Überzeugung zu den Reformkräften übergelaufen, doch über ihre künftigen Loyalitäten gab es Zweifel. Schließlich gab es unter den KGB-Leuten auch solche, die sich in den neuen Machtstrukturen bessere Karrierechancen ausrechneten.

Im erstmals in der Geschichte der Sowjetunion frei gewählten Parlament, dem Volkskongreß der UdSSR, hatte sich im Sommer 1989 eine »Interregionale Gruppe« von demokratisch gesinnten Abgeordneten konstituiert und bildete nun den Hauptstab der gesamten Reformbewegung in der Sowjetunion. Den Vorsitz der

Gruppe übernahmen Jelzin und Sacharow. Die Existenz der »Interregionalen Gruppe« bereitete Sowjetführer Gorbatschow und dem KGB reichlich Kopfzerbrechen. Gorbatschow hatte gehofft, als KP-Chef das Reformtempo vom Kreml aus bestimmen und immer wieder drosseln zu können. Außerdem lag dem eitlen Kremlchef viel daran, im In- und Ausland als alleiniger Chefarchitekt der Reformprozesse anerkannt zu werden. Jelzin und Sacharow hatten aber eine parallele Bewegung geschaffen und ihm die Initiative entzogen. Um die Gesamtkontrolle über die demokratische Bewegung nicht gänzlich zu verlieren, schickte Gorbatschow seinen innenpolitischen Berater Ewgenij Primakow, einen Mann mit hervorragenden Beziehungen zu den Geheimdiensten, als »Aufpasser« zu den Treffen der Demokraten.

Die politische Lage in der Sowjetunion wurde in der zweiten Hälfte des Jahres 1990 immer prekärer. Nach dem 28. Parteitag im Sommer 1990 verlor die KPdSU offiziell ihr jahrzehntelang verbrieftes Staatsmonopol. Gorbatschows Macht basierte nur noch auf dem KGB. Krjutschkow stieg formal zum zweitmächtigsten Politiker im Staat auf. Ihm gelang es, von Gorbatschow immer größere Machtzugeständnisse für den KGB zu entlocken. Doch die KGB-Spitze, die von 1985 bis 1989 Gorbatschow als den wahren Erben Andropows gegen die Stalinisten in der KPdSU unterstützt und selbst ein Flaggschiff der Perestroika gewesen war, wandelte sich unter dem Eindruck des staatlichen Zerfalls der Sowjetunion in einen entschiedenen Gegner der Reformprozesse. Krjutschkow versuchte nun den KGB in eine entgegengesetzte Richtung zu ziehen. Doch dafür war es schon zu spät. Die Demokratisierungswelle hatte zu diesem Zeitpunkt schon die Mitarbeiter des Geheimdienstes erfaßt. Der monolithische KGB splitterte sich in zwei Lager auf. Der eine Teil wollte die UdSSR durch Einsatz von militärischer Gewalt vom Untergang bewahren, der andere Teil des KGB – darunter vor allem jüngere Mitarbeiter – traten für eine Demokratisierung ihres Dienstes ein. Hätte es damals kein eigenes »liberales« Lager im KGB gegeben, zu dem nach groben Schätzungen 70 Prozent der sowjetischen Geheimdienstler zählten – wer weiß, wie der von Krjutschkow im August 1991 angezettelte Putsch gegen Gorbatschow ausgegangen wäre!

Mit blankem Entsetzen beobachtete Krjutschkow, wie Jelzin, der im Juni 1990 zum Vorsitzenden des Obersten Sowjets der Russischen Föderation gewählt wurde, seinen eigenen »KGB« ins Leben zu rufen versuchte. Und es fanden sich genug KGB-Offiziere, die bereitwillig zu den Demokraten überliefen, darunter auch ein KGB-Offizier aus Leningrad. Sein Name: Sergej Stepaschin. Ein anderer ranghoher Mitarbeiter der Ersten KGB-Hauptverwaltung, General Kalugin, wurde eine Art Sicherheitsberater Jelzins. Im Sommer 1990 erhielt Kalugin auch ein Angebot von Sobtschak aus Leningrad, die dortigen Sicherheitsorgane demokratisch umzurüsten. Kalugin lehnte ab – und Sobtschak fand einen anderen, für Leningrader Verhältnisse viel geeigneteren Kandidaten für diese Aufgabe. Krjutschkow kämpfte indessen mit dem Rücken zur Wand. Die nächste Katastrophe, so dachte er, würde eintreten, wenn Gorbatschow den engen Schulterschluß zu den liberalen Demokraten suchen würde. Der KGB-Chef kontrollierte nun sorgsam alle Informationsflüsse zu Gorbatschow, versuchte den Generalsekretär von der Außenwelt abzuschirmen. Zum erklärten Ziel Krjutschkows wurde es, Gorbatschow von der Notwendigkeit der Einführung eines Notstandregimes zu überzeugen, um die sowjetische Staatsmacht zu retten.

Ende 1990 schien Gorbatschow nur noch auf Krjutschkow zu hören. Der sowjetische Staatschef unterzeichnete ein Dekret nach dem anderen, das dem KGB weitreichende Kontrollbefugnisse über die sowjetische Wirtschaft gab. Der Geheimdienst überwachte von nun an alle Außenhandelsoperationen und Finanzströme des Landes – vor allem die Tätigkeit der neuen gemeinschaftlichen Unternehmen auf dem Gebiet der Sowjetunion. Zahlreiche KGB-Offiziere wurden in die neuen Joint-ventures infiltriert – einerseits um die wirtschaftlichen Prozesse und Finanzströme im Land zu kontrollieren, andererseits um die finanzielle Basis des KGB aufzubessern. Nach Meinung vieler westlicher Experten wurde in diesen Jahren das Fundament für ein »Old boys network« der Geheimdienstorgane gelegt, das bis heute funktioniert. Im Januar 1991 gab Gorbatschow dem KGB die Erlaubnis, alle humanitären Hilfslieferungen aus dem Ausland zu überwachen. Die Demokraten beschwerten sich gleich darauf, daß Krjutschkows KGB die westlichen Hilfspakete nur in Regionen leitete, wo keine Demokraten an der Macht waren.

Anfang 1991 konnte Krjutschkow triumphieren. Zahlreiche liberale Politiker, wie der Außenminister Eduard Schewardnadze, verließen aus Protest gegen die Verhärtung sowjetischer Politik die Kremlführung. Im Januar 1991 ließ Gorbatschow in den baltischen Staaten Panzer auffahren, um ein Ausscheren der Republiken aus dem sowjetischen Staatsverband zu verhindern. Im Mai 1991 erhielt Krjutschkow weitere Vollmachten zugestanden. Der KGB durfte jetzt alle Eisenbahn- und Ingenieurstruppen überwachen. Es wurden ihm die Grenztruppen und eine Reihe von Sondertruppen unterstellt. Eine solche Machtposition hatte der sowjetische Geheimdienst seit Stalins Tagen nicht mehr gehabt. Doch seinem heimlichen Ziel, Gorbatschow in die Rolle eines Diktators zu drängen, kam Krjutschkow nicht näher. Im Juni 1991 riß dem KGB-Chef der Geduldsfaden. Er verlangte, zusammen mit anderen Hardlinern im Kreml, Gorbatschow solle Teile seiner Macht an Premier Walentin Pawlow abgeben. In diesem Moment mußte dem sowjetischen Staatschef endlich klargeworden sein, was der KGB in Wirklichkeit wollte: nämlich das Zurückdrehen von Reformen und den Eintritt in ein neues Zeitalter von Repression und Diktatur. Doch Gorbatschow hatte keine Kraft und keine Verbündeten mehr, sich zu wehren. Ein zaghafter Versuch, Krjutschkow durch den liberalen Wadim Bakatin zu ersetzen, schlug fehl. Gorbatschow war inzwischen politisch so isoliert, daß er die Putschvorbereitungen des KGB gar nicht bemerkte.

Und wie entwickelte sich die Lage in Leningrad? Natürlich mußte Sobtschak damit rechnen, daß der KGB auch in seiner Stadt versuchen könnte, eine sogenannte fünfte Kolonne aus KGB-Aufpassern in die von ihm geleitete demokratische Bewegung zu infiltrieren. Sein Kampf um die Kontrolle über die lokalen Machtstrukturen, zu denen natürlich auch der örtliche KGB gehörte, wurde mit harten Bandagen geführt. Andererseits unterstützte Sobtschak – zum Entsetzen der liberalen Demokraten – Ende 1990 indirekt Krjutschkows Appelle zur Einführung eines »Notstandsregimes«, was die Leningrader Zeitung »Smena« dazu bewog, Sobtschak »unter einer Decke mit Krjutschkow« stecken zu sehen.

Sobtschak mußte in der wirtschaftlichen Notlage, in der sich Sankt Petersburg befand, alle Mittel ausschöpfen, um eine Katastrophe zu vermeiden. Er verhängte ein Ausfuhrverbot von Nahrungsmittel aus der Stadt und stellte, um der drohenden Kriminalität in der Stadt Herr zu werden, gemeinsame Patrouillen von Polizei- und Armeekräften auf. War es Putins Einfluß gewesen, der Sobtschaks politisches Überleben in den komplizierten Machtspielen hinter den Kulissen sicherte? Putin kannte alle Tricks der sowjetischen Geheimdienste, mehr noch: Er hatte mit seinen ehemaligen Vorgesetzten noch alte Rechnungen zu begleichen. Sie hatten ihn nicht so gefördert, wie er es erhofft hatte. Nach dem Zusammenbruch des DDR-Regimes und der Auflösung der Stasi hatte man für ihn, den ostdeutschen Meisterspion, plötzlich keine Verwendung mehr gefunden.

Putin kannte in Leningrad alle KGB-Mitarbeiter und

Spitzel in Sobtschaks Umgebung. Mit Putin an seiner Seite gewann der Reformpolitiker die notwendige Rückendeckung bei möglichen gefährlichen Auseinandersetzungen mit den zentralen Machtorganen. Eines Tages kamen zwei ehemalige KGB-Kollegen in Putins Büro. Sie wollten ihren alten Kameraden um einen Gefallen bitten, ihn dazu überreden, dem KGB die Blankounterschrift Sobtschaks zu beschaffen. Putin öffnete daraufhin die Schublade seines Schreibtisches und zeigte den verdutzten KGB-Offizieren einige unbeschriebene offizielle Briefbögen mit der persönlichen Signatur des Oberbürgermeisters. »Seht ihr, der Mann vertraut mir. Ich werde sein Vertrauen nicht mißbrauchen«, stauchte er sie an. Danach schrieb er einen wütenden Brief an seine Vorgesetzten im KGB, man möge ihn doch endlich offiziell von der »Bespitzelung« Sobtschaks »befreien«. Putin rettete Sobtschak aus allen mißlichen Lagen. Als ein Assistent des Oberbürgermeisters einmal ein Gespräch Sobtschaks mit dem Sankt Petersburger Residenten des französischen Geheimdienstes illegal aufzeichnete, ließ Putin sofort dessen Wohnung durchsuchen und die kompromittierende Kassette beschlagnahmen. Sobtschaks Instinkt erwies sich, was Putin anbetraf, als goldrichtig, wie die nachfolgende Entwicklung noch zeigen sollte.

Der Reformmotor von der Newa

Putin hatte, als er im Januar 1990 aus der DDR zurückkam, fünf Jahre Auslandserfahrung aufzuweisen. Noch wichtiger: Er beherrschte eine zweite Sprache – Deutsch. Seine Vorgänger im Kreml hatten, mit Ausnahme von Lenin, kaum wirklich im Ausland gelebt oder Fremdsprachen gesprochen. Manch einer mag Putin mit Peter dem Großen vergleichen, der in seinen Jugendjahren inkognito in die Niederlande gereist war, um dort den westlichen Schiffsbau zu studieren. Doch das damalige fortschrittliche Holland läßt sich mit der DDR der achtziger Jahre nicht vergleichen. In Dresden, wo Putin fünf Jahre lang zu Hause war, konnten westliche Fernsehprogramme nicht empfangen werden. Und die DDR war zwar unter allen ehemaligen Ostblockstaaten das technologisch am weitesten entwickelte Land gewesen, doch politisch betrachtet gehörte die damalige DDR zu den rückständigsten Ländern Osteuropas. Putin mußte mit ansehen, wie das kommunistische Regime die Kontrolle über die politischen Prozesse im Land verlor und die DDR als Staat kollabierte.

Nach seiner Rückkehr nach Leningrad mußte Putin die schmerzliche Erfahrung machen, daß auch hier ähnliche Prozesse eintreten konnten. Die Newa-Metropole stand kurz vor dem wirtschaftlichen Zusammenbruch. In der damaligen Sowjetunion breitete sich eine Hungerkatastrophe aus. Der Westen half mit massiven Hilfslieferungen. Doch anders als in der DDR gab es in Leningrad neue demokratische Kräfte, die der leidenden Bevölkerung wenigstens eine positive Zukunftsperspektive versprechen konnten. Viele fortschrittlich denkende Menschen identifizierten sich mit der Figur des demokratischen Oberbürgermeisters Anatolij Sobtschak. An seiner Seite war bis zum Augustputsch ein junger rothaariger Mann zu sehen, der für die Wirtschaftsreformen der Stadt zuständig war. Sein Name war Anatolij Tschubajs.

Für den Umzug nach Hause hatte Putin vorgesorgt. Mit seiner Familie konnte er unmöglich in die enge Wohnung seiner Eltern ziehen. Putins Eltern waren jedoch schon alt und benötigten Pflege. Noch 1987 hatte er seine Freunde im KGB gebeten, ihm bei der Wohnungssuche zu helfen. Damals zogen die Eltern Putins in eine neue, geräumigere, 99 Quadratmeter große Dreizimmerwohnung am Sredneochtinskij Prospekt um. Drei Jahre später kam Putin mit Frau und Töchtern nach.

Viele der Nachbarn erinnern sich an den Tag, als die Putins mit Kind und Kegel aus Dresden in Leningrad eintrafen. Besonders staunten sie über den schwarzen Wolga, den die Putins aus Dresden mitgebracht hatten. Ljudmila Putina wurde bald für ihren rasanten Fahrstil in der Stadt bekannt. Die Nachbarn im Haus Nummer 42 am Sredneochtinskij Prospekt sahen von Putin allerdings recht wenig. Gelegentlich führte er abends seinen Hund aus. Ab und zu kamen Freunde zu ihm nach Hause. Doch insgesamt blieb Putin seinen Nachbarn gegenüber verschlossen. Ein neugieriger Hausbewohner hatte herausgefunden, daß Putin beim KGB arbeitete und wollte ihn während gemeinsamer Hundeausflüge in politische Diskussionen verwickeln. Putin hörte ihm höflich zu, blieb jedoch wortkarg und, wie der Nachbar bemängelte, sehr mürrisch. Putin wirkte während der ersten Jahre nach der Rückkehr aus Sankt Petersburg verstört und nervös.

Das politische Leben von Leningrad war nicht wiederzuerkennen. Politische Parteien, Bewegungen und

Clubs schossen wie Pilze aus dem Boden. Die Newa-Metropole bekam 1991 ihren alten Namen zurück. Sankt Petersburg wurde wieder zum Fenster nach Europa. Der russische Markt lockte viele ausländische Geschäftsleute an. Putin arbeitete bis spät in die Nacht in seinem Büro im Smolnyj – der Leningrader Stadtverwaltung. Über ihm hing das Porträt des Zaren Peter des Großen, in der hintersten Ecke, halb versteckt, konnten manche Besucher jedoch eine kleine Statue von Lenin entdecken. Eigentlich mußte Putin mit seinem neuen Job bei Sobtschak zufrieden sein. Er konnte nach Belieben ins Ausland reisen, kreativ am wirtschaftlichen und kulturellen Wiederaufbau seiner Heimatstadt mitwirken. Anders als viele Möchtegernunternehmer aus seiner Umgebung besaß Putin ein fundiertes Wissen über die politischen und wirtschaftlichen Vorgänge in und um Rußland. Um wichtige Informationen zu erhalten, bedurfte es für ihn nur einen Anruf bei seinen zahlreichen Freunden im KGB. Wie mit einem Infrarotstrahl konnte Putin tief in alle neu gebildeten Strukturen des neuen politischen und wirtschaftlichen Lebens seiner Heimatstadt hineinleuchten. Er wußte genau, wer wo in der neuen Umgebung die Fäden zog, Dinge hinter den Kulissen manipulierte. Er kannte die kriminellen Strukturen der Stadt, durchschaute das Spiel seiner eigenen Institution – des KGB –, der seine Agenten in den zahlreich neu gegründeten Unternehmen strategisch postierte.

Andrej Twarkowsky, ein junger Bonner Unternehmer, hielt sich in der damaligen Umbruchzeit ständig in Leningrad auf und unterhielt ein Büro am Prospekt Statschek – neben der alten elterlichen Wohnung Putins. Twarkowsky fand dort einen Partner, mit dem er das erste Gemeinschaftsunternehmen im verarbeitenden Gewerbe aufzog. Die gemeinschaftliche Firma »Sovex« verarbeitete Holz und Porzellan und hatte bereits damals 500 Angestellte. Zunächst floß reichlich

Kapital aus dem Westen, doch als das Geschäft stand, begann die Ära der Gesetzlosigkeit. Twarkowsky wurde, wie andere westliche Pioniere, aus dem Markt verdrängt, die Mafia wurde immer mächtiger. Die Brüder Wasiljew – Anführer der lokalen russischen Mafia – verlangten 1000 DM Schutzgeld und ein westliches Auto. Schon seit der Zulassung von ersten privaten Unternehmenskooperativen während der Perestroika betrieben kriminelle Gangs das Geschäft der Schutzgelderpressung. Später wurde es fast unmöglich, ein Geschäft zu führen, ohne mit der Mafia in Kontakt zu geraten. Gewöhnlich hatte das Unternehmen etwa zehn bis 30 Prozent seines Nettogewinns an seine »Kryscha« (russisch: Dach) zu zahlen, eine Art Schutzorganisation, die die Firma im Gegenzug vor anderen kriminellen Gruppierungen bewahrte und auch Schulden für das Unternehmen eintrieb. Eine »Kryscha« konnten sowohl eine kriminelle Gruppierung als auch korrupte Mitarbeiter staatlicher Strukturen wie der Miliz oder der Steuerpolizei sein. Dem russischen Innenministerium zufolge gehörten Mitte 1998 etwa 30 Prozent der operativen Polizisten einer »Kryscha«-Struktur an. Bei besonders erfolgreichen Unternehmen forderte die »Kryscha« oft anstatt der Geldzahlungen Anteile an der Firma und übernahm sie schließlich ganz. Das »Kryscha«-System war lange ein Schlüsselelement der postkommunistischen Entwicklung Rußlands – es verband die kriminelle mit der legalen Wirtschaft.

Auch der KGB spielte sein eigenes »Spielchen«. Twarkowsky sah sich plötzlich vor die Tür gesetzt, er wurde bedroht. Daraufhin ging er selbst zum KGB und beschwerte sich über die Behandlung. Ein freundlicher Herr war zunächst außerordentlich entgegenkommend und versprach Hilfe. Der KGB stellte sich aber später auf die Seite des russischen Gegners. Der deutsche Unternehmer zog in Moskau und Deutschland vor Gericht –

umsonst. Twarkowskys Fazit heute: »Ich hätte besser mit den Wölfen heulen müssen.«

Andere Unternehmer waren erfolgreicher. Möglicherweise wußten sie auch besser Bescheid, an wen man sich in solchen Problemfällen in Leningrad direkt wenden mußte. Dr. Karl-Hermann Fink, damals Geschäftsführer des Ostausschusses der Deutschen Wirtschaft, kannte bei seinen vielen Reisen nach Leningrad nur einen entscheidenden Ansprechpartner – Putin. Mit ihm war er per du, mit ihm trank er am Gendarmenmarkt in Berlin Bier und Wodka, durch ihn löste er die aufkommenden Probleme. Putin zeichnete sich durch eine besondere Deutschlandfreundlichkeit aus. Die deutsche Wirtschaft bemühte sich Anfang der neunziger Jahre um einen günstigen Standort in Sankt Petersburg. Dafür bot sich das von der Logistik außerordentlich günstig gelegene Gebäude des ehemaligen DDR-Konsulats am Bolschoj Prospekt 10 an. Die Immobilie befand sich im Eigentum des Stadtsowjets und das Deutsche Auswärtige Amt mußte in zähen Verhandlungen mit der Stadtadministration den Vertrag über die Nutzung des Hauses verlängern, damit die deutsche Wirtschaft dort ihre Vertretung errichten konnte. Putin war damals der wichtigste Verhandlungsführer der russischen Seite.

Ende Mai 1991 kamen Sobtschak und Putin auf Einladung des Ostausschusses der Deutschen Wirtschaft nach Deutschland. Am 24. Mai wurde die Eröffnung des neuen Domizils in Leningrad im Privathaus des Vorsitzenden des Ostausschusses, Otto Wolff von Amerongen, in Köln gebührend gefeiert. Der große Rußlandkenner Otto Wolff fand Gefallen an der Zusammenarbeit mit den deutschlandfreundlichen Leningradern. Als Sobtschak vier Monate später wieder mit Putin nach Deutschland fuhr, organisierte er ein Spitzentreffen mit Bundeskanzler Helmut Kohl, bei dem Putin als Dolmetscher fungierte. Weder Kohl noch Wolff konnten damals ahnen, welche Karriere den schüchtern wirkenden jungen Mann an Sobtschaks Seite, der kaum Charisma ausstrahlte, aber mit technischem Wissen brillierte, erwartete.

Ende März 1992 weilte Putin ein weiteres Mal auf Einladung des Ostausschusses in Deutschland – diesmal in Berlin, als Gast auf dem Privatisierungskongreß der Treuhand. Am 25. März saß er im Restaurant in der dritten Etage des Hilton-Hotels an der Seite Finks. Man aß, trank und träumte von einer neuen deutsch-russischen Freundschaft. »Woher kannst du so gut Deutsch?« fragte Fink seinen Freund und Kollegen. »Ich war oft im Haus der sowjetischen Wissenschaft und Technik in der Friedrichsstraße«, erwiderte Putin verschmitzt. Fink kann sich daran erinnern, wie sein Tischnachbar über die Rückständigkeit der russischen Wirtschaft lamentierte und immer wieder hervorhob, wie wichtig es sei, das ostdeutsche Wirtschaftspotential in den gesamtdeutschen Wirtschaftsbeziehungen zu Rußland aufrechtzuerhalten.

An Putin erinnert sich auch der heutige Generalbevollmächtigte beim Vorstand des Philips-Konzerns, Wolfgang Rosenbauer. Der Hamburger Unternehmer hat den späteren Präsidenten Rußlands als kompetenten Gesprächspartner bei mehreren Geschäftstreffen in der Hansestadt kennen- und schätzengelernt. Rosenbauer vermochte den Kontakt zu Putin auch nach dessen Umzug nach Moskau aufrechtzuerhalten. Putin reiste damals ständig nach Hamburg – nachdem an der Elbe die Städtepartnerschaft mit Leningrad besiegelt wurde. In seiner Freizeit mischte sich der Deutschlandfreund gerne unter die Leute, ging alleine aus, besuchte Kneipen, sammelte wertvolle Eindrücke. Das wiedervereinigte Deutschland gefiel ihm mit jeder Reise mehr und mehr. Hier fühlte er sich, da er der Sprache mächtig war, sehr wohl. Seine beiden Töchter soll er sogar für kurze Zeit an eine Hamburger Schule zur Aufbesserung ihrer Deutschkenntnisse geschickt haben. Einem Freund vertraute er nach ein oder zwei Gläsern Bier an: »Ich habe ein zweites deutsches Wesen in mir entdeckt!« Kurzum – Putin fühlte sich auf dem Boden des wiedervereinigten Deutschlands wie ein Fisch im Wasser.

Bei einem seiner ersten Besuche in Hamburg ließ er sich von Mitgliedern der russischen Delegation überreden, nach Sankt Pauli zu fahren – in eine Erotikshow. Beim Anblick eines nackten, zwei Meter großen Afroamerikaners fiel aber eine der russischen Damen aus der Delegation in Ohnmacht. Heute lacht Putin herzlich über diesen Vorfall. In Hamburg war Putin auch ein oft gesehener Gast in Spielkasinos – doch schwört er Stein und Bein, daß seine Besuche einzig und allein dem Studium von möglichen Projekten für Sankt Petersburg gedient hätten.

Putin las gerne deutsche Zeitungen, verfolgte weiterhin die politischen Ereignisse in Deutschland. Die Biographien der deutschen Politiker waren ihm aus seiner Spionagezeit in der DDR wohlbekannt. Er hatte selbst Informationen, teilweise auch intimste Details aus dem Leben west- und ostdeutscher Politiker, zusammengetragen und an die Zentrale in Moskau weitergeleitet. Ein guter deutscher Freund des Präsidenten Rußlands sagt heute: »Putin kennt nicht nur Deutschland, er liebt Deutschland. Während seiner Tätigkeit in Sankt Petersburg war Putin nur zweimal in den USA, dafür aber ein Dutzend Mal in der Bundesrepublik.« Neben Deutschland faszinierten Putin noch zwei weitere EU-Länder: Spanien, wohin seine Frau gerne in Urlaub fahren wollte, sowie Finnland, wo die Putins im Winter Skisport betrieben.

Der jüdische Sankt Petersburger Filmregisseur Igor Schadchan erinnerte sich ganz besonders an einen nächtlichen Kneipenbesuch zusammen mit Putin in Bonn. Schadchan sprach den Holocaust und das Gewissen der Deutschen nach der Wiedervereinigung an. Putin bestellte zwei Kognak und fragte seinen Bekannten, ob dieser nicht einmal einen Film über Deutsche drehen wollte, die russischen Witwen, deren Männer im Zweiten Weltkrieg gefallen waren, helfen würden. Putin zeigte sich beeindruckt von der Aktion »Sühnezeichen« in Deutschland und meinte zu Schadchan: »Heute leben in diesem Land ganz andere Deutsche.« Bei anderer Gelegenheit verwies er darauf, daß auch im russischen Geheimdienst Leute arbeiteten, die mit den vergangenen Verbrechen des KGB nichts gemeinsam hatten.

Am 12. Juni 1991 wurden in Leningrad die ersten freien Oberbürgermeisterwahlen abgehalten, aus denen Anatolij Sobtschak als Sieger hervorging. Gleichzeitig wurde in der Russischen Föderation – noch im Rahmen der UdSSR – Jelzin zum Präsidenten gewählt. Sobtschak bestellte Putin, der sich bei den Reisen nach Deutschland und in andere westliche Länder so hervorragend bewährt hatte, zum Vorsitzenden des Komitees für Außenbeziehungen der Regierung von Sankt Petersburg – zu einer Art Außenminister seiner demokratischen Administration.

Fünf Jahre lang bereiste Putin in dieser Eigenschaft nun die ganze Welt, machte dem russischen Außenminister Andrej Kozyrew darin Konkurrenz. Putin fuhr keineswegs nur nach Europa. Im Jahre 1993 unternahm er auf Einladung des israelischen Außenministeriums eine Dienstfahrt nach Jerusalem. Nach Putins eigenem Bekunden wurde diese Reise zu einer Art Pilgerfahrt. Der ehemalige KGB-Mann begann sich stärker für religiöse Fragen zu interessieren. Seine Mutter hatte ihm vor der Israelreise gesagt: »Gehe an das Grab des Herrn und weihe dort dein Taufkreuz ein.« Die alte Mutter überreichte ihrem erwachsenen Sohn damals sein eigenes Taufkreuz, von dem dieser möglicherweise zuvor gar nichts wußte, da seine Taufe ja in frühen Kinderjahren im geheimen verlaufen war. Israel faszinierte

Putin so sehr, daß er wenig später mit seiner ganzen Familie dort Urlaub machte. Putin soll Jahre später auch seinen großen Mentor Jelzin für eine Reise zu den heiligen Stätten gewonnen haben.

Am 19. August 1991 brach in Moskau der berühmte Putsch aus. Ein »Staatliches Komitee für den Ausnahmezustand« (GKTschP) wurde ausgerufen. Panzer fuhren auf den Straßen von Moskau. KGB-Chef Krjutschkow hatte seine Drohungen wahr gemacht. Der KGB wurde zum Initiator des Putsches. Die Anführer der Armee und das Innenministerium unterstützten Krjutschkow. Gorbatschow wurde in seinem Ferienort Foros auf der Krim gefangengesetzt. Die »Hunta« plante, zunächst die Anführer der demokratischen Bewegung festzunehmen, doch Jelzin und seine Anhänger verbarrikadierten sich im »weißen Haus«, dem Gebäude der russischen Regierung. Das Regierungshaus wurde zu einer Festung des Widerstands gegen die Putschisten. Schon am zweiten Tag des Putsches bröckelte die Front der Reformgegner. Einige Mitglieder der »Hunta« betranken sich, waren sich uneins und verloren die Autorität über die Streitkräfte. Die ersten Panzer, die vor das »weiße Haus« geschickt wurden, stürmten nicht das Gebäude, sondern stellten sich schützend vor die Festung der Demokraten. Der Befehlshaber dieser Panzerdivision, Afghanistan-Veteran Alexander Lebed, verkündete, ein Blutvergießen müßte unter allen Umständen verhindert werden.

Der Sankt Petersburger Oberbürgermeister Sobtschak, gerade in Moskau, fürchtete in diesen Stunden um sein Leben. Sobtschak entschied, nicht bei Jelzin in Moskau das Geschehen abzuwarten, sondern sofort in seine Heimatstadt zurückzufliegen, um dort den demokratischen Widerstand gegen die Putschisten zu organisieren. Seine politischen Gegner sahen für sich die Gunst der Stunde gekommen, Sobtschak auszuschalten. Aus dem Kreml kam der Befehl an die örtlichen KGB-Truppen,

Sobtschak nach der Landung auf dem Flughafen zu verhaften. Doch als die zum Flughafen gekommenen KGB-Einheiten den Befehl ausführen wollten, mußten sie zu ihrem größten Erstaunen feststellen, daß sich vor der gelandeten Maschine Sobtschak andere bewaffnete Kräfte postiert hatten. Es war niemand anders als Putin, der, gerade aus dem Urlaub zurück, von der drohenden Verhaftung seines Chefs erfahren hatte und sofort eine Eingreiftruppe aus Kräften der örtlichen Miliz formierte, um den Anführer der Sankt Petersburger Demokraten, falls notwendig auch durch Anwendung von Gewalt, zu schützen. Damit stellte sich Putin offen gegen die Führung seines ehemaligen Arbeitgebers – des KGB.

Putin selbst erschien an der Spitze dieser Sondertruppe am Flughafen, setzte Sobtschak in seinen Wagen und brauste mit ihm in die Stadt. Der Oberbürgermeister und sein »Schutzengel« führten längere Gespräche mit der örtlichen KGB-Führung und handelten eine Neutralität der offiziellen Sicherheitsdienste gegenüber der demokratischen Administration der Stadt aus. Offensichtlich kam es – unter direkter Einwirkung von Putin – zu einem »Deal« hinter den Kulissen. Nach Beendigung des Putsches nämlich beförderte Sobtschak zur größten Überraschung der Demokraten drei ehemalige KGB-Offiziere zu Bürgermeistern von Sankt Petersburger Stadtbezirken. Putin aber trat offiziell aus den Reihen des KGB aus. Neuer KGB-Chef für die Region Sankt Petersburg wurde Stepaschin.

Nach der Zerschlagung des Putsches wurde die Position Sobtschaks in Sankt Petersburg noch gewichtiger. Jelzin und Sobtschak wurden im In- und Ausland als die großen Retter der jungen russischen Demokratie gefeiert. Doch in den nächsten Monaten überstürzten sich die Ereignisse. Gorbatschow verlor die Kontrolle über die Politik. Jelzin und die Demokraten bestimmten den Lauf der Dinge. Die Exekutivgewalt in der auseinanderbrechenden Sowjetunion ging in die Hände der russischen Republiksführung und den Chefs der anderen 14 Unionsrepubliken über. Im Oktober 1991 kündigte Jelzin ein neues radikales Wirtschaftsreformprogramm an, das Rußland mit raschen Schritten an den Westen binden sollte. Auf der politischen Bühne erschienen völlig neue Gesichter – zum Beispiel der Wirtschaftswissenschaftler Grigorij Jawlinskij mit seinem 500-Tage-Programm zur Einführung der Marktwirtschaft.

Die Dramatik der Ereignisse war kaum mehr zu überbieten. Am 8. Dezember 1991 wurde die Welt Zeugin eines einzigartigen historischen Vorgangs: der friedlichen Auflösung der Supermacht Sowjetunion. Nach Heiligabend mußte Gorbatschow seinen Amtssitz im Kreml für immer verlassen. Für Putin gab dieser Tag den Anlaß, sein Parteibuch in der hintersten Schublade seines Schreibtisches zu verstauen, sich zu bekreuzigen und es zu verschließen. Dort liegt das Parteibuch bis zum heutigen Tag.

Jelzin stand nun unangefochten an der Spitze des neuen demokratischen Rußlands. Sobtschak unterstützte Jelzin mit allen ihm zur Verfügung stehenden Mitteln. Im Januar 1992 begann Jelzin mit dem radikalen Umbau des russischen Wirtschaftssystems. Er mußte die Gunst der Stunde nutzen, um das alte totalitäre System zu zerstören und sein Land zur Demokratie und Marktwirtschaft zu führen. Die alte kommunistische Nomenklatura stand unter dem Schock des Zerfalls des sowjetischen Imperiums und leistete kaum Widerstand. In Sankt Petersburg verschwand sie ganz von der politischen Bühne. Allerdings mußten Sobtschak noch lange die Worte seines Widersachers und des ehemaligen Parteichefs von Leningrad, Boris Gidaspow, in den Ohren geklungen haben, der nach seinem Abgang ausrief: »Was würde ich machen, wenn ich KGB und Partei wäre? Ich würde leise in den Untergrund gehen. Wenn Menschen krank und müde werden von Demokratie, werden sie nach der starken Hand rufen. Dann wird die Zeit kommen, wenn nicht mehr zwischen Demokraten und autoritären Herrschern unterschieden wird. Die Leute werden nur eines fordern: volle Läden!«

Rußland schlitterte völlig unvorbereitet in die Marktwirtschaft oder – wie die Russen heute sagen – in den »wilden Kapitalismus« – hinein. Jelzin, der selbst von Wirtschaft kaum Ahnung hatte, ernannte auf Anraten seines damaligen Gehilfen und Wahlstabschefs Gennadij Burbulis eine Handvoll junger Wirtschaftswissenschaftler an die Spitze der Regierung, damit sie für ihn die Kastanien aus dem Feuer holten. Die »jungen Wilden« versuchten, in ständiger Anlehnung an amerikanische Berater, das russische Wirtschaftssystem in wenigen Monaten von der Plan- zur Marktwirtschaft umzufunktionieren – mit mäßigem Erfolg. Obwohl sich die vom damaligen Stellvertretenden Ministerpräsidenten für Wirtschaftsfragen, Egor Gajdar, durchgeführten Maßnahmen in der Theorie als richtig erwiesen, verkannten sie die komplizierte postsowjetische Realität. Die Regierung setzte alle Preise über Nacht frei. Die Produzenten erhöhten die Preise – die Teuerungsrate stieg ins Unermeßliche. Um die Kaufkraft der Bevölkerung zu stärken, ließ die Regierung Geld drucken und erzeugte damit eine Hyperinflation. Die Ersparnisse der Bevölkerung wurden über Nacht vernichtet. Die »Laisser-faire«-Politik des radikalen Marktwirtschaftlers Gajdar führte zur sozialen Verelendung der breiten Masse der russischen Bevölkerung.

Aber das Vertrauen der meisten Russen in die neue Politik blieb noch unerschüttert. Die Menschen nahmen die Schicksalsschläge fast ohne größere Proteste hin – die kommunistische Alternative war keineswegs verlockender. In der zweiten Hälfte des Jahres 1992 begann Gajdars Regierungskollege, der Sankt Petersburger Wirtschaftsexperte Tschubajs, das gigantische »Privatisierungsprogramm« umzusetzen. Über die Auswirkungen dieser Politik streitet man sich in Rußland heute noch.

Die Folgen der Reformpolitik waren natürlich auch in Sankt Petersburg zu spüren. Im Zusammenhang mit Putins Tätigkeit in Sankt Petersburg muß erwähnt werden, daß er natürlich als Verantwortlicher für die Außenwirtschaftsbeziehungen der Stadtadministration größte Anstrengungen unternehmen mußte, um in dieser gefährlichen Zeitperiode, wo das Staatsschiff jeden Moment auf Grund laufen konnte, die wirtschaftliche Hilfe aus dem Ausland zu gewährleisten. Im Verlauf des Jahres 1992 witterten angesichts der sich rapide verschlechternden sozialen Zustände in Rußland die Altkommunisten und andere Reformgegner ihre Chance, das verhaßte Jelzin-Regime zu Fall zu bringen. In Moskau spitzte sich die politische Lage dramatisch zu. Jelzin mußte den Rückzug antreten, die Reformpolitik abschwächen. Zunächst wurde die graue Eminenz Burbulis entmachtet, dann der im Juli 1992 kurzfristig zum Premier ernannte Gajdar im Dezember 1992 durch den Sowjetmanager der alten Schule, Wiktor Tschernomyrdin, ersetzt. Die Demokraten mußten eine politische Bastion nach der anderen räumen.

Im September 1993 organisierten die oppositionellen Kräfte im Parlament einen Putsch gegen Jelzin: Vizepräsident Alexander Ruzkoj, der ebenfalls die Seiten gewechselt hatte, wurde von den Parlamentariern zum amtierenden Präsidenten ausgerufen, Jelzin löste das Parlament auf. In Rußland war eine gefährliche Doppelherrschaft entstanden, das Land schlitterte förmlich in einen Bürgerkrieg hinein. Im Westen erschauerten Politiker allein bei dem Gedanken, daß Atomwaffen plötzlich der staatlichen Kontrolle entgleiten könnten. Auch in Sankt Petersburg rührte sich der Widerstand, auch dort versuchten Reformgegner Revanche für die erlittene Schmach während des Augustputsches zu nehmen und die demokratische Regierung Sobtschaks zu stürzen. Doch die Situation unterschied sich gewaltig von der während des Augustputsches. An der Spitze des Sankt Petersburger Föderalen Sicherheitsdienstes stand Putins ehemaliger Kollege und Vertrauter Wiktor Tscherkesow. Er verhinderte eine Aufsplitterung der Geheimdienste.

Putin hatte einen besonders schweren Stand. Er geriet ständig in ein Doppelfeuer der Kritik. Die echten Demokraten im Lager Sobtschaks trauten ihm aufgrund seiner KGB-Vergangenheit nicht über den Weg. Sie ärgerten sich darüber, daß der Oberbürgermeister bei schwierigen Entscheidungen immer den professionellen Rat Putins vorzog, ihm offenbar mehr als anderen vertraute und sich auf Anraten des KGB-Mannes einen autoritären Führungsstil zulegte, der kaum einer liberalen Gesinnung entsprach. Aber auch die rückwärtsgerichteten Kräfte bekämpften Putin. Aufgrund seiner stets demonstrativ vertretenen antikommunistischen Gesinnung wurde gerade Putin für die Reformgegner zum größten Hindernis auf dem Weg ihrer Rückkehr zur Macht.

Die ersten Streitigkeiten mußte Putin mit den Demokraten ausfechten. Noch am Anfang seiner Karriere 1990 klagten ihn zwei liberale Abgeordnete des Stadtsowjets, Marina Salje und Jurij Gladkow, öffentlich der Unrechtmäßigkeit bei der Vergabe von Lizenzen zur Ausfuhr von Rohstoffen und Edelmetallen ins Ausland im Umtausch für Nahrungsmittel für die Leningrader Bevölkerung an. Eine von Demokraten geleitete parlamentarische Untersuchungskommission stellte eine Verschwendung von Geldern fest (die Untersuchung dauerte zwei Jahre – bis 1992!) und legte Sobtschak nahe, sich von dem KGB-Mann zu trennen. Doch der Oberbürgermeister reagierte nicht. Im nachhinein erwies sich Putins Verschulden als geringfügig im Vergleich zu anderen Korruptionsvorfällen in der Stadt. Putin hatte den Fehler gemacht, eigenen Geschäftsleuten blindlings zu vertrauen. Sie hatten versprochen, als Gegenleistung für die Erlaubnis für den Export von Rohstoffen aus dem erzielten Reinerlös wichtige Hilfsmittel für die Stadt im Westen zu besorgen. Wie so oft hielten viele dieser neuen Unternehmer ihr Wort nicht. Doch Putin wusch sich seine Hände in Unschuld. Er suchte nun nach Wegen, die örtlichen »bisnessmeny« mit Hilfe der ihm bekannten Methoden besser zu kontrollieren.

Kaum fing er mit dieser Tätigkeit an, da warf der konservative Chef der Stadtlegislative, Alexander Beljaew, ihm schon vor, die Wirtschaft der Stadt mit typischen Geheimdienstmethoden zu unterminieren. Putin hätte ein eigenes Spionagenetz in der Stadt errichtet, das ihm kompromittierendes Material über die lokalen Firmen zutragen würde. Beljaew ging soweit zu behaupten, daß Putin diese Informationen für Geld an ausländische Unternehmen verkaufen würde.

In Wirklichkeit lagen die Dinge anders. Putin hatte in seiner Eigenschaft als Vorsitzender des Komitees für Außenbeziehungen ein System zur Registrierung aller Unternehmen in Sankt Petersburg eingeführt, das Informationen über die Firmen an das Finanzministerium weiterleitete. Falls es Unregelmäßigkeiten in Putins Tätigkeit gegeben hat, waren sie die Folge seiner Überforderung. Über ihn liefen alle Kontakte zu den sich in der Stadt neu etablierenden diplomatischen Vertretungen. Er alleine entschied, bevor die Verträge an Sobtschak zur Unterschrift weitergereicht wurden, über Investitionsvorhaben in Sankt Petersburg. Putin mußte in Sankt Petersburg vielen Interessen gerecht werden. Ausländische Banken und Firmen, die auf den Sankt Petersburger Markt strömten, vertrauten sich ihm an – als dem obersten Repräsentanten der staatlichen Gewalt, mit dem sie es zu tun hatten. Ob die US-Firmen Coca-Cola, Wrigley oder Gilette – Putin mußte das in ihn gesetzte Vertrauen erwidern, deshalb versorgte er seine Partner gewissenhaft mit den notwendigen Informationen. Natürlich wäre nicht auszuschließen, daß Putin, falls er von einem westlichen Geschäftsmann über dessen Sankt Petersburger Partner gefragt wurde, auch einmal die Register seiner Kartei zog und Informationen über die Insolvenzen der einen oder anderen lokalen Firma weitergab. In der gleichen Weise half er aber auch seinen Landsleuten, vertrauliche Informationen über westliche Partnerschaftsfirmen zu erhalten – ein weltweit üblicher Vorgang. Seine westlichen Partner zeigten sich zufrieden, die KPMG erhielt 1992 einen exklusiven Beratungsvertrag von der Stadtregierung, die Dresdner Bank und die Pariser Nationalbank eröffneten mit Hilfe Putins Vertretungen an der Newa die ersten ausländischen Bankfilialen auf russischem Boden.

In der damaligen Umbruchzeit wurden die meisten Geschäfte am Rande der Legalität getätigt. Für ein Arbeitstreffen mit der Administration mußte ein westlicher Geschäftsmann einige hundert Dollar hinlegen, beispielsweise 1000 Dollar für ein »Suppenessen« mit dem Oberbürgermeister. Es sprach für Putin, daß trotz intensiver Bemühungen seiner politischen Gegner kaum kompromittierendes Material über seine Tätigkeit ans Tageslicht gelangte. Man wußte, daß Putin den einen oder anderen Gefallen erfüllte, so beispielsweise die Tochter des Direktors des Ermitage Museums bei der Dresdner Bank »unterbrachte« oder Coca-Cola von der lokalen Steuer befreite.

Das war um so erstaunlicher, als Putin in dieser Zeit täglich mit Millionenbeträgen hantierte. Er stand im Mittelpunkt des Geschäftslebens von Sankt Petersburg. Westliche Unternehmer erinnern sich heute an seine Rolle bei der Privatisierung der staatlichen Hotels »Astoria«, »Karelia«, »Moskwa«, »Pribaltijskaia«, »Pulkowskaia«. Leider vermochte er aber keine größere internationale Hotelkette in die Stadt zu locken. Die Sankt Petersburger Führung konnte den Investoren keine staatlichen Garantien zusichern, die das Investitionsrisiko gemildert hätten. Der Amerikaner Graham Humes erinnerte sich heute noch daran, mit wieviel Finesse Putin damals die Interessen westlicher Geschäftsleute gegen den Widerstand der russischen Bürokraten durchzuboxen imstande war.

Humes kam 1993 als Generaldirektor von »Caresbac/Sankt Petersburg« an die Newa. Seine Firma organisierte die Einfuhr von eingefrorener amerikanischer Butter nach Sankt Petersburg, wo diese auf der Nahrungsmittelbörse verkauft wurde. Der Reinerlös wurde dann in kleine lokale mittelständische Unternehmen investiert. Der Moskauer Bürokratie war das Geschäft höchst suspekt. Putin versprach Hilfe und erwirkte für die Aktion die Unterschrift des Premiers Tschernomyrdin. Humes war Zeuge, als ein aufgebrachter Sobtschak Putin im Büro anrief und ihn am Telefon anschrie. Putin lächelte nur, hielt den Hörer in Armeslänge entfernt und antwortete: »Wenn Sie wollen, können wir uns auch ohne Telefon unterhalten, akustisch verstehen wir uns ausgezeichnet.«

Eines Tages meldete sich eine Gruppe Moskauer Geschäftsleute bei Putin an und bat um einen Termin bei Sobtschak. Putin entsprach dem Wunsch und führte die Leute in das Besprechungszimmer seines Chefs. Später erzählte er freimütig über das Treffen: »Es war eine Gruppe von Georgiern. Man unterhielt sich rege über Geschäfte. Und plötzlich sah ich, wie einer dieser Georgier am Tisch einschlief. Ich sagte mir – dieser Kerl wird das Sankt Petersburger Oberbürgermeisteramt nicht mehr betreten. Doch wie groß war mein Erstaunen, als ich Jahre später feststellen mußte, daß dieser Mann kein anderer als Boris Abramowitsch Berezowskij gewesen war!« So trafen sich die Wege Putins und Berezowskijs – der beiden Männer, die in den kommenden Jahren noch eine strategische Schicksalsgemeinschaft bilden und die Geschichte Rußlands entscheidend prägen sollten.

Bedauerlicherweise ist in der im Westen heute bekannten Biographie des russischen Präsidenten viel mehr über seine KGB-Vergangenheit zu lesen als über die exzellente Managerarbeit, die Putin von 1990 bis 1996 in der Newa-Metropole geleistet hatte. Dabei kommt ihm gerade diese nützliche Erfahrung in seiner jetzigen Präsidentschaft zugute. Nicht umsonst predigt Putin seit seiner Machtübernahme von der Notwendigkeit, Auslandsinvestitionen verstärkt die Tür auf den russischen Markt zu öffnen, statt immer neue Schulden im Westen aufzunehmen.

Im Oktober 1993 wurde der Coup gegen Jelzin gewaltsam beendet. Nachdem die militante Opposition sich bewaffnet hatte und den russischen Hauptfernsehsender Ostankino zu stürmen versuchte, ließ Jelzin Panzer vor das Parlamentsgebäude auffahren und mehrere Stunden das »weiße Haus« beschießen. Die Reformgegner verließen mit erhobenen Händen das zerschossene Gebäude und wurden verhaftet. Jelzin löste die Legislative auf und setzte für den Dezember 1993 Neuwahlen für ein neues Parlament an. Die Macht der Reformkräfte war gesichert – auch in Sankt Petersburg.

Die ersten wirklich freien Parlamentswahlen im Dezember 1993 wurden für Rußland zu einer Katastrophe. Sieger der Wahl wurde der Nationalist Wladimir Schirinowskij. Sobtschak hatte ebenfalls für die Duma kandidiert. Zusammen mit dem ehemaligen Oberbürgermeister von Moskau, Gawriil Popow, wollte er mit seiner noch im Juli 1991 gegründeten sozialdemokratischen Partei »Bewegung für Demokratische Reformen«, die später in »Russische Bewegung für Demokratische Reformen« umgewandelt wurde, sich und einigen Anhängern per Parteiliste den Einzug ins Parlament sichern. Doch die Konkurrenz zwischen den Parteien war zu groß. Die liberalen Demokraten um Gajdar schufen ihre eigene Partei – »Wahl Rußlands« –, und Jawlinskij baute mit »Jabloko« eine dritte Partei auf. Gajdars »Wahl

Rußland« war die eigentliche Partei der Macht, denn auf ihrer Parteiliste befanden sich zahlreiche Gouverneure. Der Kremlapparat steuerte die Wahlkampagne, die kremlnahen Finanzeliten finanzierten Gajdars Wahlkampf. Allen Regionalfürsten wurde nahegelegt, die neue Partei der Macht zu unterstützen. Da Sobtschak persönliche Ambitionen hatte und an der Spitze seiner eigenen »Bewegung« ins Parlament einziehen, sich gleichzeitig aber seine Beziehungen mit der Kremlmacht nicht verderben wollte, legte er seinem Vize Putin nahe, der Partei »Wahl Rußlands« beizutreten und Gajdars Wahlkampagne in Sankt Petersburg zu koordinieren. Putin schlug zunächst die Hände über dem Kopf zusammen. Das Angebot schmeckte ihm überhaupt nicht. Als Folge seiner jahrelangen Tätigkeit im Geheimdienst scheute er die Öffentlichkeitsarbeit – aus seiner Petersburger Zeit gibt es bis heute kaum Fotos!

Die Aufteilung der demokratischen Kräfte in mehrere Parteien rächte sich bitter. In Sankt Petersburg zum Beispiel entstand eine völlig groteske Situation: Sobtschak und Putin kämpften nun im Reformlager gegeneinander! Die verwirrten Wähler wußten nicht, wem von den Reformern sie ihre Stimme nun geben sollten. Von der Zwietracht der Demokraten profitierten die Kommunisten und Schirinowskij. Sie zogen als stärkste Parteien in das Parlament ein – zum Entsetzen der liberalen russischen Öffentlichkeit und des Auslands. Sobtschak scheiterte mit seiner Partei an der Fünfprozenthürde.

Für Sobtschak blieb Putin aller Kritik zum Trotz die wichtigste Vertrauensperson. Putin war zwar in den Augen vieler Sankt Petersburger die geheimnisvolle »graue Eminenz«, die hinter den Kulissen die Strippen zog. Doch dem Oberbürgermeister gefiel es, daß sich Putin niemals in den Vordergrund drängte und ihn über alle seine Schritte informierte. Während seiner immer häufigeren Dienstreisen übergab Sobtschak seinem Stellvertreter Putin die politische Kontrolle über die

Stadt und ernannte ihn zum Vorsitzenden der Kommission für »operative Fragen«. In dieser Kommission liefen die Hauptstränge aller Machtorgane der Stadtverwaltung zusammen, auch die Mechanismen der Kontrolle über die Polizei und die Geheimdienste der Stadt. Im März 1994 beförderte Sobtschak Putin zum Ersten Stellvertretenden Oberbürgermeister von Sankt Petersburg – und eröffnete ihm damit alle Aufstiegschancen in der großen Politik.

Der Aufstieg Putins war um so erstaunlicher, als er nach damaliger Meinung von Beobachtern nicht das Zeug zu einem Politiker hatte. Rhetorik war nie Putins Kunst gewesen. Als öffentlichkeitsscheuer Politiker haßte er es förmlich, vor dem Stadtparlament auftreten zu müssen. Dafür war er außerordentlich geschickt bei Verhandlungen hinter den Kulissen. Sobtschak, arrogant und unbeherrscht im Umgang mit seinem Umfeld, kam mit den Abgeordneten überhaupt nicht zurecht und betraute bald nur noch seinen Vize Putin damit, Kompromisse mit dem lokalen Parlament auszuhandeln.

Professor Dmitrij Lenkow, damals Koordinator der Fraktion »Demokratisches Rußland« im Sankt Petersburger Parlament, bezeichnete seinen Parteifreund Putin als einen größeren Europäer als Sobtschak. Letzterer wäre unerzogen, verletzbar und kaum aufnahmefähig für Kritik gewesen. Putin, so Lenkow, hielt seinen herrschsüchtigen Chef oft in Zaum, bewahrte ihn vor größeren Dummheiten. Wäre nicht Putin gewesen, Sobtschak hätte viele abstruse Geschäftsverbindungen geknüpft, die ihm später noch größere persönliche Schwierigkeiten bereitet hätten. Anders ausgedrückt: Putin schützte Sobtschak vor diversen Versuchungen, die später einmal ihm als Korruption zur Last gelegt werden könnten.

Sobtschak überhäufte seinen Vize mit neuen, schier unlösbaren Aufgaben. Mal sollte Putin das Kasinogeschäft in der Stadt in Ordnung bringen, mal den Flughafen von Pulkowo erneuern, mal die Zollverwaltung verbessern, mal das internationale Litowski-Handelszentrum eröffnen. Geschäftsleute aus aller Welt gaben sich am Eingang zu Putins Büro die Türklinke in die Hand. Die Japaner wollten ein gemeinschaftliches Produktionswerk für Kommunikationssysteme bauen, die Amerikaner ihr Coca-Cola-Geschäft ausweiten, Vertreter der deutschen Minderheiten baten um die Erlaubnis, sich in der Stadt anzusiedeln. Sobtschak liebte publikumswirksame Aktionen. Statt die U-Bahn zu modernisieren, ließ er Millionen aus dem Stadtbudget für die sportlichen Wettkämpfe »Spiele des guten Willens« ausgeben.

Ein weiteres Problem war das Ausbleiben der versprochenen Wirtschaftserfolge. Putin und Sobtschak hatten den Sankt Petersburgern vollmundig die Gründung einer freien Wirtschaftszone versprochen, die westliches Investitionskapital anlocken und die Newa-Metropole zu einer blühenden Oase inmitten eines ansonsten wirtschaftlich dahinvegetierenden Rußlands machen sollte. Doch die Wirtschaft stagnierte, die Arbeitslosigkeit stieg, und das Auslandskapital floß Mitte der neunziger Jahre nicht mehr nach Sankt Petersburg, sondern direkt nach Moskau. Dort, in der russischen Hauptstadt, regierte als Oberbürgermeister Jurij Luschkow, und seine Wirtschaftspolitik entpuppte sich als erfolgreicher als die von Sobtschak an der Newa.

Im Mai 1995 bat Sobtschak Putin, zu einem ganz besonderen Gespräch in sein Büro zu kommen. Die Wahlen zur zweiten Duma standen vor der Tür. Von der einstigen Geschlossenheit der Demokraten war kaum etwas übriggeblieben. In der im Dezember 1993 gewählten ersten Duma gaben die Nationalisten um Schirinowskij und die Kommunisten den Ton an. Die Zukunftsaussichten für die Demokraten waren nicht rosiger. Die Demokraten hatten sich wiederum, wie zwei Jahre zuvor, in zahlreiche kleine Parteien aufgespalten und bekämpften sich untereinander. In Moskau hatte Premierminister Tschernomyrdin mit finanzieller Unterstützung der neuen Finanzelite seine eigene »Partei der Macht« aus dem Boden gestampft und die Gajdar-Partei »Rußlands Wahl« verdrängt. Die Partei »Unser Haus Rußland« bat wie im Dezember 1993 wieder die einflußreichen Gouverneure, zu denen Sobtschak gehörte, um Unterstützung. Landesfürsten, die dieser Bitte nicht Folge leisten wollten, wurden indirekte Sanktionen vom Zentrum angedroht.

Wieder mußte Putin die Kastanien für seinen Chef aus dem Feuer holen. Sobtschak entschied diesmal selbst mit seiner »Bewegung« nicht zu kandidieren, befahl aber Putin die Wahlkampagne für Tschernomyrdins »Unser Haus Rußland« zu organisieren – um den Kreml zufriedenzustellen. Putin wurde auf Wunsch Sobtschaks Regionalparteivorsitzender von »Unser Haus Rußland«. Dieser Posten erschien so wichtig, daß Tschernomyrdin Putin in den Politrat – das sogenannte Politbüro – seiner Partei berief. Bis Juni 1997 sollte Putin diese Funktion wahrnehmen. Der in der Wahlkampftaktik völlig unerfahrene Putin machte jedoch alle Fehler, die ein Neuling begehen konnte. Er ließ, wie in alten kommunistischen Zeiten, die Hauptstraßen der Stadt mit langweiligen Tschernomyrdin-Poster übersäen, was bei den Wählern Aversionen auslöste. Als Putin zur Rechenschaft gezogen wurde, entgegnete er nur: »Die Moskauer haben uns so viele Plakate geschickt. Hätte ich sie wegschmeißen sollen?« Doch die Wahlstrategen begingen noch weitere Fehler. Die Partei »Unser Haus Rußland« stellte nur einen Direktkandidaten in den acht Stadtbezirken auf, und auch dieser fiel durch. Bei den Wahlen belegte die Parteiliste von »Unser Haus Rußland« in Sankt Petersburg im Dezember 1995 nur Platz drei, nach »Jabloko« und »Rußlands Wahl«. Nach langen zähen Verhandlungen und Intrigen zwischen den Demokraten verschiedener Parteien einigte man sich schließlich darauf, daß zwei Parteilisten-Abgeordnete aus Sankt Petersburg als Mitglieder der Fraktion »Unser Haus Rußland« in die neu gewählte Duma einziehen durften. Ein Abgeordnetenmandat nahm Sobtschaks Ehefrau, Larisa Narusowa, in Anspruch.

Falls Putin gedacht hatte, daß er sich nach den Dumawahlen wieder auf seine wirtschaftliche Tätigkeit zurückziehen könnte, sah er sich getäuscht. Im Frühjahr 1996 rief Sobtschak Putin erneut zu einer »besonderen Lagebesprechung« in sein Arbeitszimmer. Diesmal ging es um die Sicherung der politischen Existenz von Sobtschak – die Sankt Petersburger Gouverneurswahlen standen vor der Tür. Sobtschak ernannte Putin zum Chef seines Wahlstabes. Und Putin hatte sofort die geniale Idee, die Gouverneurswahlen um einige Wochen vorzuverlegen, um Sobtschaks Konkurrenten nicht die Möglichkeit zu geben, sich richtig zu entfalten. Für diese Manöver mußte Putin allerdings das Einverständnis des russischen Präsidenten Jelzin erwirken. Dies schien ihm weniger Mühe bereitet zu haben, als das lokale Stadtparlament zur Annahme des vorverlegten Wahltermins zu überreden. Die Abgeordneten sträubten sich lange gegen die Terminverschiebung, wurden aber einer nach dem anderen von Putin »weichgeklopft«.

Nachdem der neue Wahltermin vom 16. Juni auf den 19. Mai 1996 formal vorverlegt war, stürzte sich Putin mit aller Vehemenz für seinen Chef in den Wahlkampf. Doch vieles, was er sich vorgenommen hatte, mißlang. Zunächst mischte sich die dominante Larisa Narusowa ständig in seine Arbeit ein. Und dann gab es natürlich auch die politischen Konkurrenten um den Gouverneursjob. Mehrere bekannte Politiker traten an, um Sobtschak zu stürzen. Putins Intimfeind im Sankt Petersburger Stadtparlament, Beljaew, blies erneut zum Angriff. Als die Kampagne zur Wiederwahl Sobtschaks begann, bezichtigte er Putin und Sobtschak, eine Million Dollar illegal nach Großbritannien geschafft zu haben und über Strohmänner luxuriöse Ferienhäuser an der französischen Atlantikküste erstanden zu haben. Zu dieser Zeit hatten schon zahlreiche russische Neureiche Immobilien in Frankreich, Spanien und der Schweiz gekauft. Da Putin mit der Familie im heißen Sommer 1995 seinen Urlaub in Benidorm verbracht hatte, beschuldigten böse Zungen ihn später, mit einer Gruppe von Sankt Petersburger Unternehmern zusammen an der Costa Blanca Appartements aus Staatsgeldern gekauft zu haben!

Putin klagte gegen die Verleumdung Beljaews vor Gericht. Dabei unterlief ihm zunächst ein technischer Fehler: Putins Klage wurde nicht ordnungsgemäß an das zuständige Gericht im Wohnbezirk des Angeklagten eingereicht. Die lokale Presse bemerkte daraufhin ironisch: »Ein Geheimdienstler müßte eigentlich wissen, wo der Angeklagte sitzt!« Auch eine zweite Klage Putins wurde aus formalen Motiven zurückgewiesen. Das Gericht entschied schließlich zugunsten Putins. Den geforderten Schadenersatz bekam er allerdings nicht zugesprochen. Ein aufgebrachter Putin soll im Gerichtssaal noch geschrien haben, man solle ihn in Ruhe lassen, er wisse ja gar nicht, wo sich die Atlantikküste befinde.

Putin schlug von Anfang an im Wahlkampf eine falsche Strategie ein. Er schien davon überzeugt zu sein, daß Sobtschak die größte politische Gefahr vom radikalen demokratischen Lager drohte. Dort agitierte der junge Jurij Boldyrew – bekannt für sein Image als Saubermann – für einen Kampf gegen Filz und Korruption in der Stadt. Putin konzentrierte sich so sehr auf die Abwehr der Boldyrew-Offensiven, daß er einen anderen Kandidaten gar nicht ernst nahm – seinen eigenen Kollegen Wladimir Jakowlew, der vom Posten des Stellvertretenden Oberbürgermeisters zurücktrat, um selbst in den Ring zu steigen. Sobtschak und Putin bewerteten diesen Schritt als Verrat und straften Jakowlew mit Verachtung. Doch der von Putin als »Judas« titulierte Jakowlew vermochte sich rasch das Image eines Wirtschaftsmanagers mit Durchsetzungskraft anzueignen und breite Wählerschichten an seine Seite zu ziehen.

Plötzlich mischten sich auch die politischen Größen aus Moskau in den Sankt Petersburger Wahlkampf ein. Sobtschak erhielt Unterstützung von seiten des Premierministers Tschernomyrdin und dessen Partei »Unser Haus Rußland« – als Gegenleistung für die erwiesene Hilfe bei den Dumawahlen 1995. Im Februar 1996 trat der Oberbürgermeister überraschend selbst der Partei »Unser Haus Rußland« bei, an deren Spitze in Sankt Petersburg sein Vize Putin stand.

Sobtschaks Schicksal war aber, ohne daß er und Putin es ahnen konnten, bereits besiegelt. Die damalige Kremladministration, an deren Spitze Jelzins Leibwächter Alexander Korschakow, der Erste Stellvertretende Premierminister Oleg Soskowez sowie der Chef des Föderalen Sicherheitsdienstes (FSB) Michail Barsukow standen, dachte in diesen Jahren schon intensiv über eine Nachfolge für den kranken Jelzin nach. Jelzin betrieb zwar gerade seinen eigenen Wahlkampf, aber seine Umgebung zeigte sich skeptisch, ob er das Land noch lange regieren könnte. Zum Nachfolger Jelzins wurde von seiten der Kremlclique der Industriemanager Soskowez aufgebaut – praktisch als Gegengewicht zu Tschernomyrdin, der ebenfalls Ambitionen für das Präsidentschaftsamt hegte. Hinter den drei oben genannten Jelzin-Vertrauten standen die gesamten Machtorgane der russischen Föderation – der FSB, das Innenministerium, die Armee, die Staatsanwaltschaft. Diese Gruppe brauchte Verbündete in den Regionen, zu denen der unabhängige Reformer Sobtschak bestimmt nicht hinzugerechnet werden konnte. Die Kremlintriganten wußten: Sollte Sobtschak die Wahlen in Sankt Petersburg gewinnen, würde er zweifellos zum aussichtsreichsten

Kandidaten für die Jelzin-Nachfolge aus dem demokratischen Lager aufsteigen. Um dies zu verhindern, griffen Korschakow und Soskowez in den Wahlkampf an der Newa ein – an der Seite Jakowlews. Letzterer erhielt auch die Unterstützung des mächtigen Moskauer Oberbürgermeisters Luschkow – der sich ebenfalls anschickte, in Rußland Präsident zu werden, und in Jakowlew einen Gefolgsmann erblickte.

Während Jakowlews Wahlkampagne, vom Kreml und von der Moskauer Stadtregierung finanziell und materiell gesponsert, immer professioneller wurde, gingen Sobtschak zwei Monate vor dem Schicksalstermin die Geldmittel aus. Der Haushalt der Newa-Metropole befand sich am Rande des Bankrotts. Schon 1995 hatte die Stadt durch die vom Kreml verordnete große Steuerreform ein Drittel ihrer Einnahmen verloren. Putin wurde zusehends nervöser. Bei einer erregten Unterredung mit Sobtschak versprach er seinem Mentor: »Ich werde alle wichtigen Geschäftsleute der Stadt, die von unserer Unterstützung bei der Privatisierung des Stadtbesitzes profitiert haben, zwingen, uns öffentlich den Treueschwur zu leisten!« Daraufhin rief Putin alle ihm bekannten Firmenchefs auf die Regierungsdatscha »Weiße Nächte« und wandte sich mit einem dramatischen Spendenaufruf an sie. Wie groß muß seine Enttäuschung gewesen sein, als die neureichen Geschäftsleute diese Bitte ausschlugen.

In den nächsten Tagen versuchte Putin wenigstens den Mittelstand – vereint im sogenannten »Kongreß für mittelständische Unternehmen« – für seinen Boss zu gewinnen. Putin organisierte eine mittelständische Großveranstaltung, auf der Sobtschak sprechen sollte. Doch der Oberbürgermeister vergaß einfach den Termin – die Versammlung mußte ohne den Starredner abgehalten werden. Putin tobte vor Wut. Als dann noch ein stadtbekannter Mafioso von allen Teilnehmern 2000 Dollar für seine »Stiftung zur Unterstützung des

Oberbürgermeisters« erpressen wollte, lief die Veranstaltung vollends aus dem Ruder. Ein Freund berichtete später, daß Putin in diesen Tagen mit einem scharf geladenen Gewehr an seinem Bettrand geschlafen habe.

In seiner Autobiographie schildert Putin die Sobtschak-Wahlkampagne natürlich ganz anders, um sich in ein besseres Licht zu stellen. Er habe sich immer aus der Wahlkampagne herausgehalten, weil ihm die modernen Wahlkampftechnologien nicht vertraut waren. Sobtschak, so Putin später, habe selbst seine Kampagne bestritten. Er – Putin – wäre erst in der zweiten Wahlrunde zum Stab hinzugestoßen, als sowieso schon alles zu spät war.

Die Vorverlegung des Wahltermins erwies sich im Nachhinein als ein Fehler. Jakowlew nutzte seine Chance und gewann die Gouverneurswahlen – wenn auch sehr knapp im zweiten Wahlgang. Für den erfolgsausgerichteten Putin bedeutete dies eine weitere bittere Niederlage in seiner professionellen Laufbahn. Als der Sieger Jakowlew ihm zur Versöhnung die Hand ausstreckte und ihm einen Posten in seiner neuen Administration anbot, lehnte Putin mit den Worten ab: »Lieber für Loyalität gehängt als für Verrat belohnt zu werden.«

Nach Meinung von Insidern hatte Putin zuvor keine Skrupel gehabt, auch bei weniger durchsichtigen Unternehmerkreisen für Sobtschak zu werben. Der Präsident der Firma »Russisches Video« versprach, für den Oberbürgermeister eine größere Reklame im lokalen Fernsehkanal zu veranstalten. Als Gegenleistung forderte er die Unterstützung der Stadtverwaltung bei seinen Bemühungen um einen 300-Millionen-Kredit. Doch als Moskau der Firma »Russisches Video« die Steuerpolizei ins Haus schickte, war die ganze Sache schnell vergessen. Böse Zungen behaupteten später, Putin selbst wäre Aktionär dieser Firma gewesen. Es gab viele Gerüchte, Putin hätte durch ein hervorragend funktionierendes KGB old boys System, zu dem seine

Bodyguards Zolotow und Tsepow gehörten, die örtliche Mafia bei ihren Geschäften unterstützt und in die eigene Tasche gewirtschaftet. Putin wäre am Hafenschmuggel beteiligt gewesen. Tsepow setzte sich zwischenzeitlich nach Tschechien ab, kam erst kürzlich nach Moskau zurück.

In diesen Jahren wurde in der russischen Presse viel Spekulatives über die Verschmelzung von russischer Mafia und staatlichen Strukturen, von Finanzclans und Staatsbürokratie geschrieben. Schon in der Zeit Sobtschaks und Putins verzeichnete die Stadt mehrere Auftragsmorde, die weder vom lokalen FSB, das von Putins Jugendfreund Tscherkesow geleitet wurde, noch von der städtischen Miliz aufgeklärt werden konnten. 1994 wurde beispielsweise der Stellvertretende Direktor der Sankt Petersburger Admiralitätsvereinigung erschossen, nachdem er aus dem Geschäft der illegalen Verschiebung von U-Booten aus dem Bestand der Kriegsmarine, an dem scheinbar auch hochrangige Mitarbeiter des Oberbürgermeisteramtes partizipierten, aussteigen wollte. Die Kriminalität, vor allem Auftragsmorde nahmen in Sankt Petersburg in den Folgejahren erheblich zu. 1997 wurde sogar der Nachfolger Putins im Amt des Stellvertretenden Bürgermeisters, Michail Manewitsch, erschossen.

Putin blieb nach der verlorenen Wahl einen Monat in seinem Büro sitzen, bis man ihn im Juli buchstäblich vor die Tür setzte. Offenbar wollte er zunächst seine politische Karriere retten, indem er sich dem lokalen Wahlstab von Boris Jelzins anschloß, der in den Gemäuern der Stadtverwaltung schon einige Wochen existierte und von Tschubajs aus Moskau gelenkt wurde. Möglicherweise hoffte Putin damals auf die Fürsprache seines ehemaligen Kollegen Tschubajs, doch es schien, als ob seine Karriere, wie schon einmal 1990, abrupt zu Ende sein würde. Sobtschak versuchte seinen langjährigen Vertrauten zu beruhigen. »Keine Bange, du und ich werden bald Botschafter«, soll er Putin gesagt haben. Sobtschak strebte damals in der Tat einen lukrativen Botschafterposten in Bonn oder Paris an. Er fuhr sogar eigens nach Moskau, um mit dem damaligen Außenminister Primakow über seine und Putins künftige Verwendung zu sprechen. Doch zur großen Enttäuschung von Sobtschak lehnte Primakow das Begehren ab.

Inzwischen überhäuften lokale Firmen Putin mit Angeboten, in die Privatwirtschaft zu wechseln und dort richtig Geld zu verdienen. Mit seinem Wissen und seiner Erfahrung konnte Putin in jedem Konzern von Sankt Petersburg eine Führungsposition bekleiden. Doch der 43jährige entschied sich anders. Er meldete sich am Institut für Bergbau in Sankt Petersburg für eine Doktorarbeit mit dem Titel »Strategische Planung der Erneuerung der Rohstoffbasis einer Region auf der Grundlage der Herausbildung von marktwirtschaftlichen Beziehungen« an. Acht Monate später – da arbeitete Putin schon in Moskau – erhielt er seine Promotionsurkunde und wurde »Kandidat der Wirtschaftswissenschaften«.

Putin blieb drei Monate arbeitslos. Er schien auf etwas zu warten. Auf was? Darüber wollte er mit niemandem sprechen. Er zog sich auf seine gerade erst fertiggestellte Datscha, die 100 Kilometer von Sankt Petersburg entfernt lag, zurück. Gerade hatte die Familie die Folgen des schlimmen Autounfalls von Ljudmila Putina überwunden, bei dem sie sich die Wirbelsäule und den Schädel gebrochen hatte, da ereilte sie ein neuer Schicksalsschlag. An einem schönen warmen Sommerabend besuchte Putins ehemalige Sekretärin mit ihrem Mann die Familie. Man grillte und trank. Später lud Putin alle zu einem Saunabesuch ins Haus. Doch kaum hatte er den Ofen richtig angeheizt, stand die Datscha in Flammen. Wie sich später herausstellte, entstand der Brand aufgrund eines Konstruktionsfehlers an der Saunaheizung. Innerhalb weniger Minuten brannte das Haus völlig ab. Putin konnte gerade noch seine beiden schlafenden Töchter über ein an der Balkonstange befestigtes Bettlaken aus dem brennenden Gebäude retten. Danach eilte Putin – nur in ein Badetuch eingewickelt – zurück ins brennende Wohnzimmer, um den im Schrank versteckten Geldkoffer mit allen Ersparnissen der Familie zu retten. Zu seinem Schrecken mußte er feststellen, daß der Koffer mit seinem Inhalt schon verbrannt war. Dafür fand er zwischen Schutt und Asche sein Taufkreuz, welches er drei Jahre zuvor in Jerusalem »eingeweiht« hatte.

Die Putins waren zunächst am Boden zerstört. Gott sei Dank tauchte bald ein »Schutzengel« auf. Alexej Bolschakow, ehemaliger Rüstungsmanager aus Leningrad und Putins Vorgänger im Amt des Stellvertreters von Sobtschak, wurde im August 1996 vom Posten des Stellvertretenden Vorsitzenden des Exekutivkomitees der Union Rußland/Weißrußland entbunden und zum neuen Ersten Stellvertretenden Ministerpräsidenten Rußlands ernannt. Und Bolschakow erinnerte sich an Putin, wie dieser ihn in schwierigen Zeiten in Smolnyj stets empfing, als sich andere Politiker von den alten Sowjetmanagern ganz abgewendet hatten. Bolschakow errichtete damals die neue hochmoderne Eisenbahnstrecke zwischen Sankt Petersburg und Moskau. Diese wurde niemals fertig gebaut – das Projekt endete, wie so oft, in einem Finanzskandal. Putin hatte stets ein offenes Ohr für Bolschakows Probleme gehabt. Als nun Bolschakow seinerseits von Putins Unglück erfuhr, setzte er alle Hebel in Bewegung, um seinen Landsmann aus Sankt Petersburg nach Moskau zu hieven. Bolschakow sprach mit dem Geschäftsführer der Kremladministration Pawel Borodin, auch mit dem noch mächtigeren Leiter der Präsidialadministration, Nikolaj Jegorow. Schließlich kam man überein, Putin zum Stellvertreter Jegorows zu ernennen. Doch solange im Kreml noch die berühmte Trojka Korschakow–Barsukow–Soskowez herrschte, konnte Putin den Umzug nach Moskau vergessen.

Und Sobtschak? Er wurde als Verlierer der Wahlschlacht gnadenlos verfolgt. Der neue Gouverneur Jakowlew hetzte ihm die Geheimdienste und die Staatsanwaltschaft auf den Hals, vor allem nachdem Sobtschak in einem Interview mit der Zeitschrift »Streng Geheim« Jakowlew der Allianz mit einer der gefährlichsten Moskauer Mafiagruppen des Landes, der kriminellen »Tambow-Gruppierung« bezichtigt hatte. Der Generalstaatsanwalt Jurij Skuratow begann gegen Sobtschak zu ermitteln. Sobtschak hatte sich in seiner Amtszeit zu viele Feinde gemacht, die ihm jetzt auch aus den kleinsten Korruptionsaffären einen Strick drehen wollten. Die Wohnung des Ex-Oberbürgermeisters wurde durchsucht, Sobtschak und seiner Gattin wurde eine Untersuchungshaft angedroht. Im Oktober 1997 wurde Sobtschak verhaftet und verhört. Man wollte ihn zwingen, Angaben über frühere Mitarbeiter seiner Administration zu machen und sie der Korruption überführen. Für den 58jährigen war diese Anstrengung zuviel – er erlitt einen Herzanfall. Seiner Frau gelang es, den Kranken einen Monat später in einer Nacht-und-Nebel-Aktion außer Landes nach Paris zu bringen. Ein Privatflugzeug aus Finnland landete an einem dunklen Novemberabend im Pulkowo-Flughafen, Sobtschak wurde auf einer Trage an Bord gebracht, und der geheimnisvolle ausländische Pilot ließ die Maschine sofort wieder in die Luft steigen. Später wurde behauptet, man habe Putin – der damals schon Stellvertretender Leiter der Administration des Präsidenten in Moskau war –, unauffällig am Rande der Rollbahn stehend, erkannt.

Putin hielt den Kontakt zu seinem früheren Boss, den er niemals geliebt, aber stets geachtet hatte. Aber Putin mußte erst Leiter des mächtigen russischen Geheimdienstes werden, um eine Amnestie für seinen einstigen Mentor zu erwirken. Dies geschah während einer Jagd. Präsident Jelzin war gerade dabei, Wildenten abzuschießen, als man ihm zuflüsterte: »Professor Sobtschak geht es gar nicht gut. Man sollte etwas für ihn tun. Er möchte zurück in seine Heimat.« Jelzin überhörte zunächst die Bitte. »Das ist doch Sache der Gerichte«, knurrte er. Doch nach einer Weile taute er auf. Er ließ seinen Chefleibwächter zu sich rufen und gab entsprechende Anweisungen. Einige Wochen später konnte Sobtschak, von der schweren Krankheit gezeichnet, wieder russischen Boden betreten.

Der rasante Aufstieg seines Günstlings Putin an die Spitze des Kreml verlieh Sobtschak plötzlich Hoffnungen, er könne als Rechtsberater des neuen Präsidenten in die große Politik zurückkehren. Er gab freudig Interviews, traf führende russische Politiker zum Mittagessen, erzählte allen, die es hören wollten, vom engen Verhältnis zu seinem einstigen Studenten und späteren politischen Mitstreiter. Im Dezember 1999 kandidierte er für die Wahlen in die Duma, verlor aber gegen einen »Jabloko«-Politiker. Unermüdlich wie Sobtschak war, erklärte er trotz Niederlage, er würde im nächsten Jahr für das Amt des Oberbürgermeisters von Sankt Petersburg wieder kandidieren. Putin machte ihn zu einer seiner »Vertrauenspersonen« – doch die eigentliche Wahl Putins zum russischen Präsidenten im März 2000 erlebte Sobtschak nicht mehr. Einen Monat vor der Wahl starb er an einem Herzinfarkt. Und nahm – wie manche behaupten – das »Geheimnis« Putins für immer mit ins Grab.

Teil II

Das große Spiel

Die Staatsmacht vom Kapital zu trennen ist ein katastrophaler Fehler, weil das große Kapital zu den Stützpfeilern der Macht zählt.

(Boris Berezowskij, »Die Zeit«, 17.10.1997)

Das Spielfeld

In den folgenden Kapiteln wird die Rede sein von einem sehr verzwickten und brutalen Spiel. Von einer Partie um Geld und Einfluß in einem der potentiell reichsten Länder der Welt. Putin, so kann man sagen, ist nach vielen Zügen ihr Endprodukt. Im Jahre 1996 setzten sich die einflußreichsten Männer Rußlands zusammen und beschlossen, eine politische Figur aufzubauen, die es ihnen ermöglichen würde, die Macht zu behalten und ihren Reichtum zu sichern und auszubauen – über die Ära Jelzins hinaus. Diese Hintermänner, die bald schon hinter dem Vorhang hervortraten, begannen in der Folgezeit einen Nachfolgekandidaten für den Präsidenten nach dem anderen gleichsam aus dem Nichts hervorzuzaubern und auf dem Schlachtfeld – dem Posten des zweiten Mannes im Staat, dem des Premierministers – auszutesten. Die nächsten Seiten geben einen groben Überblick über das Geschehen in diesem komplexen Spiel – bis zum erfolgreichen Finale.

Als im Frühjahr 1996 in Rußland die Wahlkampagne für die Präsidentenwahlen begann, hatte an einen Wahlsieg Jelzins schon fast niemand mehr geglaubt. Zu tief war Jelzins einst ungemein große Popularität bei der Bevölkerung gesunken, zu weit war ihm der Kandidat der Kommunisten, Gennadij Zjuganow, in allen Meinungsumfragen voraus. Seit Jahren verlief diese Front zwischen dem Präsidenten und der Duma, zwischen den Vertretern und Kritikern jener spezifischen Gestaltung marktwirtschaftlicher und gesellschaftspolitischer Reformen, die sich unter Jelzins Führung seit 1991 herausgebildet hatte. Wie Schwarz und Weiß saßen die Parteien sich gegenüber, schoben selbst Figuren, entwickelten Pläne und belauerten die Züge des anderen. Nun schien es zeitweise, als könnte Jelzin selbst den Sprung in die Stichwahl verpassen. Gerade einige Monate zuvor hatten die Kommunistische Partei und die populistischen Nationalisten unter Wladimir Schirinowskij auch die Wahlen zum Parlament, der Duma, klar für sich entschieden. Vor allem aber schleppte der Präsident als Ergebnis seiner ersten Amtszeit eine Vielzahl ungelöster Probleme und gefährlicher Hypotheken mit, die das Vertrauen der Bevölkerung in ihn erschüttert hatten.

Die eine schwere Hypothek war natürlich der Krieg in Tschetschenien. Seit dem Zusammenbruch der Sowjetunion strebte die Kaukasusrepublik nach Unabhängigkeit. Rußland wollte Tschetschenien jedoch mit Gewalt zum Verbleib in der russischen Förderation zwingen. Militärische Erfolge oder politische Lösungen waren zum Zeitpunkt der Präsidentenwahl noch immer nicht in Sicht. Vielmehr entstand als Reaktion auf die unschlüssige und zugleich erbarmungslose Kriegsführung der russischen Streitkräfte sowie die große Zahl von Opfern auf beiden Seiten eine breite Opposition gegen den Krieg. Vor allem international brachte der Krieg den Präsidenten in harte Bedrängnis.

Die zweite Hypothek war die Wirtschaftskrise. Die 1992 eingeleiteten marktwirtschaftlichen Reformen führten zu zwiespältigen Ergebnissen. Das Kabinett des Wirtschaftsreformers Gajdar setzte, um die Planwirtschaft in einem Rundumschlag zu zerstören, alle Preise frei. Das nun nicht mehr vom Staat kontrollierte Preisniveau stieg binnen kürzester Zeit ins Unermeßliche.

Nun kamen zwar Waren auf den russischen Markt, auch aus dem Westen, doch für die meisten Menschen waren sie unerschwinglich. Es tat sich ein riesiger Graben zwischen Realeinkommen und Lebenshaltungskosten auf. Der Staat erkannte plötzlich, daß er seinen sozialen Verpflichtungen nicht mehr gerecht werden konnte, und sah den einzigen Ausweg in der Ankurbelung der Notenpresse. Die daraus resultierende galoppierende Inflation fraß in wenigen Wochen die gesamten Ersparnisse der Bevölkerung auf. Internationale Finanzorganisationen eilten den unerfahrenen jungen Wirtschaftskapitänen zu Hilfe – mit eigenen Beratern und Krediten. Die Geldentwertung wurde in den folgenden Jahren verlangsamt, zum Stehen kam sie 1996 allerdings noch nicht.

Auch bei der Privatisierung der Wirtschaft ging, wie in den vergangenen Kapiteln beschrieben, vieles daneben. Der Privatisierungsminister Tschubajs wollte anfangs eine möglichst sozial gerechte Privatisierung des sowjetischen Staatsbesitzes organisieren. Er verteilte Anteilscheine am Volksvermögen – sogenannte »vouchers« – an alle Bürger. Doch die im Umgang mit Wertpapieren unerfahrene Bevölkerung verlor diese Anteilscheine in windigen Investmentgesellschaften und Finanzpyramiden, verkaufte sie zu Beträgen weit unter ihrem tatsächlichen Wert oder tauschte sie schlicht gegen Lebensmittel und Wodka um. Binnen kürzester Zeit ging so ein Großteil des ehemaligen sowjetischen Staatseigentums in die Hände von Vertretern der alten Nomenklatura aus Partei und Wirtschaft, des organisierten Verbrechens sowie einer kleinen Gruppe findiger Neureicher über, die seit den Gründerjahren der Perestroika Millionenvermögen angesammelt hatten. Schnell bekamen sie den Namen »Neue Russen« und wurden zum Negativsymbol der Umbruchzeit, man nannte sie noch so, als sie schon längst keine neue Erscheinung mehr waren.

Eine dritte Hypothek war die Arbeitslosigkeit. Sie stieg vor allem in den Industrieregionen gewaltig an. Der Staat sah sich außerstande, den Staatsbediensteten die Löhne auszuzahlen. Auch die Pensionäre warteten vergeblich auf ihre Renten. Zum weitverbreiteten Symptom wurden sogenannte »Bartergeschäfte«, bei denen die Firmen untereinander bargeldlos Produkte austauschten, weil sie keine zahlungsfähigen Käufer fanden. Die Betriebe verloren ihre Zahlungsfähigkeit, mußten ihre Angestellten und Zulieferer mit Produkten entlohnen. Auch eine gründliche Steuerreform, die das Mißverhältnis von horrend hohen Steuern und staatsgefährdendem Defizit bei ihrer Eintreibung behoben hätte, war trotz vieler Anläufe nicht zustande gekommen. Durch den Tschetschenienkrieg hatte sich die angespannte Wirtschaftslage des Landes nur zusätzlich verschärft, und die Durchdringung der Gesellschaft mit mafiosen und korrupten Strukturen erreichte während des Krieges mit der Verschiebung von Waffen, Lebensmitteln, überzogenen Krediten an Rüstungsbetriebe oder der Veruntreuung von Hilfszuweisungen einen neuen Höhepunkt.

Zu alledem hatte Jelzin den Unwillen vieler Bewohner Rußlands nachhaltig auf sich gezogen, als er das gegen ihn opponierende Parlament im Herbst 1993 mit Panzern zerschlug. Der Präsident hatte so ein Präzedenzfall für die gewaltsame Lösung politischer Auseinandersetzungen durch die Staatsmacht geschaffen. Danach setzte Jelzin eine neue Verfassung durch, die seinem Amt riesige Vollmachten verlieh und seine Machtbesessenheit zu bestätigen schien.

Unter solchen Voraussetzungen schien 1996 der Wahlkampf Jelzins von vornherein zum Scheitern verurteilt. Und doch kam es schließlich anders. In den letzten Monaten vor den Präsidentenwahlen setzte Jelzin mit einer großangelegten Wahlkampagne zur Aufholjagd an. Auf Wahlveranstaltungen in 23 Regionen des

Landes erlebte die russische Bevölkerung ihren Präsidenten mit anfeuernden Reden, sie sah ihn, eifrig Betriebe, Städte oder populäre Künstler besuchen. Vor allem hörte sie ihn soziale Verbesserungen versprechen und nicht zuletzt auch volksnah trinken und sogar tanzen. Dabei spitzten Jelzin und seine Berater die ganze Wahlkampagne des Präsidenten auf das Motto »Reformen oder Rückkehr zum Kommunismus« zu.

Diese Mittel blieben nicht ohne Wirkung. Mit 35 Prozent der Stimmen erreichte der Amtsinhaber im ersten Wahlgang am 16. Juni 1996 schließlich sogar die meisten Stimmen vor Zjuganow, der mit knapp 32 Prozent knapp dahinter lag. Eine zweite Runde mußte nun entscheiden, wer von den beiden Politikern Rußland in das 21. Jahrhundert führen sollte. Abgeschlagen folgten mit einem Stimmenanteil von 14,7 Prozent der Überraschungskandidat dieses Urnengangs, General Alexander Lebed, sowie der Vorsitzende der liberalen Bürgerpartei »Jabloko«, Grigorij Jawlinskij, der 7,4 Prozent der Stimmen erhielt. Mit rund 5,8 Prozent der Stimmen erlitt auch Wladimir Schirinowskij, der 1993 bei den Parlamentswahlen noch rund ein Viertel der Stimmen bekommen und lange als gefährliche dritte Kraft des Landes gegolten hatte, eine herbe Niederlage. Sein Gewicht in der russischen Politik war nun spürbar gemindert.

Damit wurde gerade jene Verteilung zwischen den politischen Strömungen bestätigt, die sich seit 1990 bei fast allen russischen Wahlen zeigte, im Prinzip auch später bei den Präsidentschaftswahlen 2000. Die Reformpolitiker erhielten die Unterstützung von etwa 40 Prozent der Bevölkerung. Die Kommunisten und ihre Verbündeten vereinigten knapp ein Drittel der Stimmen auf sich. Etwas weniger, nämlich etwa 20–30 Prozent der Wähler, plädierten für einen »dritten Weg« zwischen Demokratie und Kommunismus, bei dem die Wiederherstellung der staatlichen und öffentlichen Ordnung an erster Stelle stand. Nach diesem Abstimmungsergebnis war für Jelzins Wahlkampfstab, der von Tschubajs geleitet wurde – und in dem Putin in Sankt Petersburg mitwirkte –, die nächste zentrale Aufgabe sonnenklar. Da in der entscheidenden Stichwahl sowohl die liberalen Anhänger Jawlinskijs wie auch die als kommunistenfeindlich bekannten Anhänger Schirinowskijs Jelzin ihre Stimme geben würden, mußte es dem Präsidenten nur noch gelingen, Teile der Law-and-order-Wählerschaft auf seine Seite zu ziehen. Lebeds Anhängerschaft bildete damit plötzlich das Zünglein an der Waage.

Mit großer Eile begannen die Berater Jelzins hinter den Kulissen für eine Einbindung Lebeds in die Mannschaft des Präsidenten zu kämpfen. Der charismatische General mit dem Ruf einer reinen Weste und großer Durchschlagskraft im Kampf gegen Korruption und Kriminalität sollte das angeschlagene Image und die Autorität des Kremlherrschers verbessern helfen. Lebed erhielt das Angebot, eine der einflußreichsten Positionen im Staat einzunehmen. Er sollte Sekretär des Nationalen Sicherheitsrates werden und damit dem ganzen Bereich der sogenannten »Gewaltministerien« vorstehen, zu denen die Armee, das Innenministerium, die Geheimdienste sowie die Wirtschaftsbereiche mit militärstrategischer Bedeutung gehörten. Sich der Gunst der Stunde klar bewußt, stellte Lebed für eine Koalition mit dem Präsidenten Bedingungen: Er forderte eine freie Hand und bedeutende Machtbefugnisse im Kampf gegen die wuchernde Kriminalität und Korruption sowie die Aufnahme seiner Law-and-order-Losungen in das politische Programm des Präsidenten.

Um seinen Wahlsieg auch in der zweiten Runde abzusichern, gab Jelzin dem General in allen Forderungen nach. Kaum war Lebed als Sekretär des Nationalen Sicherheitsrates in den neuen Kremlstrukturen etabliert, trennte sich Jelzin – noch vor der entscheidenden zweiten Wahlrunde – von der gesamten Spitze seines bisherigen Machtapparates. Entlassen wurde nicht nur

Verteidigungsminister Pawel Gratschew. Auch Jelzins langjähriger persönlicher Sicherheitschef Korschakow, dessen Freund und Direktor des Föderalen Sicherheitsdienstes Barsukow, der Sekretär des Sicherheitsrates Oleg Lobow und der zeitweise zum Kronprinzen Jelzins avancierte Erste Vizepremierminister Soskowez verloren in einem Rundumschlag alle Ämter. Nach dem Putschversuch im Herbst 1993 hatten sie um den Präsidenten herum ein Machtkartell aufgebaut, das Jelzin nach außen hin abschirmte. Vor allem Korschakow hatte ständig neue Vollmachten an sich gerissen. Ihm unterstanden die Geheimdienste, der Sicherheitsdienst des Präsidenten, er kontrollierte den Zugang zum Staatschef, die Elitetruppe »Alfa«, die Armee, die regionalen Administrationen, aber auch Waffen- und Rohstoffgeschäfte. Während der häufigen Krankenhausaufenthalte des Präsidenten hatte die »Trojka« um Korschakow Rußland regiert und vermutlich auch den Tschetschenienkrieg im Dezember 1994 angezettelt.

Jelzin hatte den Aufbau dieser autoritären Strukturen deswegen toleriert, weil er sich vor neuen Auseinandersetzungen mit der kommunistischen und nationalistischen Opposition fürchtete. Doch Korschakow, Barsukow und Soskowez benutzten auch die präsidialen Verwaltungs- und Sicherheitsstrukturen dafür, um sich unliebsamer Konkurrenten zu entledigen. So war schon Ende 1994 der Präsidentengeheimdienst gegen die Sicherheitstruppen des populären Moskauer Bürgermeister Luschkows und seiner Mentoren in der Wirtschaft eingesetzt worden. Später kämpften Korschakow, Barsukow und Soskowez an der Seite Jakowlews bei den Gouverneurswahlen in Sankt Petersburg. Barsukow ließ aus einem Hubschrauber heraus Flugblätter gegen Sobtschak über der Stadt abwerfen. Um Einfluß und Privilegien zu sichern, versuchte die »Trojka« schließlich sogar, Jelzin zur Verlegung der Präsidentschaftswahlen zu überreden und die demokratischen Mechanismen auszuhebeln. Nach der ersten Wahlrunde der Präsidentschaftswahlen beschloß sie, die liberalen Kräfte aus Jelzins Wahlkampfstab zu entfernen und auch eine gestärkte Position Lebeds zu verhindern. Als sie zwei Mitarbeiter von Tschubajs unter Arrest stellten, die angeblich eine halbe Million Dollar aus dem Kreml herausschmuggeln wollten, war der Anlaß zu ihrer Entlassung schnell gefunden. Durch die unvermittelte Zerschlagung dieses innersten Machtzirkels stärkte Jelzin Lebeds Position zusätzlich. Er konnte aber nicht verhindern, daß die Geheimdienste ihren Einfluß auf ihn und den Kreml trotzdem weiter verstärkten.

Als am 3. Juli 1996 die zweite Runde der Präsidentschaftswahlen eingeläutet wurde, zweifelte schon kaum jemand an einem Erfolg Jelzins. Mit knapp 54 Prozent der Stimmen ging der Amtsinhaber souverän bestätigt aus dem Rennen, Zjuganow dagegen erhielt nur 40 Prozent. Die übrigen sechs Prozent der Wähler stimmten, wie es in der unzufriedenen Bevölkerung unverändert populär ist, gegen alle Kandidaten. Diesen sicheren Erfolg erreichte Jelzin indes nicht zufällig. Er wurde zu einem Preis erkauft, der bis heute schwer abzuschätzen ist und der Rußland in der zweiten Amtszeit des Präsidenten weithin geprägt hat. Seine unvermittelt aufgeflammte Popularität verdankte Jelzin wesentlich der gemeinsamen Unterstützung durch die wichtigsten Finanz- und Industriegruppen des Landes. Eben noch rücksichtslos miteinander konkurrierend, setzten sie sich vor den Wahlen gezwungenermaßen an einen Tisch, um mit vereinten Kräften eine Machtübernahme der Kommunisten zu verhindern. Sie befürchteten mit Recht, daß die Kommunisten ihnen im Falle ihres Wahlsieges die erworbenen Reichtümer wegnehmen und sie ihres politischen Einflusses berauben würden. Der Einfluß dieser Hochfinanz wurde 1996 so stark, daß eine Beschreibung der gegenwärtigen russischen Politik ohne eine genaue Schilderung dieser Gruppe nicht mehr möglich ist. Vor allem spielte die Hochfinanz bei Putins Aufstieg eine wesentliche Rolle.

Wer sind die sogenannten Finanzclans im heutigen Rußland? Welchen Einfluß üben sie wirklich auf die Politik des Landes aus? Lange Zeit war der Kreis der Financiers um Jelzin recht übersichtlich und genau einzugrenzen. Insbesondere umfaßte er eine Reihe der führenden Moskauer Großbanken, der riesigen Konzerne der Energiebranche und der von ihnen abhängigen Industriesektoren. Dazu gehörten etwa der Gasmonopolist »Gazprom« mit Rem Wjachirew an der Spitze, der Ölkonzern »Lukoil« unter Wagit Alekperow sowie das umfangreiche Firmenkonglomerat von Boris Berezowskij, zu dem der Automobilkonzern »LogoVAZ« gehört. Von seiten der Bankiers zählten hierzu Alexander Smolenskij von der Bank »SBS-Agro«, Michail Fridman von der »Alfa-Gruppe«, Wladimir Gusinskij als Präsident des Finanz- und Medienkonzerns »Most«, Wladimir Potanin als Chef der »Oneximbank« und Michail Chodorkowskij als Chef der »Menatepbank«. Nicht zuletzt gehörten auch einige dem Staat unmittelbar nahestehende Institutionen wie die Außenhandelsbank »Wneschekonombank« und die Sparkassenbank »Sberbank« zur neuen russischen Hochfinanz. Im Volksmund wurde diese Personengruppe bald die »Oligarchen« genannt.

Zu den Oligarchen mußte in mancher Hinsicht auch die Präsidentenfamilie selbst gezählt werden. Zumindest über den Schwiegersohn Jelzins, Wladimir Okulow, ist die Jelzin-Familie in das Geschäft der Hochfinanz unmittelbar eingebunden. Der mit der ältesten Tochter Jelzins, Elena, verheiratete Pilot wurde – sicher nicht ohne Billigung des ehemaligen Präsidenten – zum Bevollmächtigten des russischen Staates und Generaldirektor in der Fluggesellschaft »Aeroflot« ernannt. Dadurch erhielt Okulov die Kontrolle über eine der wichtigsten Infrastrukturen des Landes und den Zugang zu riesigen Devisenbeträgen. Im Fall von »Aeroflot« wurden auch die gemeinsamen Interessen von Staat beziehungsweise Präsidentenfamilie und Berezowskij erneut offensichtlich. Denn Berezowskij gehört zu den Hauptaktionären der Fluggesellschaft.

Die Finanzeliten bezahlten nicht nur die Wahlkampagne Jelzins, sie gaben ihm auch ihre Beraterstäbe und stellten ihm ihre administrativen Kapazitäten zur Seite. Dies war für den Wahlausgang entscheidend, denn Jelzin erhielt dadurch in den russischen Regionen zusätzliche Einflußmöglichkeiten, insbesondere dann, wenn vom Unternehmen eines der Oligarchen eine ganze Region abhing. Außerdem besaßen die Oligarchen Fernsehkanäle, Radiostationen und Zeitungen, die die ohnedies von den staatlichen Medien geförderte Jelzin-Kampagne noch zielgerechter unterstützten. Die gebündelte Macht ihrer Medien stellten die Financiers dem Präsidenten also zur fast ausschließlichen Verfügung. Das Übergewicht der Berichterstattung über Jelzin im Verhältnis zu den anderen Kandidaten war grandios. In den Tagen vor der Stichwahl tauchte der kommunistische Herausforderer in den Medien praktisch nicht mehr auf.

Eine führende Rolle spielte der Unternehmer Berezowskij. Er gilt auch heute noch als einer der reichsten Privatleute Rußlands, bis zu drei Milliarden Dollar Vermögen werden ihm nachgesagt. Berezowskij kam, wie andere russische Politiker, regelmäßig auf Einladung der Deutschen Gesellschaft für Auswärtige Politik und des Deutsch-Russischen Forums nach Deutschland. Vor überfüllten Sälen interpretierte er die russische Politik. Gegenüber seiner Person legte er Bescheidenheit an den Tag. »Ich bin Mathematiker«, sagte er. »Früher hatte ich mit der großen Politik nichts am Hut. Doch in schwierigen Zeiten wie jetzt müssen alle vernünftigen Menschen ihren Beitrag dazu leisten, daß Rußland ein normal funktionierender Rechtsstaat mit einer offenen Marktwirtschaft wird. Deshalb ging ich in die Politik.«

Nach den Strapazen seines politischen Tagesprogramms liebte es Berezowskij, sich im engen Kreis seiner deutschen Freunde, zumeist in einer urigen Stadtkneipe, zu entspannen. Dann plauderte er oft aus dem sogenannten Nähkästchen der russischen Politik. Berezowskij gehört zu den intelligentesten und gewieftesten Spielern der modernen russischen Politik. Er führt mit großer Vehemenz einen Gerichtsprozeß gegen ein amerikanisches Magazin, das ihn der gewaltsamen Beseitigung eines Konkurrenten bezichtigt hat. Jahrelang verstand es Berezowskij geschickt, seine Vertrauensleute an die Spitze der russischen Machtpyramide zu plazieren, um über sie Einfluß auf wirtschaftliche und politische Entscheidungen zu erhalten. Über seine Geschäfte redete er nicht gern – darüber, sagte er, wurde in der westlichen und russischen Presse genug geschrieben. Berezowskij war stärker an der Politik als an der Wirtschaft interessiert. Er besaß ein feines Gespür für wechselnde Machtverhältnisse, an denen er auch regelmäßig beteiligt war. Die erste Zeit machte er Geschäfte durch Jelzins Leibwächter Korschakow. Mit ihm zusammen gründete er 1995 den sogenannten »Iwan-Rybkin-Block«, eine linksorientierte Partei, die unter Führung des damaligen Vorsitzenden der Staatsduma Rybkin, neben der Tschernomyrdin Partei »Unser Haus Rußland«, die Kremlinteressen in der neu zu wählenden Duma vertreten sollte. Der Block scheiterte allerdings an der Fünfprozenthürde.

Berezowskij spielte weiter mit der Macht. Im Januar 1996 hievte er seinen Kompagnon, den Präsidenten des Automobilkonzerns »AutoVAZ«, Wladimir Kadannikow, mit dem er zuvor das gesamtrussische Automobilmonopol »AVVA« aufgebaut hatte, auf den Posten des Ersten Stellvertretenden Ministerpräsidenten für den Wirtschaftsblock. Seinen allergrößten Coup landete er im Sommer 1996, als es ihm gelang, Jelzins jüngere Tochter Tatjana Djatschenko dazu zu überreden, dem

Wahlstab von Tschubajs beizutreten. Nachdem sich Berezowskij mit Korschakow zerstritten hatte, benutzte der emsige Unternehmer die Tochter des Präsidenten, um sich ein neues – weitaus langfristigeres – Entree im Kreml zu sichern. Tatjana wurde als Türöffner zu Papa Jelzin ein weitaus effektiverer Partner der Finanzmagnaten um Berezowskij, als Korschakow es jemals sein konnte. Berezowskij kalkulierte richtig: Jelzin war imstande, jeden Getreuen zu demütigen und aus dem Kreml hinauszuwerfen – nur nicht seine Lieblingstochter! Nach dem Weggang Korschakows wurde Berezowskij mit Tatjana zu den eigentlichen »Spielern« in der sogenannten neuen »Jelzin-Familie«. Berezowskijs Einfluß begründete sich lange auf einem weitverzweigten Medienimperium, dessen Glanzstück der landesweite Sender ORT war.

Ein starker Gegenspieler, zumindest im Fernseh- und Medienbusineß, erwuchs Berezowskij in der Gestalt des Bankiers Wladimir Gusinskij. Seit 1994 hat dieser den Privatsender NTW aufgebaut. Schrittweise kaufte Gusinskij die Sendezeit des ehemaligen vierten Staatskanals auf und entwickelte ein unterhaltsames Fernsehprogramm, das auch die Intelligenz des Landes an sich band. Gusinskij gründete auch ein vielgliedriges Finanz- und Firmenimperium, dessen Herzstück die »Mostbank« ist. Durch das gute Verhältnis Gusinskijs zum Moskauer Oberbürgermeister Luschkow konnte »Most« jahrelang die Gelder der Moskauer Stadtadministration verwalten. Wegen ihrer liberalen Grundausrichtung, aber auch ob der Verbindungen zur Moskauer Stadtregierung traten NTW und die anderen »Most«-Medien wiederholt auch gegen die »Jelzin-Familie« im Kreml auf. Gusinskij holte sich die kompetentesten KGB-Offiziere in seine Mannschaft. Heute steht der ehemalige Vize-KGB-Chef Filip Bobkow auf der Gehaltsliste der Gruppe »Most«. Die Imperien von Berezowskij und Gusinskij bekämpften sich – auch mit Hilfe der

Sicherheitsdienste –, wenn es sich um die Privatisierung von ehemaligem sowjetischem Staatsbesitz handelte. Sie zogen aber an einem Strang, wenn es darum ging, die gemeinsamen Interessen der Hochfinanz zu verteidigen.

Auf einen Zivilisierungsprozeß der russischen Wirtschaft von oben zu warten und ihn mit Hilfe der größten Finanz- und Industriegruppen zu bewerkstelligen – das war jahrelang die Grundkonzeption, auf die Jelzin und Tschubajs vertrauten. Neben vielen anderen, auch weniger ehrenhaften Gründen ist dies eine Ursache, weshalb der Präsident und seine Berater den neu gewachsenen Oligarchen lange Zeit so viele Freiheiten in den Machtstrukturen einräumten. Die Finanzclans agierten auch als schnelle Kreditgeber zur Überbrückung der wachsenden Löcher im Föderationshaushalt, indem sie die ständig neu aufgelegten »Kurzfristigen Staatsobligationen« (GKO) der russischen Staatsbank aufkauften. Der riskante Erwerb wurde den Kreditinstituten durch horrende Zinsen entlohnt. Der Staatshaushalt dagegen wurde mit einer rasant steigenden Tilgungsschuld auf das Unerträglichste belastet. Die Reichtümer der Finanzimperien stammten somit zu einem erheblichen Teil direkt aus dem staatlichen Schuldendienst. Eine Marktwirtschaft mit funktionierender Konkurrenz bildete sich höchstens in Teilbereichen heraus. Zumindest aber bewirkte die Wechselwirkung zwischen Staat und Oligarchen eine schnelle Umverteilung des Staatsbesitzes in private Rechtsformen, was die von den Kommunisten geforderte Wiederherstellung der sowjetischen Verhältnisse unmöglich machte.

Durch diese Abhängigkeit fielen die Interessen der Banken und der russischen Führung auch bei den Präsidentschaftswahlen 1996 zusammen. Jelzin hoffte, dabei seinen bisherigen Einfluß und die bisherige Gesellschaftsentwicklung zu verteidigen. Die Finanzmagnaten wünschten das Land langfristig in den vorhandenen, für sie überaus vorteilhaften Strukturen und Wirtschaftsbedingungen zu stabilisieren. Nur dann konnten sie damit rechnen, ihren einmal erworbenen Besitz und Status zu behalten und auszubauen. Der Besetzung des Präsidentenamtes und der ihm nahestehenden Schlüsselpositionen kam für die Lobbyisten der Wirtschaft exklusive Bedeutung zu. Die Verfügung über die Präsidialadministration, in der nach der gewonnenen Präsidentschaftswahl Tschubajs alle Fäden ziehen sollte, entschied über die Verteilung von Besitz und Macht auf regionaler Ebene.

Die langfristige Strategie der Hochfinanz war auf den unbedingten Machterhalt in der Nach-Jelzin-Ära gerichtet. Die russische Verfassung verbot Jelzin eine dritte Kandidatur. Natürlich hätte man versuchen können, wie so oft, die entsprechende Gesetzgebung zu verbiegen. Die »Jelzin-Familie« wurde nicht müde zu betonen, daß die erste Präsidentenwahl 1991 noch in der sowjetischen Zeit erfolgt und damit von russischem Verfassungsrecht unberührt war. Doch Jelzin wurde krank und konnte jeden Moment sterben. Immer wieder hatten Krankenhausaufenthalte die Regierungsarbeit Jelzins unterbrochen. Dazu hatten sein chronischer Alkoholkonsum ebenso beigetragen wie sein sich weiter verschlimmerndes Herzleiden. Hinzu kamen noch die Einschränkungen durch eine beschädigte Wirbelsäule, die auf einen Flugunfall Ende der achtziger Jahre in Spanien zurückging und immer wieder jene Gleichgewichtsprobleme verursachte, für die Jelzin längst international bekannt war. Die Kraftanstrengungen in den letzten Wochen vor der Präsidentschaftswahl hatten Jelzins Gesundheitsprobleme wieder erheblich verschärft. Nur unter Aufbietung letzter Reserven überspielte er sie bis zum Tag der Wahl. Schließlich erlitt Jelzin nur drei Tage vor der zweiten Runde erneut einen schweren Herzinfarkt. Die Lösung der Nachfolgefrage wurde zur entscheidenden politischen Aufgabe. Die »Kontinuität der Macht« machten die Oligarchen in den folgenden Jahren zu ihrer zentralen Losung. Und die Strippenzieher hinter den Kulissen beschlossen, wie beim Schachspiel, zu versuchen, eine Bauernfigur über das ganze Feld bis zur gegnerischen Linie durchmarschieren zu lassen, um ihn in eine mächtige »Dame« umzuwandeln. Den Part des Königs wollten sie dagegen unter allen Umständen selbst weiterspielen.

Nach der zweiten Präsidentschaftswahlrunde stellten Berezowskij und Co die Schachfiguren auf – in den nächsten Jahren sollten sie Zug um Zug in strategische Positionen gebracht werden. Lebed, Putin, Schirinowskij, Stepaschin, Tschernomyrdin – alle sollten im großen Spiel zum Einsatz kommen. Welches Endresultat strebten die Oligarchen an? Oberstes Ziel war der Aufbau eines geeigneten Kandidaten für die Nachfolge Jelzins. Doch einen Politiker mit einem ähnlichen Charisma wie Jelzin zu finden, war äußerst schwierig. Neben der besonderen Ausstrahlungskraft sollte der Kandidat auch noch andere Wesensmerkmale und politische Überzeugungen vorweisen können, die ihn für das höchste Amt prädestinierten. Jelzins Nachfolger durfte kein verkappter Kommunist sein – er sollte gerade ein Garant dafür werden, daß die Kommunisten in Rußland niemals mehr die Macht zurückerobern würden. Absolut notwendiges Kriterium für die nähere Kandidatenauswahl war die Loyalität zur »Jelzin-Familie«.

Wer waren die Gegenspieler von Berezowskij und Co? Zu einem großen Schachspiel gehören bekanntlich zwei Spieler! Die Antwort darauf konnte nur lauten – Korschakows »Trojka« und Luschkow. Ende Juni 1996 war die Korschakow-Clique entmachtet. Doch Luschkow stieg immer mehr zum ebenbürtigen Rivalen Jelzins auf. Bei den Oberbürgermeisterwahlen im Juni 1996 erhielt er 90 Prozent der Stimmen – die Moskauer schwärmten von ihm. Der einflußreiche Oberbürgermeister von Moskau war praktisch eine Kopie des früheren Jelzin.

Mit kernigen populistischen Sprüchen versuchte Luschkow sein politisches Image im Land zu stärken. Aus seinen fast unerschöpflich erscheinenden Geldquellen der Stadt Moskau verteilte er ständig neue Geschenke an die russischen Provinzen – um sich diese später gefügig zu machen. Luschkow konnte sich auf die Unterstützung eines der Oligarchen – Gusinskijs – verlassen. Die »Jelzin-Familie« beobachtete mit großem Argwohn, wie sich Luschkow Schritt für Schritt die Kontrolle über Teile der russischen Medienlandschaft sicherte. Bald bestand hinsichtlich seiner persönlichen Ambitionen kaum noch Zweifel: Luschkow strebte das höchste Amt im Staate an.

Was hatte die »Jelzin-Familie« und die hinter ihr stehenden Oligarchen gegen einen Präsidentschaftskandidaten Luschkow? Warum bekämpften sie ihn ständig? Von seiner politische Reputation war Luschkow ein Reformer, in mancher Hinsicht sogar ein Demokrat. Luschkow demonstrierte Durchsetzungskraft, er hielt sein Versprechen, Moskau zu einer neuen blühenden Metropole des Ostens aufzurichten. Subtil verteilte der Bürgermeister seine Gelder zwischen allgemein zugänglichen Projekten wie dem erweiterten Autobahnaußenring oder der Luxuspassage unter dem Manegenplatz und solchen, die als neue Wahrzeichen vor allem Luschkows staatsmännisches Prestige heben konnten. Dazu gehörte die Restauration verfallener Kirchen, die dem Bürgermeister seit Jahren gute Beziehungen zum Klerus sicherte. Aufgrund der breiten Wiederbelebung der Religion kam dieser Kooperation ein immer größeres Gewicht in der politischen Machtbalance zu. Im pompösen Wiederaufbau der großen Christus-Erlöser-Kathedrale am Moskwa-Ufer fand sie ihren Höhepunkt. Auch sonst hing Luschkow gern Symbolen an und holte so etwa ein ebenso vom traditionalistischen Großmachtbild Rußlands beseeltes Denkmalprojekt des Bildhauers Zujab Zereteli nach

Moskau. In Amerika als Monument für Kolumbus gescheitert, ging nun Zeretelis großes Segelschiff vor dem Hotel »Präsident« am Moskwa-Ufer vor Anker – nur zierte die gigantische Statue nicht mehr der Kopf von Kolumbus, sondern der Peters des Großen.

In den Augen des Kreml und der Oligarchen hatte Luschkow einen wesentlichen Makel. Er gehörte nicht zur »Jelzin-Familie«. Luschkow hatte seine eigene »Familie« – den Konzern »Sistema« – ins Leben gerufen, der zu erbarmumgsloser Rivalität zum Finanzimperium von Berezowskij stand. Zum Sicherheitsberater von »Sistema« wurde der ehemalige sowjetische KGB-Chef Krjutschkow berufen, der aufgrund seiner noch existierenden Verbindungen im Land für die »Jelzin-Familie« ein schwer auszurechnender Gegner war.

Am gefährlichsten war Luschkows Populismus. Der Oberbürgermeister verstand es hervorragend, nationalistische Stimmungen aufzugreifen, um sich als Staatsmann zu präsentieren. So besuchte er die russischen Truppen auf der ukrainischen Halbinsel Krim, oder er reiste in ferne russische Regionen, wo er medienwirksam Geschenke der Hauptstadt übergab. Dies fiel um so mehr auf fruchtbaren Boden, als sich die Lage im Kaukasus wieder zuspitzte und die Abspaltungstendenzen innerhalb der Föderation immer bedrohlichere Formen annahmen. Luschkow, so folgerte man im Kreml, verfolgte nun eigene politische Ambitionen, die er immer unverhohlener auch im Föderationsrat der Gouverneure offenlegte. Doch die Hoffnungen des Oberbürgermeisters auf den Vorsitz im Föderationsrat erfüllten sich nicht.

Luschkows Botschaft an den gemeinen Bürger war so schlicht wie wirksam: »Ich bin ein Feind des korrumpierten Jelzin-Clans, und mein Moskau blüht. So wird auch ganz Rußland gedeihen, wenn ich es führe.« Eine besondere Brisanz erhielt Luschkows politische Devise durch die angekündigte »Revision der üblen Privatisierung«. Damit konnte nur der Jelzin-Clan gemeint sein. Sollte Luschkow in Rußland an die Macht kommen, hätten die kremlnahen Oligarchen ihren wirtschaftlichen Einfluß und ihre politische Macht somit von einem Tag auf den anderen verloren. Luschkow hätte seine eigene politische Mannschaft und Oligarchie an die Spitze der russischen Exekutive plaziert – für die »Jelzin-Familie« wäre ein Präsident Luschkow das Ende ihrer Existenz. Aus diesem Grund stellten sie sich neben dem Aufbau eines eigenen Nachfolgekandidaten für die Präsidentschaft ein zweites, nicht weniger wichtiges strategisches Ziel im »großen Spiel« um die Zukunft Rußlands – die Ausschaltung Luschkows und die künftige Legitimierung ihrer Finanzimperien.

Wer allerdings im März 2000 erlebte, wie Berezowskij bei seinem Vortrag in der Deutschen Bank in Berlin unverhohlen die rechtliche Anerkennung seines Reichtums als Voraussetzung für das Aufblühen Rußlands beschrieb, der konnte die Zwiespältigkeit einer solchen nachträglichen Legitimierung teils illegitimer Güteranhäufung nicht übersehen. Sie könnte im Bewußtsein der Russen zur uneinlösbaren Hypothek bei der Entwicklung eines Rechtsstaates und eines Rechtsbewußtseins werden.

Die Eröffnungspartie

Die Eröffnungspartie begann mit einem Paukenschlag. Lebed, als erste Figur eingesetzt, versuchte sofort die gegnerische Linie als Königsbauer zu erreichen. Daß Lebed theoretisch nächster russischer Präsident werden konnte, hatte Jelzin selbst angedeutet, als er kurz vor der ersten Runde der Präsidentschaftswahlen auf einer Veranstaltung laut über einen würdigen Nachfolger »nachgedacht« hatte, der genug »Autorität« besitzen sollte. »Ich kenne einen solchen Menschen. An seiner Stelle würde ich jetzt die Kandidatur zurückziehen«, hatte Jelzin gesagt. Dann, so der Staatschef, würde er bei den nächsten Wahlen mit Sicherheit Präsident. Später bestätigte der Staatschef auf Anfragen, daß er damit Lebed gemeint hatte.

Auch früher hatte es Versuche gegeben, Lebed in Jelzins Team einzuschleusen. Ein enger Mitarbeiter der Präsidialadministration, Alexej Golowkow, hatte 1994 eine Illustrierte mit dem Namen »Medwed« (Der Bär) gegründet. Das brutal wirkende Gesicht Lebeds schmückte das Titelblatt der ersten Ausgabe der bunten Zeitschrift. »Nur mit einem solchen Gesicht kann man in Rußland Präsident werden« – erklärte Golowkow seinen westlichen Besuchern, die er gerne spätabends im Zentrum für Liberal-Konservative Politik in der Herzen Straße im Zentrum Moskaus empfing. »Nenn mir einen besseren Kandidaten als diesen Haudegen – ihm wird Rußland nachlaufen!« lächelte Golowkow verschmitzt und schaute auf seinen Freund und Wahlkampfstrategen von der Gajdar-Partei, Arkadij Muraschow. In der Tat organisierte Golowkow 1996 die Wahlkampagne Lebeds und hatte einen entscheidenden Anteil am Sieg des Generals. Somit waren es die Strippenzieher im Kreml gewesen, die Lebed als Mitbewerber um das höchste Staatsamt parallel zum eigentlichen Hauptkandidaten Jelzin unterstützten – um die Personengruppe anzusprechen, die gegen Jelzin und die Kommunisten zugleich eingestellt war. Übrigens veranstalteten diese Kräfte hinter den Kulissen ähnliche »Spiele« mit Schirinowskij und dessen »Liberal-Demokratischen Partei«! Golowkow und seine Leute halfen Lebed auch, ein zeitgenössisches russisches Traditionsmodell des liberalen Nationalismus zu entwickeln, das sich von dem primitiven Ultranationalismus, mit dem Schreihals Schirinowskij 1993 noch auf Wählerfang gegangen war, durch Ausgewogenheit unterschied. Mit seinem Ruf nach Recht und Ordnung traf Lebed dann in der Tat den wunden Nerv in der Gesellschaft.

Die russischen Finanz- und Unternehmerkreise unterstützten somit aus taktischen Gründen Lebed. Die Überlegung der Wirtschaftskreise ging in die folgende Richtung: Sollte es in Rußland zu sozialen Unruhen kommen, wäre es für die Herrschenden im Kreml von großer Wichtigkeit, einen Politiker wie Lebed an ihrer Seite zu wissen. Er könnte sich mit seinem Charisma, seiner Popularität und Durchsetzungskraft einem Massenaufstand entgegenstellen und wäre möglicherweise sogar in der Lage, die Unruhen durch Anwendung von Gewalt zu unterbinden, ohne daß dadurch sein Ansehen größeren Schaden erleiden würde. Was die Finanzeliten und Unternehmerlobbies allerdings mit allen Mitteln verhindern wollten, war die Einmischung des »Saubermanns« Lebed in ihre Geschäftsaktivitäten.

Bald nach den Präsidentschaftswahlen wurde bekannt, daß Jelzin sich einer schweren Herzoperation unterziehen mußte. Fünf Bypässe sollten dem Staatschef gelegt werden, damit sein Leben gerettet werden konnte. Mit dieser Nachricht zerbrach über Nacht der ganze mühsam errichtete Schein des zupackenden, mobilen Präsidenten. Jelzin würde Monate benötigen, um wieder einigermaßen fit zu werden. Notgedrungen traf Jelzin wichtige Vorkehrungen für künftige Ausfälle und verteilte Teile seiner Machtbefugnisse unter drei führende Politiker seines Umfeldes.

Die wichtigste Stellvertreterrolle übertrug Jelzin Premierminister Wiktor Tschernomyrdin. Dieser hatte sein Amt bereits seit Dezember 1992 inne und galt als Stabilitätsgarant. Tschernomyrdin stammte aus dem sowjetischen Gassektor, er hatte den Monopolgiganten »Gazprom« nach dem Zerfall der UdSSR zu einem Staat im Staate gemacht und davon persönlich profitiert. Versuche des Internationalen Währungsfonds, der eigenen Reformer und der Oligarchen, »Gazprom« zu demonopolisieren, bekämpfte er mit allen Mitteln. Ende 1995 wurde sein Name im Zusammenhang mit der Jelzin-Nachfolge im Kreise der Oligarchen genannt. Doch Tschernomyrdin galt in den Augen der Bevölkerung nicht als Siegertyp, eher als der »ewige zweite Mann«. Die Oligarchen trauten ihm nicht zu, einen Populisten wie Lebed in den Präsidentschaftswahlen zu schlagen.

Nach Jelzins Neuverteilung der Stellvertreterrechte oblag also Tschernomyrdin die Verantwortung für die Reformpolitik. In Abwesenheit des Präsidenten führte der Premierminister jetzt auch den Vorsitz im Verteidigungsrat und im Nationalen Sicherheitsrat. Gleichzeitig wurden ihm die »Schlüsselministerien« für Verteidigung, Sicherheit, Inneres und Äußeres vorübergehend unterstellt, die ansonsten vom Präsidenten direkt geleitet werden. Um diese Vormachtstellung hatte der Premierminister seit langem gerungen, doch war er stets am Widerstand der nunmehr entmachteten »Kriegspartei« um Korschakow gescheitert. Den Oberbefehl über die Armee und die Kontrolle über die Atomwaffen gab Jelzin allerdings nicht ab.

Über weitreichende Machtbefugnisse verfügte jedoch der Leiter der Administration des Präsidenten, Anatolij Tschubajs. Dieser hatte im Kreml praktisch die Rolle des ehemaligen Sicherheitschefs Korschakow übernommen. Tschubajs wurde in vieler Hinsicht zum eigentlichen »Regenten« hinter Jelzins Rücken, wobei für niemanden ein Geheimnis war, daß Tschubajs hier die Interessen Berezowskijs und anderer Oligarchen »betreute«. Wie vor ihm Korschakow unterhielt Tschubajs enge Beziehungen zur »Jelzin-Familie«. Insbesondere hatte er die Vollmacht, alle Präsidentenerlasse gegenzuzeichnen, und kontrollierte auch den Zugang zum Präsidenten selbst.

Die dritte Machtposition wies Jelzin Alexander Lebed zu. Von ihm wurde erwartet, daß er mit harter Hand Ordnung in die Machtkämpfe der Militärs und die verfahrene Lage im Krieg mit Tschetschenien bringen würde, aus der Jelzin allein kaum noch herausfinden konnte. Tatsächlich gelang es Lebed in kürzester Zeit, neue Gespräche mit der tschetschenischen Führung anzuknüpfen. Seine frühere Kritik an der russischen Kriegsführung und alte Kontakte zu verschiedenen Militärkreisen ebneten dem General den Weg. Lebed selbst erzählte später, er sei einfach nach Groznyj gefahren und habe sein »Ehrenwort als Offizier« gegeben. Die größte Schwierigkeit seiner Aufgabe bestand darin, einen Kompromiß zu finden, der einerseits der tschetschenischen Forderung nach Unabhängigkeit Genüge tat und andererseits die Bedingung der russischen Seite erfüllte, wonach Tschetschenien nicht aus dem Verband der Russischen Förderation ausscheren durfte. Das Problem glich einer Quadratur des Kreises. Dennoch gelang Lebed bereits im August 1996, nur einen knappen Monat nach den Wahlen, eine Lösung zu finden. Der Vertrag, den er und die tschetschenischen Truppenkommandeure schließlich mit Billigung des Präsidenten im dagestanischen Chasawjurt unterzeichneten, schob die

Unabhängigkeitsfrage auf. Obgleich Rußland somit das kaukasische Schlachtfeld nicht ohne Demütigung räumte, stieg Lebeds Popularität bei der Bevölkerung durch den Friedensschluß weiter an.

Jelzin, seine Regierung, das Parlament und die »Schlüsselministerien« billigten das von Lebed ausgehandelte Abkommen zähneknirschend. Die Kritik an dem Vertrag von Chasawjurt aber verstummte nie. In der russischen Duma beharrten Kommunisten, Nationalisten, aber auch die Demokraten darauf, Tschetschenien als Teil Rußlands festzuhalten. Zweifel blieben auch, ob die Föderation mit dem Abkommen wirklich von den oft grausamen Terrorakten und unzähligen Geiselnahmen befreit sein würde, mit denen die tschetschenischen Feldkommandeure in der Folgezeit ihren Unabhängigkeitsbestrebungen Gehör, Druckmittel und nicht zuletzt Geld verschafften. Schließlich hatten alle jene Kräfte kein Interesse an einem Kriegsende in Tschetschenien, die von dem Krieg profitierten. Dazu zählten sowohl einflußreiche Militärs, die sich an Waffengeschäften bereicherten, als auch dubiose Finanzkreise, die mit Hilfe korrupter Moskauer Politiker jahrelang ihre Exportgeschäfte unter Umgehung des russischen Zolls durch Tschetschenien betrieben hatten. Milliarden von Rubeln, die von der russischen Regierung zum Wiederaufbau Tschetscheniens aus dem Staatsbudget bereitgestellt wurden, verschwanden in dunklen Kanälen.

Lebed, Tschernomyrdin und Tschubajs konkurrierten nun mit unterschiedlichen Mitteln um die oberste Macht in Rußland. Die beiden letzteren verfügten über vielfältige administrative und finanzielle Hebel, um ihre Position zu festigen. Lebed war auf der politischen Bühne in Moskau ein Neuling, und der Kreml schien darauf zu hoffen, ihn als Einzelgänger leichter in die Machtstrukturen integrieren zu können. Andererseits stellte Lebeds neue Machtfülle für den Kreml bald eine Gefahr dar. Erstmals stand nun an der Spitze der Sicherheitsapparate ein populärer General mit Rückhalt in der Gesellschaft. Lebed, beflügelt vom diplomatischen Erfolg in Tschetschenien und der immer noch wachsenden Popularität, verhielt sich jedoch immer unverhohlener wie der künftige Präsident Rußlands.

.Lebed ließ plötzlich auch außenpolitische Ambitionen erkennen. Er plante den Einstieg in die Verhandlungen um die Schwarzmeerflotte mit der Ukraine, mischte sich ungefragt in die russisch-weißrussischen Wiedervereinigungsgespräche ein und begann selbständige Reisen nach Westeuropa und in die USA zu planen, wo man ihn als möglichen Jelzin-Nachfolger erwartete. Als Lebed dann die Eliteeinheit von Tula dazu aufrief, ihren Dienst bis zur vollständigen Begleichung von Soldzahlung zu verweigern, platzte dem Kreml der Kragen. Jelzin entließ Lebed fristlos aus allen Ämtern. Der General wurde von bewaffneten Kräften aus seinem Büro geführt. Für die Präsidentenmannschaft war Lebed als Nachfolgekandidat gestorben.

Im Januar 1997 kam der entlassene Lebed zu seiner ersten Auslandsreise nach Deutschland – auf Einladung der Deutschen Gesellschaft für Auswärtige Politik. Die Weltpresse strömte – ganz zum Unwillen Helmut Kohls, der nach wie vor fest auf Jelzin setzte – nach Bonn, um den vermeintlich neuen Präsidenten Rußlands zu sehen. Der große Rußlandkenner und ehemalige Aufsichtsratsvorsitzende der Deutschen Bank, Wilhelm Christians, mit seinen 75 Jahren noch mit Leib und Seele den deutsch-russischen Beziehungen verbunden, organisierte für den General ein Treffen hinter verschlossenen Türen mit der deutschen Hochfinanz. Lebed erzählte allen, die es hören wollten, daß Jelzin im Sterben lag und er in Rußland große soziale Unruhen aufkommen sehen würde. Das Ausland, so Lebed, würde keinen Fehler machen, wenn es ihn als Hoffnungsträger für Rußland betrachten und entsprechend unterstützen würde.

Nach dem Hinauswurf Lebeds übernahm Boris Berezowskij die Oberaufsicht über die Fortführung des Friedensprozesses in Tschetschenien. Als Stellvertretender Sekretär des Nationalen Sicherheitsrates wurde der Großunternehmer über Nacht zum wichtigsten russischen Verhandlungsführer mit den Separatisten. Da Berezowskij sowohl den politischen Rückhalt von Tschubajs als auch Tschernomyrdin besaß, stolperte er nicht wie Lebed über die Fallstricke in den Korridoren der Kremlmacht. Berezowskij schlug den Tschetschenen, Aserbaidschanern und Georgiern vor, gemeinsam am russischen Ölexport zu verdienen. Dafür mußten diese das einwandfreie Funktionieren der Pipelines aus der Kaspischen Region gewährleisten. Für Berezowskijs eigene Interessen im Ölbusineß konnte das langfristig nur von Nutzen sein. Immer wieder spielte er in den folgenden Jahren eine Schlüsselrolle in der Kaukasuspolitik – bis hin zum Gewinn eines Duma-Abgeordnetenmandat im Wahlkreis der nordkaukasischen Republik Karatschaevo-Tscherkessien im Dezember 1999.

Die Finanzelite forderte nach dem Wahlsieg Jelzins eindeutig ihren Lohn. Sie wollte nicht mehr, wie in den Jahren zuvor, die Macht durch Mittelsmänner beeinflussen, sondern direkt in die Regierung und andere Exekutivstrukturen aufgenommen werden. Nachdem sie mit ihrem Geld, ihren Medien und ihren Organisationsressourcen die Wahlen gewonnen hatte, begehrte sie den Anteil an der unmittelbaren politischen Macht. Die Oligarchen bestimmten einen Mann aus ihrer eigenen Mitte – den Onexim-Chef Wladimir Potanin – zum neuen Ersten Stellvertretenden Ministerpräsidenten für Wirtschafts- und Finanzfragen. Potanin wurde damit, neben Putins Sankt Petersburger Gönner Bolschakow, zum zweitmächtigsten Politiker im Kabinett Tschernomyrdin. Potanin hatte sein Finanzimperium dadurch geschaffen, daß seine Bank – durch die Vermittlung seines Freundes Tschubajs – die Konten der staatlichen

Zollbehörde verwalten durfte. In seiner kurzen Amtszeit an der Spitze der Regierung konnte Potanin keine sichtbaren Erfolge verbuchen. Er wurde bald wieder entlassen – die Oligarchen ärgerten sich darüber, daß Potanin nur die engeren Interessen seiner eigenen Finanzlobby in der Regierung vertrat.

Doch wie hatte sich zwischenzeitlich die Karriere Putins entwickelt? Nachdem Tschubajs anstelle von Nikolaj Jegorow – dem Funktionär, mit dem Putins Umzug nach Moskau vorher besprochen worden war – zum Leiter der Administration ernannt worden war, dachte Putin an die Möglichkeit einer raschen Fortsetzung seiner Karriere. Putin kannte Tschubajs, Jegorow hatte er kaum getroffen. Als Putin 1990 Assistent von Sobtschak wurde, leitete Tschubajs in der Stadtverwaltung von Leningrad die Wirtschaftsabteilungen. Tschubajs war praktisch Vorgänger Putins in der Funktion des Reformmotors an der Newa-Metropole gewesen. Tschubajs ging aber im Januar 1992 nach Moskau und hatte seitdem den direkten Kontakt zu Putin einschlafen lassen. Tschubajs' Kontaktmann in Sankt Petersburg war sein Freund Alexej Kudrin. Im August 1996 mußte sich Tschubajs bei der Ernennung seiner Stellvertreter zwischen Putin und Kudrin einer Qual der Wahl unterziehen. Putin war der bessere Organisator, Tschubajs kannte seine guten Verbindungen zum Sankt Petersburger Föderalen Sicherheitsdienst (FSB). Kudrin galt als der fähigere Finanztechnokrat. Tschubajs' Wahl fiel auf Kudrin.

Der enttäuschte Putin erhielt zunächst eine Absage. Ihm wurde mitgeteilt, daß der Posten, auf den er sich beim alten Chef der Präsidialadministration Jegorow beworben hatte, abgeschafft worden wäre. Verzweifelt appellierte Putin an seinen anderen ehemaligen Sankt Petersburger Kollegen Kudrin, zu dem er ein weitaus engeres Verhältnis als zu Tschubajs hatte. Kudrin, der von Tschubajs gerade zum Leiter der Kontrollabteilung der Präsidialadministration berufen worden war, organisierte ein Treffen zwischen Putin und Tschubajs.

Was sich in diesen Tagen an Intrigen hinter den hohen Mauern des Kreml abspielte, wird wahrscheinlich für Außenstehende immer verborgen bleiben. Im Zusammenhang mit Putin interessiert seine Biographen besonders sein damaliges Verhältnis zu den demokratischen Kräften um Tschubajs. Falls Putin in diesen für ihn schweren Monaten tatsächlich von Tschubajs und seinen Mannen nach Moskau geholt wurde – muß er sich heute ihnen gegenüber verpflichtet fühlen. Falls aber das Gegenteil der Fall war und Putins Umzug in die Präsidialadministration auf Widerstände von seiten der liberalen Kräfte stieß, braucht der neue russische Präsident sich künftig nicht gegenüber Tschubajs dankbar zu erweisen.

Wen Tschubajs nach der zweiten Präsidentschaftswahlrunde aus dem KGB tatsächlich in die Präsidialadministration holte, war Ewgenij Sawostjanow. Der 1952 in Moskau geborene Bergbauingenieur galt als loyaler KGB-Mann in den Reihen der Demokraten. Er war 1990 wie aus dem Nichts in der frühen demokratischen Bewegung Rußlands aufgestiegen – zunächst an der Seite Andrej Sacharows, dann als Assistent des demokratischen Oberbürgermeisters von Moskau, Gawriil Popow. Im Grunde war Sawostjanow eine Art Moskauer Kopie des Leningrader Putin. Von 1991 bis 1994 leitete Sawostjanow – als eine Art »demokratischer Aufpasser« – die lokale KGB-Verwaltung von Moskau Stadt und Moskau Gebiet. Aufgrund seiner Nähe zu den Demokraten und auch zu Luschkow galt Sawostjanow lange Zeit als Intimfeind Korschakows. Ende 1994 geriet er bei den Auseinandersetzungen zwischen der Korschakow-»Trojka« im Kreml und Gusinskij zwischen die Fronten, wurde auf Druck von Korschakow hin aus dem KGB entlassen und fand Unterschlupf im Konzern »Most«. Kaum war Korschakow aus dem Kreml entfernt, wurde Sawostjanow Chef der Personalabteilung und Stellvertretender Leiter der Administration des Präsidenten. Zwei Jahre lang kontrollierte er die Kaderschmiede des Kreml.

Warum hatte Tschubajs nicht Putin diesen Posten angeboten? Zwar ließ sich Tschubajs – auf heftiges Insistieren Kudrins hin – dazu überreden, Putin den Posten des Leiters der Öffentlichkeitsabteilung der Kremladministration anzubieten, doch dies war dem ehrgeizigen Sankt Petersburger Ex-Oberbürgermeister nicht genug. Offensichtlich traute der Oberdemokrat Tschubajs ihm weniger über den Weg als dem anderen »Geheimdienstler« Sawostjanow! Eine Fügung des Schicksals ergab, daß sich vier Jahre später die Wege Sawostjanows und Putins bei den Präsidentschaftswahlen im März 2000 wieder kreuzten – allerdings mit einem völlig anderen Ausgang.

Nach dem für Putin unbefriedigend verlaufenen Gespräch mit Tschubajs setzte Kudrin seinen Exkollegen in seinen Wagen und brachte ihn zum Flughafen. Unterwegs rief er, weil er Putin irgendwie helfen wollte, den zweiten Mann in der russischen Regierung, Alexej Bolschakow, an. Dieser verlangte, selbst mit Putin zu sprechen. »Was, du hast noch keinen neuen Job?« fragte der nach einer langen demütigenden Durststrecke selbst gerade wieder an die Macht zurückgekehrte Bolschakow. Eine Stunde später rief Putin zurück und erhielt die Order, sich sofort bei Pal Palytsch zu melden.

Pal Palytsch war der Spitzname von Pawel Borodin, dem Schatzmeister des Kreml. Borodin, ein ehemaliger Bürgermeister der Stadt Jakutsk, dem Gebiet, wo sich in Rußland die größten Diamentenminen befinden, zählte seit seiner Beförderung nach Moskau im Jahre 1993 zu den einflußreichsten Personen in Jelzins Umkreis – der sogenannten »Jelzin-Familie«. Bolschakow bat Borodin, Putin in seinem Geschäftsbereich einzustellen. So wurde Putin Stellvertreter von Pal Palytsch und kehrte

Sankt Petersburg für immer den Rücken. Seinen späteren Gönner Jelzin bekam Putin damals kaum zu Gesicht. Dafür verschaffte sich Putin in wenigen Wochen eine einzigartige Übersicht über alle Finanzaktionen und Geschäftsbeziehungen der Kremladministration. Borodin übertrug seinem Vize die Oberaufsicht über alle ausländischen Geschäfte der Kremladministration und beauftragte ihn damit, eine neues Holding für das gesamte ausländische Eigentum des russischen Außenwirtschaftsministeriums zu schaffen.

Putin, der seit seiner Zeit in Sankt Petersburg Erfahrung im Umgang mit Riesengeldmengen verfügte, erhielt nun den Auftrag, mit Borodin die gesamten Liegenschaften der Russischen Föderation, deren Wert auf 600 Milliarden US-Dollar innerhalb Rußlands und 50 Milliarden US-Dollar außerhalb Rußlands geschätzt wurde, zu verwalten. Borodin und Putin kontrollierten neben den offiziellen Gebäuden des Präsidialamtes, der Regierung und der Duma weitere rund 300 administrative Gebäude, die Fluggesellschaft »Rossija«, den Verlag »Pressa«, einige Luxuskrankenhäuser und Sanatorien sowie das russische Staatseigentum in 78 Ländern. Einige dieser Staaten bereiste Borodin gerne in seiner anderen Eigenschaft – als Präsident des Fußballclubs Torpedo Moskau. Pal Palytsch überließ seinem Vize die Oberaufsicht über die zahlreichen Dienstleistungsorganisationen des Kreml – von medizinischen Einrichtungen bis zu Bau – und Transportfirmen. Ausländischen Investoren, die auf den russischen Markt drängten, riet Borodin: »Kooperiert mit meiner Kanzlei zusammen, dann braucht ihr keine Staatsgarantien, um euer Risiko zu decken!«

Putin, der für Sobtschak in Sankt Petersburg eine ähnliche Rolle wie Borodin für Jelzin gespielt hatte, fand schnell seinen Platz in der Kremladministration. Loyal und verschwiegen, keineswegs machtbesessen, gleichzeitig aber effektiv – das waren seine geschätzten Charaktereigenschaften. In Borodins Augen hatte Putin aber noch andere wertvolle Eigenschaften: Er war nicht Teil der Moskauer Clans, die sich allesamt um Einfluß und Posten im Kreml stritten. Putin und Borodin hatten auch gemeinsame Gegner. Korschakow und dessen Clique war gerade aus dem Kreml entfernt worden, doch da wuchs auch schon der nächste gefährliche politische Rivale für die »Jelzin-Familie« heran – der mächtige Oberbürgermeister von Moskau, Luschkow, begann gerade zusammen mit dem neuen Gouverneur von Sankt Petersburg, Jakowlew, eine neue Koalition zu schmieden. Einen besseren Verbündeten im Kampf gegen Luschkow als den durch die Wahlniederlage in Sankt Petersburg gedemütigten Putin konnten sich die Kremladministratoren nicht vorstellen.

In den folgenden Monaten geriet Putin auf ein sehr gefährliches Spielfeld, auf dem sich völlig unterschiedliche Akteure tummelten. Hier gab es die alten Sowjetmanager, die so taten, als ob sie Reformen durchführten, in Wirklichkeit aber nur nach Revanche trachteten. Daneben wuchs eine neue Elitegruppe heran – die Oligarchen, über die im folgenden noch ausführlich die Rede sein wird. Auch der KGB kochte im Hintergrund fleißig sein Süppchen. Ab und zu versuchte ein Spieler aus der Gruppe die Hand nach der Krone des Zaren auszustrecken – mal war es Luschkow, mal General Lebed, mal Tschernomyrdin, mal sogar Tschubajs. Putin brauchte viel Zeit, um sich in diesem Dickicht von politischen Intrigen, blutigen Machtspielen und Schlammschlachten auszukennen. Er konnte von Glück sprechen, daß er nicht, wie Pal Palytsch, in den Sumpf der Korruptionsskandale geriet, die Jahre später die Kremladministration erschüttern sollten. Putin stand nie in Verdacht, staatliche Gelder veruntreut zu haben, obwohl das russische Staatseigentum im Ausland, für das Putin zuständig war, schon immer eine ausgesprochen lukrative Nebenverdienstmöglichkeit darstellte.

Putin beobachtete die Formierung der neuen Exekutivstrukturen im Kreml, den Rauswurf Lebeds und das Aufkommen der »Jelzin-Familie« schon als Mitglied des inneren Machtzirkels in der Präsidialadministration. Er hatte sein Büro zwar nicht im Kreml, aber immerhin im alten Gebäude des ZK der KPdSU an der Staraja Ploschtschad. In Jelzins erster Amtsperiode von 1991 bis 1996 hatte die Regierung die eigentliche Machtfülle innerhalb der Exekutive. Die anderen zwei »Säulen« der staatlichen Macht – der Präsidialapparat und der Nationale Sicherheitsrat – spielten eine bedeutende, aber keineswegs die politische Schlüsselrolle. In der zweiten Amtszeit sollte dies anders werden. Nach dem Rauswurf Lebeds wurde die Präsidialadministration praktisch zu einer »Nebenregierung«. Viele sahen darin eine Auferstehung des alten Sekretariats des ZK der KPdSU. Zwischen Regierung und Präsidialapparat kam es häufig zu Spannungen und Kompetenzstreitigkeiten. Doch Jelzin entschied: Im Sinne des von ihm bevorzugten politischen Systems der »checks and balances« sollte die Administration die politische Kontrolle, die Regierung die wirtschaftliche Lenkung des Landes übernehmen.

Ende November 1996 tagte wieder einmal der Bergedorfer Gesprächskreis der Körber-Stiftung in Moskau. Als Hauptredner fungierte diesmal Kudrin. Am runden Tisch im Festsaal des berühmten Hotels »Präsident« versammelten sich Lebed, Zjuganow und viele andere Größen der russischen Politik. Aus Deutschland waren Helmut Schmidt und Richard von Weizsäcker angereist. Kudrin warnte die westlichen Zuhörer vor einer neuen Wirtschaftskrise in seinem Land. Auch andere Politiker sahen schwere Zeiten anbrechen. Der Tschetschenienkrieg war zwar vorbei, doch die Staatskassen blieben leer. Die Regierung hatte im Wahlkampf zu viele Versprechungen gemacht, Löhne und Gehälter regelmäßig ausbezahlt, Regionalfürsten für ihre Unterstützung mit

Geschenken überhäuft und wertvolles Geld verpulvert. Um die Ausgaben zu decken, gab die Staatsbank neue kurzfristige Staatsanleihen (GKOs) aus, die mit immer höheren Rekordsätzen verzinst wurden – zur Zufriedenheit der russischen Großbanken, die davon profitierten. Auf der Einnahmeseite des Staates stand immer weniger. Im Sommer 1996 sanken die Steuereinnahmen auf einen neuen Tiefstand, weil die Regierung vor den Wahlen darauf verzichtet hatte, Druck auf Steuersünder auszuüben. Schließlich waren dies nicht selten gerade jene Großunternehmen des Landes gewesen, die Jelzin unterstützten.

Woher sollte das Geld für die Wirtschaft kommen? Die russischen Politiker schauten fast hilflos Richtung Westen. Einziger Ausweg in dem allumfassenden Geldmangel schien einmal mehr für Rußland der Westen zu sein, insbesondere der Internationale Währungsfonds und die Weltbank. Immer wieder waren beide in den zurückliegenden Jahren als Retter der russischen Führung in höchster finanzieller Not aufgetreten. Doch jedem Kredit an Rußland gingen langwierige Verhandlungen um die konkreten Voraussetzungen und Forderungen des IWF und der Weltbank voraus, und jede aus der Sicht des strengen Monetarismus unerfreuliche Entwicklung in der russischen Staatswirtschaft – ein defizitärer Haushalt, eine undurchsichtige Privatisierung, eine Ausweitung der Sozialprogramme oder schlicht neue Korruptionsvorwürfe – brachten den Geldstrom sofort zum Erliegen. Angesichts der immer wieder akuten Finanznot im russischen Staatshaushalt beschrieben die russischen Medien jeden Besuch von IWF-Chef Michael Camdessu oder dessen Stellvertreter Stanley Fischer wie eine Entscheidung über Sein oder Nichtsein des russischen Staates.

Zweifellos hatten die westlichen Kredite Rußland und Jelzin immer wieder kurzfristige Erleichterung gebracht. Langfristig aber vergrößerten sich die Probleme aufgrund der wachsenden Schuldenlast. In vielen Jahren führten die Hilfen des IWF und der Weltbank weder zu einer dauerhaften Verringerung des Haushaltsdefizits noch zur Demonopolisierung der russischen Wirtschaft, weder zu einer Umstrukturierung der Kohleindustrie noch zu einer Beteiligung des Auslands an der Privatisierung. In immer dichterer Folge mußte Rußland um Stundung und Umstrukturierung der Tilgungsleistungen ersuchen, immer häufiger neue Kredite aufnehmen, um alte zu bezahlen. Nach den Wahlen 1996 bemühte sich die Moskauer Führung deshalb verstärkt, den unmittelbaren Zugang zu den Entscheidungszentralen der westlichen Wirtschaftswelt zu stärken und in die Welthandelsorganisation WTO sowie in die Pariser und Londoner Clubs aufgenommen zu werden.

Was jedoch ursprünglich als Geldspritze zur Unterstützung des russischen Transformationsprozesses konzipiert war, nahm immer häufiger die Form von offenen politischen Krediten an, nicht zuletzt, weil der Westen ein Abgleiten des riesigen Landes in Unruhen und unkontrollierte Zerfallsprozesse fürchtete. Hofften die westlichen Staaten auf russische Kompromißbereitschaft in außen- und sicherheitspolitischen Fragen, etwa bei der Nichtweiterverbreitung von Atomwaffen oder bei der geplanten NATO-Osterweiterung, halfen sie gern mit zusätzlichem Geld, um die Atmosphäre zu verbessern. Kam ein neues Regierungskabinett an die Macht, in dem vermehrt Leute saßen, die vom Westen als Reformer aufgefaßt wurden, gab er bereitwillig neue Millionenraten frei. Innerhalb weniger Jahre wuchs so jedoch zugleich die russische Auslandsschuld von etwa 30 Milliarden US-Dollar 1990 bei Auflösung der Sowjetunion auf 130 Milliarden US-Dollar. Die Rußlandstrategie des Westens sollte künftig nicht darin bestehen, Rußland durch IWF-Kredite politisch »gefügiger« zu machen. Diese Art von Kreditierung half Rußland nicht. Rußland schuldet allein Deutschland heute insgesamt genausoviel Geld, wie die deutsche Bundesregierung jährlich in die neuen Bundesländer transferiert und trotzdem das Ziel der Reformierung der ehemaligen ostdeutschen Wirtschaft nur mit Mühe erreicht.

Nach der Wiederwahl Jelzins 1996 – die der Westen nach Kräften mit unterstützt hatte – eröffnete die neue Machtkonstellation im Kreml dem Westen die Möglichkeit einer Stabilisierung der Beziehungen zu Rußland und neue Chancen der Kooperation. Die russischen Finanzeliten wurden als westfreundlich und marktwirtschaftlich eingestuft. Sie wollten Kooperation statt Konfrontation mit dem Westen. Sie strebten auch keine Wiederherstellung der UdSSR an. Der Westen vertraute vor allem Tschubajs. Dieser war jahrelang der russische Hauptansprechpartner des Internationalen Währungsfonds und der Weltbank gewesen. Er galt, neben Jelzin, als Hauptgarant dafür, daß Rußland nicht von seinem Reformkurs abwich. Der Westen brauchte nicht lange zu überlegen: Sicherlich war dem neuen russischen Machtkartell Vorzug vor einem neokommunistischen oder nationalistischen Regime zu geben. Die entscheidende Frage war aber die folgende: Inwieweit konnte die neue Finanzelite für sozialen Frieden, Wirtschaftsreformen und politische Stabilität im Land sorgen? Die sozialökonomische Lage verschlechterte sich von Tag zu Tag, das Ansehen der Regierung litt darunter. Im Frühjahr 1997 kam überraschend Berezowskij mit seiner Ehefrau Elena im eigenen Jet nach Bonn. Er bat um ein Dringlichkeitsgespräch im Bundeskanzleramt und Auswärtigen Amt. Dort erklärte er den verdutzten deutschen Politikern, daß sein Land sich nunmehr um eine Mitgliedschaft in der NATO bemühen würde. »Für uns«, so Berezowskij, »liegt Rußlands Zukunft eindeutig in einer Integration in die Weltwirtschaft und im Aufbau eines gemeinsamen demokratischen Sicherheitssystems, bestehend aus den USA, Kanada, der EU, Rußland und Japan auf der gesamten nördlichen Erdhalbkugel.«

Als die schwarze, gepanzerte Mercedes-Limousine, die der Mitarbeiter der Arbeitsstelle Rußland bei der Deutschen Gesellschaft für Auswärtige Politik, Philip Pachomow, galant steuerte, Köln erreichte, klingelte plötzlich das Mobiltelefon von Berezowskij. Der Magnat begann aufgeregt zu sprechen. Die Limousine blieb vor der »Deutschen Welle« stehen, doch Berezowskij telefonierte unbeirrt. Verdutzt riß Miodrag Soric, Chef der Osteuropa-Redaktion der Deutschen Welle die hintere Wagentür auf und bat den Gast, nach oben zu gehen – den vielbeschäftigten Intendanten Dieter Weirich durfte man nicht warten lassen. Dieser freute sich schon auf ein Gespräch mit dem legendären Magnaten. Alle russischen Besucher – ob Zjuganow, Lebed, Jawlinskij oder Luschkow – besuchten gerne den deutschen Auslandssender, um auch von deutschem Boden aus ihren politischen Standpunkt den russischen Zuhörern zu Hause mitzuteilen. Vor allem die Sendung »Europa heute« des Deutsche Welle TV erfreut sich in Rußland großer Beliebtheit. Soric drängte, doch Berezowskij kümmerte sich nicht um das Empfangskomitee. Er telefonierte mit der Jelzin-Tochter Tatjana, dann ließ er sich mit anderen Mitgliedern der »Jelzin-Familie« verbinden. »Es geht um die neue Regierungsumbildung«, unterrichtete Berezowskij die Umstehenden. »Paßt auf, euer westlicher Liebling Boris Nemzow steigt zum neuen Star auf!«

Das »Dream team«

Die erfolgreiche Wiederwahl Jelzins bedeutete zwar den Sieg der Reformkräfte über die Kommunisten und Nationalisten, führte aber nicht zum erhofften Durchbruch in der Reformpolitik. Die nachfolgende Krankheit Jelzins lähmte die russische Politik. Premierminister Tschernomyrdin, der in Abwesenheit des Präsidenten die politischen Geschäfte führte, bekämpfte gemäß den strengen Auflagen des Internationalen Währungsfonds die Inflation. Wie in der Sowjetzeit wollte er die Staatskasse primär durch Rohstoffexporte auffüllen. Maßnahmen wie die Verschärfung der Steuerdisziplin, die Entflechtung der mächtigen Wirtschaftsmonopole, der Abbau von Industriesubventionen, die Schaffung von Investitionsanreizen und die Festigung des privatwirtschaftlichen Sektors – die unbedingt getroffen werden mußten, um Rußland aus der wirtschaftlichen Misere zu führen – wurden hingegen verzögert. Anfang 1997 stand Rußland vor leeren Staatskassen und drohenden sozialen Unruhen. Tschernomyrdin war nicht in der Lage, Steuern einzusammeln oder die monatelang ausstehenden Staatsgelder, Gehälter und Renten auszuzahlen. Er orientierte seine Politik an den Industrie- und Agrarlobbies und wagte keine unpopulären Maßnahmen zu treffen. Um seine politische Basis zu stärken, buhlte er sogar um die Gunst der Kommunisten, womit er auf Konfrontationskurs mit Jelzin ging.

Angesichts dieser Umstände sah sich Jelzin veranlaßt, seine Rückkehr in die Regierungsarbeit zu einem jener unübersehbaren Befreiungsschläge zu machen, wie er sie später noch mehrfach wiederholte und mit denen er klarzustellen versuchte, wer die Politik im Kreml bestimmte. Mit einem Paukenschlag entließ er die gesamte Regierung bis auf Tschernomyrdin, der aus taktischen Erwägungen im Amt blieb, wenn auch mit einer begrenzten Machtfülle. Zum Ersten Vizepremier wurde der Leiter der Administration des Präsidenten, Tschubajs, berufen. Er kontrollierte von nun an 80 Prozent der Schlüsselpositionen innerhalb der Regierung und war gleichzeitig Finanzminister. Durch ihn konnte die Finanzelite ihre politischen Interessen im Land nun noch stärker durchsetzen. Sogar der militärindustrielle Komplex wurde Tschubajs unterstellt. Der neue starke Mann Rußlands benötigte aber vor allem die materielle Unterstützung der Finanzelite. Tschubajs rief die Oligarchen dazu auf, ihr Kapital endlich in die einheimische Produktion zu investieren.

Jelzins politischer Instinkt erlaubte jedoch keine zu starke Machtkonzentration in den Händen eines einzelnen Politikers. Um Tschubajs »auszubalancieren«, wurde Boris Nemzow Tschubajs als gleichberechtigter Erster Vizepremier zur Seite gestellt. Berezowskij und Tatjana Djatschenko hatten Nemzow zuvor in seiner zentralrussischen Provinzstadt aufgesucht und ihm den Umzug nach Moskau schmackhaft gemacht. Nemzow, der erst 37jährige Gouverneur von Nischnij Nowgorod, war Absolvent des Radiophysikalischen Instituts im ehemaligen Gorkij und hatte schon 1990 erstmals ein Volksdeputiertenmandat gewonnen. Jelzin berief ihn Ende 1991 zum Chef der Gebietsverwaltung von Nischnij Nowgorod. Nemzow wurde populär, weil sein Gebiet zum Experimentierfeld für radikale marktwirtschaftliche Reformen ausgesucht wurde und er es mit Hilfe von Jawlinskij und westlichen Finanzspritzen zu einer Vorzeigeregion für Reformen aufbauen konnte. Nemzow verrichtete Pionierarbeit im Bereich der kommunalen Reformen. 1996 wurde Nemzow als Gouverneur wiedergewählt.

Durch Nemzow wurde die neue Kremlmannschaft attraktiver – vor allem für die Regionalpolitiker, aus deren Mitte er stammte, für die Unternehmer, für die Medien und nicht zuletzt für die Jugend, die sich bisher politisch im Abseits befand. Nemzow erhielt zwei Jahre Zeit, sich als Politiker an der Spitze des Staates zu bewähren, danach wollte ihn Jelzin möglicherweise zum Kronprinzen küren. Jelzin hatte schon zuvor den großgewachsenen Lockenschopf gegenüber Bundeskanzler Helmut Kohl und anderen Politikern als seinen möglichen Nachfolger genannt. Innerhalb weniger Wochen wurde Nemzow zum neuen Liebling der Massenmedien und der Intelligenzia und stieg zum vertrauenswürdigsten Politiker Rußlands auf. Angesichts seiner Erfahrungen in Nischnij Nowgorod wurde Nemzow in der neuen Regierung der hochverschuldete Sozialblock anvertraut. Mit Hilfe der Sympathie, die Nemzow vorläufig aus der Bevölkerung entgegenkam, hoffte die russische Führung erneuten Unruhen zu entgehen.

Schließlich scheiterte Nemzow an der Größe der Aufgaben und wurde zum Sündenbock abgestempelt – so wie vor ihm Lebed aus dem Kampf gegen die Korruption abgedrängt wurde, bevor er überhaupt die Chance erhielt, ihn zu beginnen. Nemzow selbst zeigte sich nicht sehr sensibel in der Frage der Vorteilsgewährung. So verpflichtete er durch sein erstes Dekret alle höheren russischen Staatsbeamten, statt wie üblich Autos westlicher Produktion zu fahren, in russische Luxuswagen der Marke »Wolga« umzusteigen. Diese Wagen wurden bekanntlich in Nischnij Nowgorod gebaut.

Tschernomyrdin selbst stand in seinem neuen Kabinett ziemlich an den Rand gedrängt. Am Ministertisch verlor er viele Gefolgsleute, und um ihn zu kompromittieren, lancierten politische Gegner nahezu groteske Fehlinformationen über sein Einkommen in der westlichen Presse. Indes war der Premier zum Kampf mit seinen Widersachern bereit. Auf dem IV. Kongreß seiner

Bewegung »Unser Haus Rußland«, die noch bei den Parlamentswahlen 1995 als »Partei der Macht« fungiert hatte, ließ Tschernomyrdin sich im Parteivorsitz bestätigen und rief seine Anhänger dazu auf, sich ab sofort für die Parlamentswahlen 1999 und die Präsidentschaftswahlen im Jahre 2000 zu rüsten. Als Kandidat für die Nachfolge Jelzins sah Tschernomyrdin nun zwar chancenlos aus. Aber Jelzin und die Kräfte hinter ihm verloren Tschernomyrdin noch lange nicht aus den Augen und hielten ihn als wichtigen Joker in der Reserve.

Neuer Leiter der Administration des Präsidenten wurde Walentin Jumaschew – ein talentierter Journalist, der zuvor Jelzins Bücher geschrieben hatte. Die Kriterien für die Beförderung Jumaschews waren natürlich nicht im Schriftstellerischen, sondern in ganz anderen Sphären zu suchen. Jumaschew war mit der Jelzin-Tochter Tatjana eng verbunden und kooperierte seit Jahren mit Berezowskij. Er war Chefredakteur von Berezowskijs Journal »Ogonek« gewesen. Diese Personengruppe schickte nun, nachdem Lebed gestrauchelt war, den nächsten Bauern ins Rennen – Nemzow. Neben Nemzow wurden auch andere Figuren in strategisch wichtige Positionen vorgerückt. Am 26. März 1997 erhielt Wladimir Putin per Präsidentenerlaß seine Ernennung zum Nachfolger Kudrins als Stellvertretender Leiter der Präsidialadministration und Chef der Kontrollabteilung der Kremladministration. Der 44jährige KGB-Oberstleutnant der Reserve rückte damit zu einem der 20 Hauptverwaltungsleiter der Kremlkanzlei auf. Heute sagt Putin, Kudrin hätte ihn damals auf diese Stelle empfohlen.

Neuer zweiter Mann in der Präsidialadministration – Erster Stellvertreter Jumaschews – wurde ebenfalls ein Sankt Petersburger Apparatschik: der 55jährige Jurij Jarow, in den achtziger Jahren im lokalen kommunistischen Parteiapparat von Leningrad aufgestiegen, von 1989 bis 1991 Vorsitzender der Exekutive der Gebietsverwaltung von Leningrad (nicht zu verwechseln mit

Stadtverwaltung, die Sobtschak geleitet hatte), nach dem Augustputsch 1991 »Bevollmächtigter Vertreter« des Präsidenten in Sankt Petersburg, also »Aufseher« Jelzins über Sobtschak und Putin. Von 1992 bis 1996 fungierte Jarow in mehreren russischen Regierungen als Stellvertretender Premierminister – mal für die Aufsicht über die Sicherheitsdienste, mal für soziale Fragen zuständig, mal verantwortlich für Kaderangelegenheiten. Nach der Wiederwahl Jelzins wurde Jarow Stellvertretender Leiter der Administration des Präsidenten und entwickelte ein besonders enges Vertrauensverhältnis zum Staatschef.

Im Verlauf der nächsten Monate wurde die Administration des Präsidenten völlig umgekrempelt. Jahrelang hatte innerhalb dieser Führungsmannschaft eine Gruppe von älteren Intellektuellen das Sagen – Jelzins Chefreferent Wiktor Iljuschin, sein persönlicher Sekretär Lew Suchanow, Pressesprecher Wjatscheslaw Kostikow, den Korschakow einmal während einer Wolga-Schiffsreise auf Anweisung des betrunkenen Staatschefs über Bord werfen ließ; Georgij Satarow, der den Kontakt zur intellektuellen Elite des Landes immer aufrecht hielt; Jurij Baturin, der in Sicherheitsfragen gut bewanderte Wissenschaftler, der später sogar zwei Raumflüge mitmachen durfte; Dmitrij Rjurikow, Jelzins fleißiger außenpolitischer Berater. Korschakow hatte diesen Beraterkreis ständig bevormundet, aber aus taktischer Überlegung geduldet. Denn Jelzin benötigte ein gewisses intellektuelles Umfeld von Nichttechnokraten, die ihm wertvolle Ideen zutragen und vor allem seine Reden auf dem notwendigen staatsmännischen Niveau schreiben mußten. Korschakow selbst war dazu nicht in der Lage.

Die neue »Jelzin-Familie« unter Tatjana Djatschenko benötigte den Dienst dieser verdienstvollen Herren nicht mehr. Mit ihnen konnte keine Macht im Staate errungen werden. Diese Personen waren zu weich, um sich als Speerspitze im Kampf gegen die Populisten Luschkow und Lebed zu betätigen. Die neuen Spielregeln erforderten eine neue Mannschaft aus »jungen Wölfen«: nicht minder intellektuell als das vorangegangene Team, aber aggressiver im Ton und Handeln. Es erschienen über Nacht die neuen passenden Gesichter im Kreml: der frühere russische Botschafter in der Slowakei Sergej Jastrschembskij – einer der klassischsten PR-Typen der heutigen Kremlmacht, aber auch andere Typen wie die beiden Sankt Petersburger Funktionäre in der neuen Jelzin-Administration – Jarow und Putin – glichen sich wie ein Ei dem anderen. Beide schlichen fast völlig unscheinbar durch die Korridore der Macht. Sie beteiligten sich nicht an Intrigen und Ränkespielen hinter den Kulissen, waren aber trotzdem aufgrund ihrer professionellen Kenntnisse und Erfahrungen in administrativen Fragen für den Kremlbetrieb unersetzbar. Jelzin und Jumaschew gegenüber demonstrierten sie eine Loyalität, die von Demut gezeichnet war. Für die »Jelzin-Familie« waren solche Mitarbeiter Gold wert. Sie waren die »Ingenieure« des neuen Jelzin-Regimes. Der Staatschef beobachtete nun persönlich den Aufstieg Putins.

Im September 1997 wurde der ehemalige KGB-Mann in die neu gegründete, behördenübergreifende Kommission des Nationalen Sicherheitsrates der Russischen Föderation für Fragen der Wirtschaftssicherheit aufgenommen. Berezowskij hatte als Stellvertretender Sekretär des Nationalen Sicherheitsrates beim Aufbau dieser neuen Struktur seine Hände im Spiel. Putin beschäftigte sich zu jener Zeit als Chef der Kontrollabteilung der Präsidialadministration mit einem außerordentlich heiklen Fall. Man beauftragte ihn, im staatlichen Rüstungskonzern »Roswooruschenie« nach dem Rechten zu sehen. Der Gigant des ehemaligen sowjetischen militärischen Rüstungskomplexes war für die Rüstungsexporte des Landes verantwortlich. In den vorangegangenen Jahren unterstand dieser lukrative Wirtschaftszweig der Oberaufsicht Korschakows. Nach seinem Weggang mußte die neue Kremlmacht alle Maßnahmen ergreifen, um den Konzern wieder an die Leine des Kreml zu legen.

Die Verbrechergruppen des postsowjetischen Raums waren zu einem internationalen Problem geworden. Insbesondere in den Bereichen Drogenschmuggel, Prostitution, Glücksspiel, illegale Einwanderung, Erpressung, Bankbetrug, Steuerhinterziehung, Autoschieberei und Auftragsmorde verstärkten russische Verbrechergruppierungen ihr internationales Engagement. Neue Formen der Kriminalität, wie Kreditkartenbetrug oder »Computerdelikte« nahmen bedenklich zu. Ihre Ausbreitung begann im ehemals sozialistischen Osteuropa, wo zunächst ähnliche Rahmenbedingungen wie in der Sowjetunion herrschten. Sie setzten sich dann in Deutschland, insbesondere Berlin, und anderen westeuropäischen Staaten fort. Durch die zunächst noch in Ostdeutschland stationierten Sowjettruppen konnten die Mafiagruppen hier auf eine entwickelte Infrastruktur zurückgreifen und stellten anschließend auch Verbindungen zu den Mafiagruppierungen in den USA, Kanada, Israel, Südafrika sowie Mittel- und Südamerika her, wo sie nun Geldwäsche betrieben, um sich in die legale Wirtschaft dieser Länder einzukaufen. Solche Gruppen beeinträchtigten nicht zuletzt die politische Stabilität Rußlands und erhöhten die Gefahr, daß Nuklearwaffenkomponenten in die Hände von Terroristen gelangten.

Mitte der neunziger Jahre zeichnete sich eine gefährliche Tendenz ab. Rußland entwickelte sich zunehmend zu einem halbkriminellen Staat, in dem die kriminelle Elite Einfluß auf innen- und außenpolitische Entscheidungen gewann. Damit näherte sich das Land einer Situation, in der die Machtergreifung eines autoritären Politikers, der gegen Korruption und Kriminalität hart durchgreifen, aber auch die Freiheitsrechte und demokratische Bestrebungen einschränken würde, immer wahrscheinlicher wurde. Gegen die Kriminalisierung der Wirtschaft nicht ernsthaft vorgegangen zu sein, darin lag eines der schwersten Versäumnisse des Präsidenten Jelzins und aller seiner Regierungen. In der daraus erwachsenen Sehnsucht nach Wiederherstellung eines kriminalitätsfreien Geschäftslebens muß fraglos auch einer der wichtigsten Gründe für die Anziehungskraft Schirinowskijs, dann Lebeds und schließlich im Jahre 2000 die Popularität Putins gesucht werden.

In der Präsidialadministration kam Putin einem grandiosen Skandal auf die Spur. Er deckte auf, daß die Rüstungsmanager von »Roswooruschenie« illegale Waffenlieferungen an Armenien getätigt und riesige Geldsummen, die für Soldzahlungen der Armee vorgesehen waren, veruntreut hatten. Putin verfaßte darüber einen Geheimbericht an Verteidigungsminister Igor Rodionow. Doch zu seiner großen Verblüffung sah er dann einige Tage später General Lew Rochlin, den Vorsitzenden des Verteidigungsausschusses der Duma, auf einer Parlamentssitzung mit einer Kopie dieses Berichts wedeln. Wie konnte ein Geheimpapier von solcher Brisanz so leichtfertig an die Öffentlichkeit gebracht werden!

Putins Geheimbericht provozierte einen der größten politischen Skandale der zweiten Amtszeit Jelzins. Es stellte sich nämlich heraus, daß russische Militärs – offensichtlich hinter dem Rücken des Staatschefs – durch verbotene Waffengeschäfte Armenien im Kampf gegen den Nachbarstaat Aserbaidschan um die von beiden Staaten beanspruchte Region Nagornyj Karabach jahrelang unterstützt hatten. Über ähnliche verbotene Waffenlieferungen war früher im Zusammenhang mit der russischen Unterstützung von Separatisten in Abchasien oder Transnistrien die Rede gewesen, doch Beweise konnten bislang nicht erbracht werden. Nun erhielten Mutmaßungen über weitere russische subversive Aktionen im Südkaukasus neue Nahrung. Rochlin begann nun auf eigene Faust Recherchen im Umfeld von »Roswooruschenie« durchzuführen, was er besser hätte lassen sollen. Einige Monate später wurde er nämlich in seinem eigenen Haus – nach offizieller Darstellung von seiner angetrunkenen Ehefrau – erschossen.

Putin legte den Fall zu den Akten und kümmerte sich um andere brisante Dinge. Zu seinen Hauptfunktionen als Chef der Kontrollverwaltung der Präsidialadministration gehörten eher Rechtsfragen und die Kontrolle über staatliche Geldflüsse in die Regionen. In seiner Autobiographie erzählte Putin vier Jahre später, er habe sich in diesem Job gelangweilt. Gerne wäre er aus dem Staatsdienst wieder ausgeschieden. Er fristete das Dasein einer Kanzleiratte und sehnte sich nach einer aufregenderen Beschäftigung. Langsam fing er an, Pläne für die Gründung einer eigenen Rechtsberatungsfirma für russische und ausländische Unternehmen zu schmieden.

Rußland schien mit der Kabinettsumbildung im März 1997 die reformfreundlichste Regierung (»Dream team«) erhalten zu haben, die unter den gegebenen politischen Umständen in Rußland realistisch war. Mit der Einsetzung des neuen Kabinetts verbesserte sich postwendend auch die Einstellung des Westens zu Rußland. Der Westen wähnte Rußland nun erneut auf einem strammen Reformkurs. Der Internationale Währungsfonds und die Weltbank gaben unverzüglich die eben noch zurückgehaltenen Kreditraten für den Föderationshaushalt frei und schufen für die Jungreformer eine Atempause. Wieder konnte der Staat einen Teil der überfälligen Löhne und Renten in der russischen Provinz nachzahlen, wieder wurden die dringendsten Bedürfnisse staatlicher Einrichtungen befriedigt.

Der Westen hoffte, daß sich die Politik der Jungreformer auch auf die Außenpolitik des Kreml auswirken würde. Tatsächlich wurde die Integration in die Weltwirtschaft wieder, wie einst 1992, zur Priorität der russischen Politik. Auch bei Fragen wie der Ölförderung am Kaspischen Meer sah Rußland sich zur Kooperation mit den Industriestaaten gezwungen. Um die neue Regierung innenpolitisch zu stärken, zeigte sich der Westen in der Frage der NATO-Erweiterung kompromißbereit. Mit dem Angebot der Schaffung eines NATO-Rußland-Rates und dem Versprechen, den KSE-Vertrag neu zu verhandeln und in den neuen Mitgliedsländern und damit an den Westgrenzen der Russischen Föderation weder Atomwaffen noch schweres Kriegsgerät zu stationieren, kam die NATO Rußland entgegen. Im Mai 1997 wurde der NATO-Rußland-Vertrag unterzeichnet. Auch der langersehnte Einstieg in den Pariser Kreditorenclub wurde Rußland nun in Aussicht gestellt und im September 1997 vollzogen. Überdies erreichte Jelzin die Aufnahme Rußlands in den Club der größten Industrieweltmächte – die G-7. Ende des Jahres besiegelte Rußland mit der EU eine wirtschaftspolitische Partnerschaft, und 1998 wollte Moskau auch Mitglied der Welthandelsorganisation WTO werden. Gleichzeitig schöpfte auch die private Geschäftswelt im Westen wieder etwas Vertrauen in die Perspektiven der russischen Wirtschaft. Für kurze Zeit nahm der Zufluß an Auslandsinvestitionen in das Land zu und erreichte 1997 immerhin einen Betrag von etwa sieben Milliarden Dollar. Gemessen am realen Investitionsbedarf in der Wirtschaft glich das freilich einem Tropfen auf den heißen Stein.

Um so dringlicher wurde daher die Durchführung weiterer Unternehmensprivatisierungen, deren Erlöse schon als fest im hochdefizitären Staatshaushalt eingeplant waren. Tschubajs und Nemzow begannen daher die letzte große Etappe der Privatisierung des ehemaligen sowjetischen Staatsvermögens zu organisieren. Auf Druck der westlichen Finanzinstitutionen hatte die Regierung diesmal für die Privatisierung neue Regeln und einen transparenteren Wettbewerb durchgesetzt. Von der bisher betriebenen Insiderprivatisierung, bei der einige wenige Finanzgruppen mit den besten Kontakten zu Regierungsbeamten riesige Kapitalvermögen zu Sonderpreisen erwarben, hatte der Staatshaushalt trotz des Verkaufs von über 123.000 Staatsunternehmen kaum profitiert. Auch der Marktwirtschaft gab sie kaum Impulse, und mit nur 0,3 Prozent des jährlichen Bruttoinlandsproduktes lagen die Privatisierungseinnahmen weit niedriger als in Polen, Tschechien und Ungarn. Zunächst wurden die Kontrollpakete an dem Ölkonzern »Rosneft« und am weltgrößten Nickel-, Palladium- und Platinproduzenten »Norilsk Nickel« zum Verkauf ausgeschrieben. Harte Kämpfe in der russischen Finanzelite aber entbrannten vor allem um ein 25-Prozent-Paket am Fernmeldemonopolisten »Swjazinwest«. Bislang hatten die Oligarchen bei den Privatisierungsgeschäften eine gewisse Ausgewogenheit untereinander gewahrt. So übergaben noch im Winter 1997 Tschubajs und der damalige Vizepremier Potanin die bankrotte, doch mit vielen Filialen und Kunden gut ausgestattete staatliche »Agroprombank« an Potanins Konkurrenten, Alexander Smolenskij. Bei »Swjazinwest«, »Norilsk Nickel« und »Rosneft« fühlten sich aber Berezowskij und Gusinskij von der Regierung übergangen, denn zu ihrer großen Überraschung gingen diese Filetstücke in den Besitz von Potanins »Oneximbank« über. Das Verhältnis zwischen den Finanzclans und der Regierung war nun getrübt. Sie verdächtigten die Jungreformer Tschubajs und Nemzow eines »deals« mit Potanin hinter den Kulissen, der innerhalb der Hochfinanz eine neue Machtbalance gegen das Imperium von Berezowskij errichten sollte.

Der Konflikt verschärfte sich zusätzlich, als bekannt wurde, daß die »Oneximbank« den Erwerb von »Swjazinwest« teilweise mit ausländischem Kapital des amerikanischen Multimilliardärs George Soros, des russischen Emigranten Boris Jordan von der MFK-Bank und der Deutsche-Bank-Tochter »Morgan Greenfell« bewerkstelligt hatte. Dies bedeutete, daß an der Privatisierungsbörse künftig finanzkräftige ausländische Investoren offen mit russischen Finanzclans konkurrieren konnten. Berezowskij und Gusinskij entfachten nun in ihren Massenmedien, darunter den beiden landesweit wichtigsten Fernsehkanälen ORT und NTW, einen regelrechten Krieg gegen Tschubajs, Nemzow und die »Oneximbank«. Die beleidigten Magnaten versuchten, die Ergebnisse der letzten Auktionen wieder rückgängig zu machen und die »Oneximbank« daran zu hindern, mit weiteren Firmenerwerbungen weiteres politisches Gewicht »aufzukaufen«.

Die Allianz zwischen Jelzin, den jungen Reformern Tschubajs/Nemzow und der Hochfinanz, die Rußland seit dem Sommer 1996 auf politisch relativ stabilem Kurs gehalten hatte, sah sich aufgrund der heftigen Umverteilungskämpfe einer schweren Belastungsprobe unterworfen. Einmal mehr stand das Land vor der Frage, wer in ihm die realen Eigentümer und Machthaber waren. Nemzow und Tschubajs begannen sich gegen die Anfeindungen der unterlegenen Financiers mit einer Kampagne gegen den »Banditenkapitalismus« und zugunsten eines fairen Wirtschaftswettbewerbs zu wehren. Im August lud Jelzin die führenden Bankiers und Unternehmer in den Kreml an den runden Tisch. Vielfach wurde dieses direkte Treffen als Bestätigung der Oligarchenherrschaft gedeutet. Sein Zweck bestand aber offenbar auch darin, die Magnaten in ihre Schranken zu weisen und zum internen Friedensschluß zu zwingen.

Trotzdem forderte die Affäre bald ihre ersten Opfer. Die Oligarchen stürzten die Regierung in eine Krise nach der anderen. Als erster verlor Alfred Koch seinen Posten, der seit der gemeinsamen Arbeit in Leningrad als enger Vertrauensmann von Tschubajs galt und in seiner Funktion als Privatisierungsminister die Organisation der strittigen Firmenverkäufe unmittelbar angeführt hatte. Berezowskij versuchte zugleich den Nationalen Sicherheitsrat zu einer Art Parallelregierung umzufunktionieren, von der aus er gegen die Jungreformer vorgehen konnte. Potanins Geschäftspartner Boris Jordan ließ er das Visum abnehmen. Angesichts dieser immer unverblümter vorgetragenen Ansprüche Berezowskijs, die Entscheidungen von Regierung und Präsident zu bestimmen oder zu korrigieren, konnten Tschubajs und Nemzow schließlich Jelzin bewegen, auf die Pauke zu hauen. Ende Oktober 1997 entließ der Kremlchef Berezowskij vom Amt des Stellvertretenden Sekretärs des Sicherheitsrates, doch dies bedeutete keineswegs, daß der Magnat auch den Platz in der »Jelzin-Familie« räumen mußte.

Die Rache Berezowskijs folgte auf dem Fuß. Der Unternehmer ließ durch seine Medien kompromittierendes Material über Tschubajs und drei seiner engsten Mitarbeiter streuen. Es stellte sich heraus, daß die Jungreformer ein Buch über die russische Privatisierung in einem Schweizer Verlag veröffentlichen wollten und dafür bereits Honorare von je 90.000 Dollar kassiert hatten. Der erboste Jelzin warf Tschubajs' Mannschaft aus der Regierung. Ohne seine Getreuen konnte Tschubajs den Einfluß im Kabinett nicht mehr aufrechterhalten. Bis März 1998 blieb er noch in der Regierung – aber ohne größeren Wirkungskreis.

Als eigentlicher Gewinner erwies sich Tschernomyrdin. Der Premier griff nun unverblümt in die russische Außenpolitik ein, sammelte wichtige Punkte als Kovorsitzender der russisch-amerikanischen Regierungskommission mit Vizepräsident Albert Gore. Infolge der positiven Medienberichte wuchs seine Popularität in der Bevölkerung. Ende Februar 1998 erlaubte Jelzin seinem Premier, regelmäßig mit einer eigenen Sendezeit im Fernsehen aufzutreten. Einmal wöchentlich sollte der Premier »Fragen von russischen Bürgern und Organisationen beantworten« und so die »Offenheit der Exekutive« demonstrieren. Tschernomyrdin selbst bewegte sich nun mit immer größer werdendem Selbstbewußtsein auf die Präsidentschaft zu. Die lästigen Jungreformer zappelten nicht mehr an seinen Beinen – er hatte sie abgeschüttelt.

Im März 1998 kam Nemzow an der Spitze einer russischen Regierungsdelegation nach Bonn. Er ließ keinen Zweifel aufkommen, daß er nach wie vor als Jelzins Kronprinz angesehen werden durfte. »Was, man glaubt hier, Tschernomyrdin macht das Rennen?« lachte er auf der Fahrt im Lift zur Juniorsuite im Hotel »Maritim«. »Da ist Boris Jelzin aber anderer Meinung.«

Die Rochade

Im März 1998 saßen die Mächtigen der »Jelzin-Familie« wieder am Spieltisch. Man resümierte. Luschkows Chancen, Präsident zu werden, wuchsen von einem Tag auf den anderen. Zjuganow, der Kommunistenführer, verfügte zwar nicht über den früheren Zulauf in der Bevölkerung, brachte aber immer noch 25 Prozent auf die Waagschale. Wer konnte sich bei den in zwei Jahren anstehenden Präsidentschaftswahlen gegen Luschkow und Zjuganow erfolgreich durchsetzen? Nemzow hatte als Kronprinz ausgedient – er hatte als Vizepremier wenig zustande gebracht, seine gesamte Energie im Kampf mit den Oligarchen verpulvert. Lebed stand kurz davor, mit Unterstützung der kremlnahen Oligarchen zum Gouverneur der riesigen sibirischen Region Krasnojarsk gewählt zu werden; doch er war ein schlechter Mannschaftsspieler. An Teamgeist fehlte es nach Meinung der »Jelzin-Familie« auch einem Jungreformer wie Jawlinskij, der prinzipiell die Oppositionsrolle vorzog. War Tschernomyrdin wirklich die einzige Alternative?

Die folgende Version der nachfolgenden Ereignisse wurde in Moskau hinter den Kulissen kolportiert. Sie kann nicht verifiziert werden. Dennoch ist sie interessant genug, um beachtet zu werden. Der »Jelzin-Familie« lag eine Videokassette mit Aufnahmen vom letzten Treffen Gore/Tschernomyrdin in Washington vor. Die beiden zweitmächtigsten Politiker in ihren Ländern prosteten sich dort gegenseitig auf die Präsidentschaft in den USA und Rußland zu. Der eifersüchtig gewordene Jelzin entschied daraufhin, Tschernomyrdin zu entlassen. Er befahl seiner Mannschaft, eine Liste von möglichen Kandidaten für das Amt des Ministerpräsidenten aufzustellen. Jelzins Bedingung war: Der Kandidat sollte ein überzeugter Reformer sein.

In den folgenden Stunden entstand so in der Präsidialadministration eine interessante Liste möglicher Regierungschefs. Berezowskij setzte seinen Verbündeten Iwan Rybkin – den Sekretär des Nationalen Sicherheitsrates – an die erste Stelle. Gusinskij und Tschubajs nannten ihren Kandidaten Igor Malaschenko, Präsident des unabhängigen Fernsehsenders NTW. Er hatte neben Tschubajs die Hauptrolle im Präsidentenstab von Jelzin in der ersten Jahreshälfte 1996 gespielt und galt als hervorragender Organisator. Es fiel auch der Name des einen oder anderen Gouverneurs. Der alte Vorsitzende des Föderationsrates Egor Stroew stand auf der Liste, und auch ein Kandidat aus den Reihen der »Gewaltministerien« durfte nicht außer acht gelassen werden – General Andrej Nikolaew, ehemaliger Grenztruppenchef, wurde genannt, kam aber nicht in die enge Auswahl. Mit dem Haudegen Lebed hatte die »Jelzin-Familie« bekanntlich genug Scherereien gehabt. Schließlich meldeten sich die Vertreter der mächtigen Öllobby zu Wort: Tschernomyrdin habe als früherer »Gazprom«-Manager der russischen Gasindustrie zu ihrer gegenwärtigen Dominanz verholfen. Die mit »Gazprom« konkurrierenden Ölmagnaten forderten nun die Einsetzung ihres Branchenvertreters. Doch wen? Einen waschechten Oligarchen vorzuschlagen, wäre zu offensichtlich gewesen. Jemand blätterte die aktuelle Regierungsliste durch und stolperte über den Namen des 35jährigen Energieministers Sergej Kirijenko.

Am 23. März 1998 teilte Präsident Jelzin der völlig überraschten Bevölkerung mit, daß er soeben seinen Premier entlassen habe. Da Jelzin seinen bisherigen zweiten Mann gleichzeitig zum Chef seines »Wahlstabes« berief, gärten eine Weile Vermutungen, Tschernomyrdin sollte aus der Schußlinie genommen werden, um sich besser auf seine Präsidentschaft vorbereiten zu können. Grinsend sprach Jelzin von einer »gelungenen Rochade«. Doch letztendlich erwies sich Tschernomyrdin nur als Turm in der für Außenstehende damals völlig unübersichtlichen Partie. Tschernomyrdin war ein Höfling, der ganze Frontlinien zu öffnen und zu schließen vermochte, der seinem schwankenden König den Rücken freihalten sollte oder den Jelzin ins feindliche Lager schicken konnte, um dort strategische Positionen zu besetzen. Nur sich selbst zum neuen Herrscher mit allen Vollmachten zu wandeln, das konnte oder besser durfte Tschernomyrdin nun nicht mehr.

Zum neuen Premier ernannte Jelzin mit Kirijenko ausgerechnet das jüngste und unerfahrenste aller Kabinettsmitglieder. Erst im Vorjahr war Kirijenko von Nemzow nach Moskau geholt worden. Zuvor hatte er in Nischnij Nowgorod nach einem Schiffsbaustudium und mehreren Komsomolfunktionen eine Bank geleitet und die Ölraffinerie »Norsi-Öl« gegründet. Die Menschen hatten vom neuen Regierungschef, der einem Studenten glich, bislang kaum Notiz genommen. Sofort titulierte man ihn als »Kinderüberraschung«. Angesichts der komplexen Probleme des Landes mutete die Berufung des politischen »Leichtgewichts« als abenteuerlich und sogar verantwortungslos an.

Jelzin, dessen Auftritte im Fernsehen immer gebrechlicher wirkten und sein Verhalten in beängstigender Weise an den todkranken Breschnew Anfang der achtziger Jahre erinnerte, hatte Rußland ohne zwingenden Grund in eine Staatskrise gestürzt. Die westlichen Kommentatoren waren entsetzt: Die russische Politik schien zum Spielball eines störrischen, senilen Machtpolitikers geworden zu sein. Kirijenko war keine Autoritätsperson, die in Abwesenheit des kranken Präsidenten über die Nuklearwaffen, die Armee und die mächtigen Geheimdienste des Landes wachen konnte. Einen Monat zog sich die Bestätigung Kirijenkos durch die Duma hin. Laut Verfassung durfte Jelzin zwar einen neuen Premier berufen, mußte ihn aber vom Parlament bestätigen lassen. Die Duma hatte die konstitutionelle Möglichkeit, den Kandidaten des Präsidenten dreimal abzulehnen. Nach der dritten Ablehnung jedoch hat der Präsident das Recht, die Duma aufzulösen. Die Abgeordneten gaben schließlich bei der dritten Abstimmungsrunde klein bei – sie waren erst zwei Jahre gewählt, hatten ihre Privilegien noch gar nicht ausgiebig genießen können. Vor allem die weniger bekannten Deputierten aus der tiefen Provinz fürchteten, bei vorgezogenen Neuwahlen ihre Plätze räumen zu müssen.

Die »Jelzin-Familie« triumphierte. Sie hatte nach außen demonstriert, wie künftige Kremlchefs dem gewählten Parlament auch ohne Verfassungsbruch ihren Willen aufzwingen konnten. Sie konnte nun in den verbleibenden zwei Jahren vor der Entscheidungsschlacht die Weichen für einen erfolgreichen Sieg ihres Kandidaten bei den Präsidentschaftswahlen stellen. Berezowskij kehrte wieder in die politischen Machtstrukturen zurück. Jelzin ernannte ihn zum Chef des Exekutivsekretariats der Gemeinschaft Unabhängiger Staaten (GUS). Nach der Entfernung des überheblich gewordenen Tschernomyrdin liefen die wichtigsten Fäden der Kremlpolitik jetzt allein im Präsidentenapparat zusammen. Kirijenko durfte die Regierungsgeschäfte nur in enger Anlehnung an die Präsidentenadministration führen. Eine ähnliche Rolle sollte im vergangenen Jahr Nemzow spielen, bis er sich im Streit mit den Oligarchen die Finger verbrannte.

Mit Kirijenkos Ernennung wiederholte sich in der Tat das im Jahre zuvor durchgespielte Szenario mit Nemzow. Jung, dynamisch, von den Lobbyismuskämpfen im Kreml unbefleckt, wurde Kirijenko schnell zu einem Sympathieträger in der Bevölkerung. Anders als Nemzow erlaubte er sich keine populistischen Ausfälle und

Versprechen, sondern behauptete sich als professioneller Manager, der Probleme klar identifizierte und sich um die Lösung konkreter Aufgaben bemühte. Anders als unter Tschernomyrdin fühlte sich die russische Bevölkerung vom jungen Kirijenko aufrichtig informiert und ernst genommen. Die Menschen achteten den Premier und bedauerten ihn zugleich, weil sie in ihm den »Prügelknaben« Jelzins sahen, der nach der nächsten Wirtschaftskrise wieder geopfert werden würde.

Einen Monat nach der Einsetzung der Kirijenko-Regierung wurde Putin zum Ersten Stellvertretenden Leiter der Administration des Präsidenten ernannt. Zu seinen Hauptaufgaben zählte die Oberaufsicht über die russischen Regionen. Putin durfte sich gleich als Schlichter in den immer bedrohlich werdenden Bergarbeiterstreiks bewähren. Tausende Grubenarbeiter aus dem Kemerover Gebiet im sogenannten »Roten Gürtel« verließen die Betriebe, um mit großen Aktionen gegen die Umstrukturierung, die Lohnschulden und die Perspektivenlosigkeit in ihrer Branche zu protestieren. Schon seit Jahren flickten die Moskauer Regierungen mit Hilfe der Weltbank an dem von der Opposition beherrschten Kuzbass-Kohlegebiet herum – ohne nennenswerten Erfolg. Unverändert mußte der karge Föderationshaushalt die Gruben mit jährlich drei Milliarden Dollar subventionieren. Streiks gehörten dort schon beinahe zum Alltag. Diesmal aber organisierten die Kumpels außerdem einen »Schienenkrieg« und blockierten wochenlang die Gleise der Transsibirischen Eisenbahn und damit eine der wichtigsten Verkehrsadern Rußlands. Die Energie- und Lebensmittelversorgung in Fernost stand bald vor dem Zusammenbruch. Die russischen Kumpels monierten, daß staatliche Gelder zur Auszahlung von Löhnen an die Kohlebergwerke unterwegs verlorengegangen waren. Mit persönlichen Besuchen und einigen Nothilfen, an denen Putin mitwirkte, gelang es Kirijenko, dieses Pulverfaß noch einmal an der Explosion zu hindern.

Im Juli 1998 feuerte Jelzin seinen langjährigen Rechtsberater Sergej Schachraj, weil dieser mit Luschkow sympathisierte. Schachraj hatte zuvor auch die permanente Präsidentenkommission für die Verhandlungen über die Machtverteilung zwischen dem Kreml und den Regionen geleitet. Seine Stelle nahm nun Putin ein. Der 46jährige begab sich damit in eine Schlüsselposition. Angesichts der politischen Gewichtsverlagerung der staatlichen Exekutivgewalt von der Regierung in den Präsidialapparat wurde Putin praktisch zum Oberaufseher des Kreml über die 89 »Subjekte der Föderation«. Ohne engste, vertrauensvolle Beziehungen zu Jumaschew, dem 40jährigen Leiter der Administration des Präsidenten und Berezowskij-Vertrauten, wäre Putin dieser Aufstieg sicherlich nicht gelungen. Er hatte nun ständigen Einlaß zu Jelzin, der den Zusammenhalt der Russischen Föderation zur größten Priorität seiner Politik erklärte. Putin fing an, Inspektionsreisen in die Provinzen durchzuführen, dort die mächtigen Gouverneure persönlich kennenzulernen und – bei Bedarf – »weichzuklopfen«.

Während dieser Tätigkeit muß Putin sich eine genaue Vorstellung vom Zustand der Staatsmacht auf regionaler Ebene verschafft haben. Er begann eigene Hebel zu setzen, um die Regionalfürsten dem Zentrum gegenüber »gefügiger« zu stimmen. Von Jelzin erhielt er dafür die entsprechenden Vollmachten und die Erlaubnis, seine eigenen »Kader« in staatliche Schlüsselpositionen zu plazieren. Von diesem Tag an begann Putin, sich ein Netzwerk aus seinen früheren Kollegen, Freunden und Vertrauten aus dem KGB und der Sankt Petersburger Administration zu knüpfen. Im Mai 1998 hievte er den heutigen FSB-Chef Nikolaj Patruschew an die Spitze der Kontrollverwaltung der Administration des Präsidenten. Den Namen Patruschew möge man sich an dieser Stelle besonders einprägen. Dieser 1951 geborene General wurde zu Putins wichtigstem Wegbegleiter in den nächsten Jahren des steilen Machtaufstiegs an die Spitze des Kreml. Patruschew arbeitete mit Putin seit 1975 im Leningrader KGB, ging dann nach Moskau und wurde 1994 Chef der hochsensiblen Abteilung für Spionageabwehr im FSB. Er fing also Spione im eigenen Abwehrsystem der russischen Geheimdienste. Danach wurde er zum Personalchef des FSB befördert.

Währenddessen trieb Rußland unaufhaltsam einem finanziellen Desaster zu, das den Zusammenhalt des Staates gefährdete. Im Sommer 1998 befand sich Rußland in seiner schwersten Finanzkrise seit dem Zerfall der Sowjetunion. Die niedrigen Weltmarktpreise für Erdöl verschlimmerten die wirtschaftliche Lage eines Energieexportlandes wie Rußland. Offensichtlich wußte die finanzpolitisch unerfahrene Regierung nicht so recht, wie sie einerseits die Finanzstabilität im Land bewahren und andererseits die wachsenden Löcher im Haushalt stopfen sollte – und das vor dem Hintergrund chronischer Lohn- und Gehaltsrückstände seitens der Regierung.

Die Gesamtverschuldung Rußlands belief sich mittlerweile auf 200 Milliarden US-Dollar (davon 70 Milliarden US-Dollar Inlandsschulden). Dies machte 44 Prozent des BIP aus. Die Schuldentilgung nahm ein Drittel des Staatshaushalts in Anspruch. Das Ausmaß der gegenseitigen Verschuldung russischer Betriebe übertraf an Umfang die gesamte Geldmenge des Landes. Um neues Kapital zu akquirieren und Investoren anzulocken, hatte die russische Regierung, wie schon beschrieben, lukrative kurzfristige Staatsobligationen (GKO) herausgegeben, die riesige Zinsen abwarfen. Als sich die Krise zuspitzte, erhöhte die Zentralbank die Zinsen auf GKO-Wertpapiere zeitweilig auf 150 Prozent, um die Kapitalflucht aufzuhalten. Die hohen Zinszahlungen wurden aber zu einer untragbaren Belastung für den russischen Staatshaushalt. Bald überstiegen sie das tatsächliche Steueraufkommen des Staates um das Doppelte. Die Gold- und Währungsreserven des Landes schrumpften in sechs Monaten von 23 auf 15 Milliarden US-Dollar. Investoren, vor allem Börsenspekulanten, verließen fluchtartig den russischen Markt. Beim Ausbruch der Finanzkrise im Juni büßten auf der Börse die Aktienkurse der größten russischen Unternehmen, wie »Gazprom«, »Lukoil« und »RAO EES«, fast die Hälfte ihres Wertes ein. Rußland mußte die traurige Erfahrung machen, daß zwei Drittel des ausländischen Investitionskapitals, das 1997 in größeren Mengen ins Land geflossen war und den Eindruck von einem Wirtschaftswachstum erweckte, nicht der Ankurbelung der Produktion diente, sondern zu spekulativen Zwecken angelegt worden war.

Neben einschneidenden Sparmaßnahmen war die Regierung nun gezwungen, andere höchst unpopuläre Entscheidungen zu treffen und eine informelle Absprache, die sie zuvor mit der Bevölkerung getroffen hatte, aufzukündigen. Bislang tolerierte die Regierung die Schattenwirtschaft im Land, freute sich sogar über den hohen Selbstversorgungsgrad innerhalb der Bevölkerung, denn sie war ja selbst nicht in der Lage, ihren sozialen Verpflichtungen nachzukommen. Die Regierung überwies monatelang keine Löhne und Gehälter, aber die Privathaushalte zahlten auch so gut wie keine Steuern. Einkünfte aus Nebenjobs, Mieteinnahmen und Wertpapieranlagen, für die bisher keine funktionierende Steuererfassungsbehörde zuständig war, durften künftig nicht mehr am Fiskus vorbeigeleitet werden. Krampfhaft versuchte die Regierung ihre Versäumnisse nachzuholen, ein fehlendes Steuerzahlerregister und ein integriertes Informationssystem für die für Haushaltseinnahmen zuständigen Behörden zu installieren. Vor allem sollte die Ordnung bei der statistischen Datenerfassung hergestellt werden. Der Leiter der staatlichen Statistikbehörde wurde verhaftet, weil er Wirtschaftsstatistiken im Interesse einiger Finanzgruppen manipuliert hatte.

Der Staat versuchte zum ersten Mal seit dem Zerfall der UdSSR wieder auf Polizeimethoden zurückzugreifen. Der neu ernannte Chef der Steuerbehörde, Boris Fedorow, ließ seine Steuerfahnder Razzien durchführen. Kirijenko drohte Großkonzernen Konfiszierungsmaßnahmen an, falls sie ihren Steuerverpflichtungen nicht nachkommen sollten. Andere Unternehmen sollten in Bankrottverfahren gedrängt werden, falls sie nicht kooperierten. Die Regierung mußte sich sowohl gegen die Interessen der mächtigen Finanzclans als auch gegen den Widerstand vieler Regionalfürsten durchsetzen. Die Regionen wollten die Umverteilung der Steuereinnahmen zwischen ihrem Etat und dem föderalen Haushalt zu ihrem Nachteil nicht akzeptieren. Von der eingesammelten Umsatzsteuer blieben bislang 90 Prozent in der Kasse der Region, zehn Prozent wurden an das Zentrum abgeführt. Die Regierung erwirkte – mit Unterstützung der Präsidialadministration – ein 50-zu-50-Verhältnis.

Der russischen Regierung fehlten die traditionellen Einschüchterungs- und Machtmittel für eine autoritäre Politik, obwohl Jelzin in dieser Hinsicht auf die Unterstützung der sogenannten »Machtministerien« baute. Er suchte demonstrativ den engen Schulterschluß mit den Ministern für Verteidigung, Inneres, Sicherheit und Zollwesen. Jelzin brauchte diese Unterstützung der Machtstrukturen mehr denn je, um gegen mögliche soziale Unruhen oder gar Putschversuche im Land vorzugehen. Am 25. Juli 1998 erhielt Putin einen überraschenden Anruf – Kirijenko befand sich auf dem Rückflug von Jelzins Urlaubsort in Karelien. Wichtige Entscheidungen seien dort gefällt worden. Er, Putin, solle sofort zum Moskauer Flughafen fahren und den Premier dort begrüßen. Putin gehorchte und erschien kurz vor der Landung der Maschine des Premiers in Wnukowo. Kirijenko ging direkt auf Putin zu und schüttelte ihm die Hand: »Ich gratuliere dir zu deiner Ernennung!« – »Welcher?« fragte der entsetzte Putin. Niemand hatte ihm etwas von einem neuen Job mitgeteilt. »Jelzin hat einen Ukaz unterschrieben, in dem er dich zum neuen Chef des Föderalen Sicherheitsdienstes ernannt hat«, antwortete Kirijenko und schwirrte davon. Putin hatte noch im April 1998, als sich nach der Regierungskrise zahlreiche Mitarbeiter aus Jelzins Umfeld Richtung Luschkow abzusetzen begannen, gehört, daß der Präsident ihn als loyalen und kampferprobten Getreuen anstelle des nicht mehr vertrauenswürdigen FSB-Chefs Nikolaj Kowalew einsetzen wollte. Einflußreiche Mitglieder der »Jelzin-Familie« hingen ständig am Ohr des Präsidenten und flüsterten: »Putin, Putin, Putin ...«

Jelzin verfügte, daß Putin sich stärker um die Kontrolle des Wirtschafts- und Finanzsektors im allgemeinen und der Überwachung der Geldflüsse in die Regionen im besonderen kümmern sollte. Während seiner Tätigkeit in der Kontrollverwaltung hatte Putin, nach Aussagen von Christiane Hoffmann in der »Frankfurter Allgemeinen Zeitung«, »sensible Informationen über Gebietsgouverneure zusammengetragen, durch die nun der Präsident Druck ausüben konnte.«

Putin war nach eigenem Bekunden von seiner neuen Ernennung überhaupt nicht begeistert. Er war 1991 offiziell aus dem Geheimdienst ausgeschieden. In der Zeit der Sowjetunion befanden sich der Aufklärungsdienst und die Spionageabwehr sowie alle anderen Geheimdienstabteilungen unter dem Dach des KGB. Nach dem Zerfall der UdSSR aber war der Auslandsaufklärungsdienst aus dem gemeinsamen System ausgegliedert worden, hatte sich in fast zehn Jahren als eigenständiger Dienst etabliert. Der FSB war dagegen zur Nachfolgeorganisation der anderen KGB-Verwaltungen – für Gegenspionage, Wirtschaftsspionage usw. – geworden. Putin hatte seine KGB-Laufbahn in der Auslandsaufklärung absolviert. Er hatte nur den Rang eines Oberstleutnants der Reserve – in den vergangenen Jahrzehnten wurden immer nur richtige Generäle zu Vorsitzenden des KGB oder FSB ernannt. Er wußte genau, daß seine Ernennung den Generälen aus der Spionageabwehr überhaupt nicht schmecken würde. Darüber hinaus war Putin auch noch Zivilist! Es wäre in der Tat das erste Mal, daß ein Mann von seinem Schlag an die Spitze des russischen Geheimdienstes gelangen würde. Die alten Führungsoffiziere des FSB hatten in der Tat zunächst psychologische Probleme, einen Oberstleutnant der Reserve aus dem Auslandsaufklärungsdienst als ihren neuen Boß zu akzeptieren. Ihr Zorn gegen ihn steigerte sich, als er ein Drittel der Mitarbeiter des FSB entließ und zahlreiche verdiente Geheimdienstler kurzerhand in die Provinzen schickte.

Der alte KGB war nach dem Zusammenbruch der Sowjetunion in fünf verschiedene Organisationen aufgeteilt worden. Hauptnachfolger wurde der FSB, der jetzt nicht nur für die Spionageabwehr, sondern zunehmend für den Kampf gegen Korruption und Kriminalität verantwortlich war. Aufgrund seiner Verquickung mit kriminellen Strukturen verlor der Dienst jedoch an seiner früheren Wirksamkeit. Westliche Experten, wie Hans-Joachim Hoppe in seinem Artikel in der Zeitschrift »Osteuropa«, glauben, daß der russische Geheimdienst für Geldwäsche und illegalen Kapitaltransfer ins Ausland mißbraucht worden sei. Es wurde darüber spekuliert, daß Berezowskij alle KGB-Abteilungen für Wirtschaftsspionage auflösen ließ, damit die Oligarchen ungestört ihre zwielichtigen Geschäfte tätigen konnten. Die »Jelzin-Familie« wollte im Endkampf um die Präsidentennachfolge nicht nur einen loyalen Vertrauten an der Spitze des mächtigen Geheimdienstes wissen, sie strebte sogar danach, die Sicherheitsstrukturen des Landes in dieser Entscheidungsschlacht an der Seite des Kreml aktiv einzusetzen. In den nächsten Monaten soll Putin eine Überwachungsaktion nach der anderen gestartet haben. Telefone der Kremlbeamten wurden gnadenlos abgehört. Der FSB wurde sozusagen zum »Schild und Schwert« der Oligarchen. Von den Offizieren wurde nicht mehr erwartet, daß sie sich an die Rechtsnormen hielten, sondern daß sie pure Machtinteressen der Herrschenden vertreten sollten.

Putin konnte nicht entgangen sein, daß das Image Rußlands unter dem Eindruck der Umverteilungskämpfe im Westen mächtig gelitten hatte. In Rußland fehlten ganz einfach die wirtschaftlichen und rechtlichen Rahmenbedingungen. Eine liberale oder soziale Marktwirtschaft konnte ohne Zivilgesellschaft nicht funktionieren. In Rußland entstand ein wilder Kapitalismus ohne sozialverantwortliche Selbstbeschränkung. Solange die Finanzclans nur an ihrer Bereicherung interessiert waren, konnte keine vernünftige Wirtschafts- oder Außenpolitik vom Staat betrieben werden. Keiner vermochte diese Finanzclans, die monatlich genausoviel Fluchtkapital ins Ausland schafften, wie der IWF jährlich Rußland an Krediten zahlte, zu »zivilisieren«. Korruption und Kriminalisierung des Staates hatten extreme Formen angenommen. Russische Journalisten beklagten, daß viele aufsehenerregende Auftragsmorde nicht aufgeklärt wurden, weil Jelzins nähere Umgebung die Ermittlungen behinderte.

Einer der ersten ausländischen Besucher, die Putin in seinem neuen Büro im FSB-Stabsquartier an der Ljubjanka empfing, war der deutsche Verfassungsschutzpräsident Peter Fritsch. Dieser wollte mit dem neuen FSB-Chef Erkenntnisse über Terrorismusfragen austauschen. Zu allem Unheil hatte sich gerade die Lage in der separatistischen Republik Tschetschenien wieder dramatisch zugespitzt. Der im Vorjahr zum Präsidenten der Teilrepublik gewählte Truppenführer Aslan Maschadow sah sich außerstande, die untereinander konkurrierenden tschetschenischen Rebellengruppen zu einen. Immer häufiger stießen diese auf benachbarte russische, vor allem dagestanische Gebiete vor. Sie nahmen zahlreiche Menschen, darunter Greise, Priester, sogar Kinder, als Geiseln, mißhandelten diese und errichteten auf ihrem Territorium einen regelrechten »Sklavenmarkt«. Auch Ausländer – Journalisten, Ingenieure und Mitarbeiter von internationalen Hilfsorganisationen – wurden verschleppt. Insgesamt wurden über 1000 Menschen, davon 90 Ausländer von den tschetschenischen Banden entführt. Die Kämpfer versuchten durch das Erpressen von Lösegeld ihre Kriegskasse aufzubessern. Wenn nicht gezahlt wurde, ließen die Entführer ihren Opfern Finger oder gar die Köpfe abschlagen. Die internationale OSZE-Mission verließ aus Angst vor Gewalt die tschetschenische Republik. Obgleich Maschadow selbst die Ausrufung seines Landes zur islamischen Republik und ihre Unterstellung unter das muslimisch-religiöse Extremrecht der »Scharia« gefördert hatte, konnte er sich der Anfeindungen religiöser Radikaler nicht erwehren.

Der mit eigenen Wirtschaftsproblemen geplagte Kirijenko flog zu Gesprächen mit Maschadow nach Tschetschenien, doch konnte er vor Ort nur feststellen, daß die russische Führung ihren Einfluß auf die Bergrepublik eingebüßt hatte. Im Juli entkam Maschadow nur knapp einem Bombenanschlag. Unter seinen Widersachern vertrat die teilweise durch arabische Staaten unterstützte Gruppe der »Wahabiten« eine besonders unversöhnliche Position. Sie forderte, den strengen Islamismus in der gesamten Kaukasusregion als Grundlage von Staats- und Alltagsleben durchzusetzen. Im Sommer 1998 drangen schwerbewaffnete »Wahabiten« in mehrere Bergsiedlungen Dagestans ein, befestigten in den folgenden Monaten dort ihre militärischen und politischen Stellungen und riefen eine unabhängige Republik aus. Die russischen Streitkräfte unternahmen keine Versuche, sich diesem »Eroberungszug« entgegenzustellen, und setzten damit einmal mehr ein unübersehbares Zeichen für die Handlungsschwäche der zentralen Macht.

Kirijenko hoffte indessen, daß ihn der neue Mann an der Spitze des FSB bei seinen Bemühungen unterstützen würde, gegen Steuerflüchtlinge und andere Wirtschaftsdelinquenten vorzugehen. Die damals sehr harte Gangart der Regierung gegen die kleinen Steuerzahler stand im Widerspruch zur Unfähigkeit, sich gegen die größeren Steuerschuldner, die mächtigen Finanzclans, durchzusetzen. Seit Ausbruch der Krise fanden regelmäßige Treffen zwischen der Regierung und den Finanzoligarchen statt, die jedoch eher an Geschäftsabsprachen als an eine konzertierte Aktion der wichtigsten Entscheidungsträger erinnerten.

Die Regierung war weiterhin nicht in der Lage, die ausufernde Korruption im Beamtenapparat zu bekämpfen. Große Teile der Steuerfahndung waren bestochen. Das durchschnittliche Monatsgehalt eines Steuerinspektors lag bei 74 US-Dollar. Auch Anleihen des Internationalen Währungsfonds (IWF) und der Weltbank wurden, wie die Überprüfungen des russischen Rechnungshofs zeigten, veruntreut. Mindestens ein Sechstel der russischen Haushaltsgelder wurde nicht nach seiner Bestimmung verwendet. Rußlands Abhängigkeit von westlichen Kreditlinien nahm solche Ausmaße an, daß einige Kritiker in Moskau schon von einer Gefahr für die nationale Sicherheit des Landes sprachen.

Ein Krisenprogramm jagte das andere. Der Energieverbrauch öffentlicher Institutionen wurde eingeschränkt. Zehn der größten Unternehmensbeteiligungen des Staates sollten zugunsten des Haushalts nun endlich veräußert werden. Doch die selbst finanziell geschwächten Oligarchen konnten die geforderten Summen nicht mehr aufbringen. Ausländische Interessenten hatten das Vertrauen in die russische Wirtschaft verloren. Die Regierung konnte die Aktien der Staatsbetriebe nicht an den Mann bringen. Zur Beruhigung der internationalen Finanzwelt wurde Tschubajs wieder russischer Vertreter bei den westlichen Kreditinstituten und handelte neue

Sofortdarlehen aus. Den Kurssturz der russischen Wertpapiere aber stoppte das nicht. Die Anleger zogen ihr Kapital ab, die russischen Großbanken standen vor dem Ruin, die Währung geriet immer weiter unter Druck.

Am 17. August 1998 zog Ministerpräsident Kirijenko die Notbremse. Er verkündete die sofortige Einstellung jeglicher Schuldenbedienung durch den russischen Staatshaushalt für drei Monate. Auch den Großbanken wurde eine dreimonatige Pause bei der Bedienung ihrer Auslandsschulden eingeräumt, die inzwischen horrende 19,2 Milliarden US-Dollar erreicht hatten. Inzwischen sollten die Kredite »umstrukturiert«, das heißt gestundet werden. Kirijenko trug nur eine Teilschuld an der Misere. Als die Finanzkrise ausbrach, hatte er keine Verbündeten. Aus der Privatwirtschaft kamen keine innovativen Lösungsvorschläge, und die Duma weigerte sich, im Antikrisenprogramm Einschnitte im Sozialsystem zuzulassen. Die Regierung verlor die Kontrolle über die Finanzstabilität. Die erste Tranche von 4,8 Milliarden US-Dollar des IWF-Kredites in Höhe von 22 Milliarden US-Dollar wurde bei der vergeblichen Stützung kommerzieller Banken Anfang August in nur wenigen Tagen verpulvert. Die Regierung erließ ein Schuldenmoratorium, was zum gänzlichen Vertrauensverlust und zum Rückzug ausländischer Investoren aus Rußland führte.

Es passierte genau das, wovor der Westen Rußland immer gewarnt hatte. Rußlands abenteuerliche Schuldenpyramide aus hochverzinsten GKO-Anleihen und riesigen Auslandskrediten war zusammengebrochen. Ein paar Tage bemühten sich alle Beteiligten noch, gute Miene zum bösen Spiel zu machen. Zwar warnte Tschubajs, Rußland stehe »am Rande einer politischen Katastrophe«, aber noch harrten alle auf ihren Plätzen aus: der Präsident, der Premierminister, der Zentralbankchef und auch der Rubel. Nur um schüchterne zehn Prozent verbilligte sich die Landeswährung und blieb erst einmal folgsam im nun doch erweiterten »Wechselkurskorridor«. Die leidgeprüfte Bevölkerung freilich verstand sofort, was ihr drohte. Schon 1992 hatte sie eine plötzliche Rubelabwertung binnen Tagen um ihre Ersparnisse gebracht, danach traf sie der »Schwarze Dienstag« im Oktober 1994, als die Landeswährung innerhalb weniger Stunden ein Drittel an Wert verlor. So stürmten die Menschen diesmal ohne Verzug die Banken. Jeder, der es irgendwie schaffte, holte sein Geld vom Konto herunter, Rubel wurden schnellstmöglich gegen Dollar umgetauscht. Nach wenigen Tagen waren viele der Finanzinstitute – schon ohne Reserven – zahlungsunfähig. Zuerst sperrten sie den Devisenhandel, dann die Geldauszahlung überhaupt und schließlich auch ihre Filialen. Es war einfach kein Geld mehr da, im Grunde auch kein Banksystem mehr – nur noch Schulden.

Kirijenko und Tschubajs versuchten die Politik der Integration in die Weltwirtschaft dadurch zu retten, daß sie westliche Banken den russischen Finanzinstituten gleichstellen und ihnen zum ersten Mal den russischen Dienstleistungsmarkt öffnen wollten. Dies hätte jedoch eine Schwächung des einheimischen Banksystems bedeutet. Im Grunde genommen wäre dies der Beginn der Übergabe wichtiger Souveränitätsrechte über das russische Finanzsystem an den Westen gewesen. Möglicherweise wäre dadurch der bisherige Reformkurs aber gerettet worden. Die verschreckten russischen Finanzchefs intervenierten beim Präsidenten, erwirkten die Rückkehr ihres Verbündeten Tschernomyrdin und schoben westlichen Interventionsversuchen auf ihrem Finanzmarkt einen Riegel vor. Auch das zuvor mit dem IWF abgestimmte Antikrisenprogramm wurde verworfen. Die russischen Bankiers und Großunternehmer waren sich mit den Kommunisten einig: Ausländische Investitionen waren erwünscht, aber die Investoren selbst sollten zu Hause bleiben. Dabei war der maroden russischen Wirtschaft ohne westlichen Technologietransfer kaum zu helfen. Eigentlich mußten gerade jetzt westliche Firmen verstärkt ins Land geholt werden, damit sie vor Ort ihre Produktion aufbauen, Arbeitsplätze schaffen und auch dem Staat zu neuen Steuerquellen verhelfen konnten.

So wie im Dezember 1991 niemand eine so schnelle Auflösung der UdSSR prognostiziert hatte, konnte niemand im August 1998 einen so schlagartigen Zerfall des neokapitalistischen Systems vorhersehen. Der junge Mittelstand wurde durch die Finanzkrise fast ausradiert, auch Teile der Hochfinanz standen vor dem Bankrott. Es sollte aber nicht vergessen werden, daß die russischen Banken, die in der Finanzkrise 80 Prozent ihrer Kapitalanlagen verloren, zuvor 200–300%ige Gewinne aus Geschäften mit kurzfristigen Staatsanleihen (GKOs) an der Börse erzielt hatten. Rußland, das sich auf der Weltbühne schon wieder als Großmacht wähnte, fiel über Nacht auf das Niveau eines Entwicklungslandes zurück.

Die Finanzkrise zerstörte das Fundament, auf dem die demokratische und marktwirtschaftliche Reformpolitik der letzten Jahre basiert hatte. Der Staat war bankrott und konnte seinen sozialen Verpflichtungen, auch der Auszahlung von Löhnen, nun erst recht nicht mehr nachkommen. Steuereinnahmen blieben nun völlig aus. Die Läden waren leer, weil die Importware nicht mehr bezahlt werden konnte. Hinzu gesellte sich ein rasanter Preisanstieg, der die Existenz der Menschen bedrohte. Verschärft wurde der wirtschaftliche Zusammenbruch durch politische Machtkämpfe. Wochenlang existierte Rußland wieder ohne handlungsfähige Regierung. Der Autoritätsverlust der Staatsgewalt war bedenklich. Um Putschversuche zu vereiteln, ordnete Putin die Entwaffnung einiger militärischer Sondereinheiten in Moskau an.

Ende August vollführte Jelzin wieder eine »Rochade« und brachte Tschernomyrdin an die Regierungsspitze zurück. Die entscheidende Rolle spielten wieder einmal Berezowskij und die »Jelzin-Familie«. Zur Absicherung des Kreml band man auch den populistischen Gouverneur von Krasnojarsk, General Lebed, dessen Wahlkampagne Berezowskij mitfinanziert hatte, in den Krisenstab ein. Lebed war damals der einzige russische Politiker, der sich etwaigen sozialen Unruhen oder einer Meuterei in der Armee erfolgreich entgegenstemmen und so das Jelzin-Regime retten konnte. Im Gegensatz zu Kirijenko erklärte sich Tschernomyrdin sofort zur Koalitionsregierung mit allen führenden Kräften in der Duma bereit, doch die Parlamentarier verweigerten ihm ihre Zustimmung.

Während die mächtigen Finanzeliten Rußlands und auch die Mehrheit der Regionalfürsten Tschernomyrdin unterstützten, sahen die Kommunisten und andere linke Kräfte, die im Parlament dominierten, in der Krise ihre Chance gekommen, jenes Ziel zu erreichen, nach dem sie 1992/93 vergeblich gestrebt hatten: die Absetzung Jelzins, die Umwandlung Rußlands von einer Präsidial- in eine Parlamentsrepublik und die Abschwächung der Reformpolitik. Durch die sich wochenlang hinziehende Nichtbestätigung Tschernomyrdins versuchten sie Jelzin zu schwächen und Tschernomyrdin als künftigen Präsidentschaftsanwärter auszuschalten. Nachdem die Duma Tschernomyrdin zweimal durchfallen ließ, kam es zur Spaltung innerhalb der »Jelzin-Familie«. Einige Mitglieder des engen Führungskreises der Präsidialadministration, wie Jelzins Pressesprecher Sergej Jastrschembskij und der Sekretär des Sicherheitsrates, Andrej Kokoschin, bedrängten den Präsidenten, Luschkow als Regierungschef vorzuschlagen. Wütend entließ Jelzin daraufhin seine beiden engsten Berater.

Der Westen blickte gebannt auf Jelzin, weil nur er allein den Reformprozeß immer wieder – durch taktische Personalveränderungen in der Regierung – von neuem anspringen lassen konnte. Doch Jelzin hatte sich verausgabt. Ihm und den mächtigen Spielern hinter den Kulissen ging es in diesen Tagen um den persönlichen Machterhalt – das nackte politische Überleben – und weniger um die unbedingte Fortsetzung liberaler Reformen. Berezowskij, der wie eine Springerfigur immer wieder an den verwickeltsten Punkten auftauchte, geschickte Gabelzüge und komplizierte Kombinationen konstruierte und sich dann elegant aus der Affäre zog, hatte sich diesmal auf den Feldern der russischen Macht vergaloppiert. Die »Jelzin-Familie« hatte plötzlich keinen Kronprinzen mehr.

Der Gegenzug

Während der Staatskrise setzten sich die bekannten Spieler ständig zusammen. Jelzin hatte zum ersten Mal eine schwere Niederlage hinnehmen müssen. Nicht nur die Macht schien ihm zeitweilig aus den Händen geglitten zu sein – auch das Staatsschiff torkelte in den hohen stürmischen Wogen der rauhen See. Moskaus Oberbürgermeister Luschkow schien als einziger von der Staatskrise zu profitieren. Der Kreml wollte ihn ausmanövrieren, doch nun ging er zum Gegenangriff über. Er plazierte die Figuren auf dem Schachbrett neu. Und er spielte nun seine Partie – zunächst außerordentlich erfolgreich. Erstmals kritisierte Luschkow den Präsidenten öffentlich und schloß dessen vorzeitigen Rücktritt nicht aus. Ein wahres Schach dem König! Unter Luschkows »Dach« schien sich in der Folgezeit, als die übrigen Oligarchen noch ihre Wunden nach der Finanzkrise leckten, eine neue »Superallianz« aus »Gazprom«, »Mostbank«, »Oneximbank« und »Lukoil« herauszubilden. Unablässig erweiterte Luschkow auch seine Mediengruppe.

Nicht nur die kommunistische Opposition und Luschkow, auch die Regionalfürsten witterten eine Chance, Teile der Macht aus den Händen des kranken Kremlchefs an sich zu reißen. In einer solch verzwickten Lage erwog manch ein Mitglied der »Jelzin-Familie« bis zum Äußersten zu gehen – die Duma aufzulösen, die Kommunistische Partei zu verbieten, das Land mit Dekreten weiterzuregieren. Ein anderes Mitglied empfahl, General Lebed als neuen Turm in die Schlacht zu schicken. Leise wurde darüber nachgedacht, Luschkow und der Opposition vielleicht doch ein Patt anzubieten. In diesen frühen Herbsttagen des Jahres 1998 schien es, als ob der um den Machterhalt ringende Präsident das Schachbrett einfach umkippen, das Spiel für beendet und sich mit Gewalt zum Sieger erklären würde.

Doch wer sollte neuer Premierminister werden, nachdem Tschernomyrdin gescheitert und an die Ernennung eines Radikalreformers angesichts der dramatischen sozialwirtschaftlichen Lage im Land nun wirklich nicht zu denken war. Diesmal kam der rettende Einfall – so seltsam er auch klang – von Jawlinskij. Er schlug Jelzin vor, es einmal mit dem Außenminister Ewgenij Primakow zu versuchen. Der Vorschlag erntete eine breite Zustimmung innerhalb der Duma. Anders als Tschernomyrdin äußerte Primakow keine eigenen Präsidentschaftsambitionen. Somit konnte er sich auf die Regierungsarbeit konzentrieren und stellte weder für Zjuganow noch für Jawlinskij oder gar Luschkow eine Konkurrenz dar. Er war doppelt so alt wie Kirijenko – und damit erfahren genug, das Staatsschiff aus den Krisengewässern zu steuern. In den Augen der Kommunisten war Primakow einer der ihren, ein Vertreter der alten Sowjetbürokratie. Von 1991 bis 1996 hatte er erfolgreich den neuen russischen Auslandsaufklärungsdienst geleitet und sich dabei im Umgang mit dem Westen nicht besonders zimperlich gezeigt. Jelzin beugte sich den Wünschen der Duma – das einzige und letzte Mal. Er stellte Primakow als Kandidaten auf, und dieser wurde sofort im neuen Amt bestätigt.

Jelzin mußte nun zustimmen, daß Primakow ein Koalitionskabinett bilden und die Kommunistische Partei Zjuganows an der Regierung beteiligen würde. Die unverkennbare Machtverschiebung war die Folge davon, daß Jelzin ein Grundproblem in all den Jahren nie zu lösen vermocht hatte: die scharfe Diskrepanz zwischen der grundsätzlichen Bereitschaft der Bevölkerung zu radikalen Gesellschaftsveränderungen und ihre Ablehnung der harten sozialen Auswirkungen.

Der Westen fürchtete zunächst, daß Primakows Regierung einen Versuch unternehmen würde, das Land von der internationalen Wirtschaft abzukoppeln. Die Nominierung des ehemaligen sowjetischen Planungschefs Jurij Masljukow zum Ersten Stellvertreter Primakows für den gesamten Wirtschaftsblock und die Ernennung des ehemaligen sowjetischen Chefbankiers Wiktor Geraschtschenko zum Zentralbankchef erhärteten den Verdacht, daß die künftige russische Regierung die Banknotenpresse nun ankurbeln würde, um die russischen Wirtschaftsprobleme zu lösen. Sergej Glazjew – der neue Komet unter den sozialdemokratisch orientierten Politikern der sich ständig zur Mitte wandelnden kommunistischen Partei – legte ein neues Wirtschaftsprogramm vor, das auch bei mehreren Regionalfürsten Beachtung fand. Glazjew argumentierte, daß die russische Wirtschaft zu schnell reformiert und mit den internationalen Finanzmärkten vernetzt worden war. In der wachsenden Abhängigkeit von westlichen Krediten sah er eine Gefahr für die nationale Sicherheit Rußlands. Er schlug eine Teil-Selbstisolation Rußlands, auch zum Preis schlechterer Beziehungen zum Westen, vor, um die »geistige und nationale Wiedergeburt Rußlands« durch ein Ankurbeln der einheimischen Industrieproduktion und mit Hilfe begrenzter protektionistischer Maßnahmen durchzuführen. Glazjew wurde im Januar 2000 Vorsitzender des Wirtschaftsausschusses in der neuen Duma.

Doch Primakow hatte zunächst andere Sorgen. An ein strategisches Programm war nicht zu denken. Zunächst mußten alle Lohnschulden gegenüber der Bevölkerung und den Militärs getilgt sowie in Verhandlungen mit den brüskierten Gläubigern im In- und Ausland kurzfristige Schuldenlasten zu langfristigen umgewandelt werden. Die Zusammenarbeit mit dem IWF sollte zumindest eingeschränkt fortgesetzt, Geldströme von und nach Rußland schärfer kontrolliert werden. Der kühl verlaufende Moskau-Besuch des frisch an die Macht gelangten deutschen Bundeskanzlers Gerhard Schröder im November 1998 zeigte jedoch, wie schwer das werden würde. »Keine deutschen Einzelkredite mehr, nur noch kleinteilige Projekte und Hilfe zur Selbsthilfe«, verkündete der Nachfolger des Jelzin-Freundes Kohl die neue Linie der Sachlichkeit und Distanz. Im gesamten Jahr 1998 gelangte nur eine Milliarde US-Dollar an Auslandsinvestitionen nach Rußland, ein Siebtel des Vorjahres.

Primakow schaffte es, den schwelenden Dauerbrand zwischen Kreml und Duma vorerst zu löschen. Dazu verfolgte er eine streng auf den Konsens aller Machtzweige aufgebaute Entscheidungspolitik. Jelzin, der physisch zusehends verfiel und bei öffentlichen Auftritten immer häufiger peinliche Fehlleistungen zeigte, kam nun aus seiner Residenz kaum noch heraus. Eine Meldung, wonach Jelzin nun auch die Verantwortung für die Wirtschaft der Duma zuschieben wollte – wohl, damit ihr die ökonomischen Mißerfolge angeheftet würden – dementierte der Kreml heftig. In der Praxis aber war es dann so. Allerdings verhinderte Primakows vorsichtiger, auf permanenten Kompromiß mit der Duma bedachter Führungsstil auch jede entschlossene Maßnahme seines Kabinetts. Darum konnte auch keine der politischen Gruppen dem Premierminister offene Machtgier vorwerfen.

Doch Ende 1998 war keines der strukturellen Probleme gelöst oder wenigstens ernsthaft in Angriff genommen worden. Als das Schuldenmoratorium der Banken Mitte November auslief, war dafür keine Regelung gefunden. Die Verödung der einheimischen Industrie setzte sich fort, wenngleich einige Bereiche, etwa die Lebensmittelbranche, davon profitierten, daß nach dem Rubelverfall die Importe teilweise um 70 Prozent gefallen waren und die Menschen mehr einheimische

Produkte kauften. Doch für eine tatsächliche Modernisierung ihrer Produktion fehlte den Betrieben das Geld. Weiterhin gingen rund 70 Prozent des Binnenhandels als Naturalienhandel vonstatten. Die Exporteure, vor allem die Brennstoffkonzerne, mußten seit Ende Oktober 1998 den Großteil ihrer Deviseneinnahmen in Rubel umtauschen. Dafür wurde ihnen aber auch die bisherige Steuerermäßigung erhalten. Der Umfang des ins Ausland gebrachten »Fluchtkapitals« hatte nach der Augustkrise einen neuen Aufschwung genommen und erreichte 1,5 Milliarden US-Dollar im Monat. Für die geplante Privatisierung fehlten noch immer feste Regeln, eine Bankaufsicht über die russischen Finanzorganisationen wurde nicht geschaffen. Die Lohnschulden bestanden unverändert. Angesichts all dessen war auch keine der politischen Gruppen von der Wirksamkeit der Regierungsarbeit so recht überzeugt.

Immerhin schaffte es Primakow, nicht zuletzt durch Appelle an den russischen Patriotismus, die nach größeren Vollmachten strebenden Regionen wieder näher an die Zentralmacht zu binden. Dazu trug bei, daß der Regierungschef und sein Vize Masljukow mit großem Aufwand die gröbsten Probleme der Winterversorgung in den entfernten Nord- und Ostregionen bewältigten, unter anderem durch Druck auf den Gaskonzern »Gazprom«, der dazu mehr als eine Milliarde US-Dollar an Steuerschulden in Naturalien zahlen mußte. Trotzdem blieb die Gefahr des Zerfalls der Russischen Föderation, den zu verhindern Primakow bei seinem Amtsantritt als seine Hauptaufgabe bezeichnet hatte, nicht gebannt. Wirtschaftlich, politisch und auch militärisch war die Zentralmacht zu schwach geworden, um sich einer eventuellen Konföderalisierung des Landes ernsthaft entgegenzustemmen. Bei parallelen Situationen in der russischen Geschichte hatte am Ende der Entwicklung stets die Einführung eines totalitären Regimes gestanden, das den Zentralstaat mit Gewalt wiederherstellte.

Anders als 1990/91 war der Regionalisierungsprozeß jetzt weniger durch ethnische oder nationale als durch ökonomische Gründe provoziert.

Damals, mit dem Auseinanderfallen der Sowjetunion, gerieten auch die einzelnen Regionen der Russischen Föderation in den Abspaltungssog und folgten der Ermutigung von Boris Jelzin: »Nehmt euch soviel Unabhängigkeit, wie ihr schlucken könnt!« In den Folgejahren schloß die Zentralmacht mit den meisten Föderationsmitgliedern Sonderabkommen über die Kompetenzverteilung ab. Einige Republiken, wie Tatarstan, Kalmückien oder Baschkirien, erlangten dabei weit mehr Rechte als andere »Subjekte«. Kalmückien war es denn auch, das im November 1998 einen Probeschuß abgab und sich als frei assoziiertes Mitglied der Föderation ausrief. Etliche Regionen schufen eigene Rechts- und Wirtschaftssysteme, die oft sogar der russischen Verfassung widersprachen. Einige Gouverneure führten auf ihrem Territorium die Planwirtschaft wieder ein, andere dagegen erlaubten den Besitz von Grund und Boden. In der ersten Hälfte der neunziger Jahre konnte sich Moskau die Loyalität der Gouverneure dadurch sichern, daß der Präsident diese selbst ernannte. Später, nach Einführung des demokratischen Wahlprinzips, hielten vor allem Transferzahlungen aus dem Föderationshaushalt die Regionen an der Leine. Gleichzeitig wurde versucht, prominente Regionalführer wie Nemzow 1997 aus Nischnij Nowgorod zu Trägern der Moskauer Staatsgewalt aufzubauen, doch letztlich erfolglos.

Und trotzdem erwies sich Primakow im nachhinein als kein so schlechter Premierminister. Trotz düsterer Prognosen überstand Rußland den schweren Winter 1998/99 ohne ausländische Kredite und größere humanitäre Hilfslieferungen aus dem Westen. Primakow bereitete den politischen Boden vor, auf dem seine beiden Nachfolger – Stepaschin und Putin – später überaus erfolgreich agieren konnten. Der schlaue alte Geheimdienstfuchs Primakow demonstrierte, wie man das Land ohne Stabilitätsprogramm regieren, Demokraten, Kommunisten und Nationalisten gleichermaßen zufriedenstellen und darüber hinaus auch noch das Wohlwollen des Westens erzielen konnte.

In den Augen der »Jelzin-Familie« beging Primakow aber zwei entscheidende Fehler, die ihn schließlich die Präsidentschaft kosteten. Primakow sagte nämlich den kremlnahen Finanzclans den offenen Kampf an. Er plazierte seine Vertrauensleute aus dem Auslandsaufklärungsdienst in einflußreiche Schlüsselpositionen, die vorher von Vertretern der Finanzclans besetzt waren. Primakow machte keinen Halt vor großen Namen. Zur Zielscheibe seiner Antikorruptionskampagne wurde das Finanzimperium von Berezowskij. Der Premier erwog, den Unternehmer ins Gefängnis zu werfen. Berezowskij beschuldigte daraufhin Primakow der Attacke gegen die Demokratie. Zwischen Berezowskij und Primakow entbrannte ein Kampf auf Leben oder Tod. Putin, der FSB-Chef, wurde in diese Auseinandersetzungen hineingezogen. Darüber wird im folgenden noch ausführlich die Rede sein. Den zweiten entscheidenden taktischen Fehler beging Primakow, nach Ansicht der »Jelzin-Familie«, als er eine Koalition mit Luschkow einging.

Als Antwort auf den »Gegenzug« brachten die Kremlspieler zwei ihrer Schlüsselfiguren in neue strategische Positionen. Nikolaj Bordjuscha, ein Nemzow ähnlich sehender 47 Jahre alter KGB-Generaloberst, wurde neuer Sekretär des Nationalen Sicherheitsrates. Am 1. Oktober 1998 wurde Putin zum ständigen Mitglied dieses Gremiums ernannt. Nachdem Primakow Ministerpräsident geworden war, ging die »Jelzin-Familie« hastig daran, seine Machtfülle zu begrenzen, ihn mit loyalen Gefolgsleuten der Präsidialadministration zu umstellen, den neuen Regierungschef nicht zur politischen Entfaltung kommen zu lassen. Für Jelzin galt Primakow als

Premier auf Zeit – die Präsidentschaft wollte er ihm nicht überlassen. Jelzin stattete General Bordjuscha und FSB-Chef Putin mit immer neueren Vollmachten aus. Der Geheimdienst und der Nationale Sicherheitsrat, aber auch die Präsidialadministration wurden mit FSB-Offizieren verstärkt. Jelzin unterstellte alle »Gewaltministerien« seiner persönlichen Kontrolle und machte Bordjuscha zum Oberaufseher über das Justizministerium, die Steuerpolizei und die verschiedenen Sicherheitsorgane. Primakow durfte als Regierungschef mit den eigentlichen Attributen der Macht – die Ministerien für Verteidigung, Inneres, den FSB und den Auslandsaufklärungsdienst – nur in Absprache mit Bordjuscha in Berührung kommen.

Putin war inzwischen in den inneren Zirkel der Macht weiter vorgedrungen. Er dachte nicht daran, Jelzin wie andere Mitarbeiter der Administration – neben Jastrschembskij und Kokoschin auch Sawostjanow, Schachraj und Pain – zu verlassen und zu Luschkow überzulaufen. Die »Jelzin-Familie« vetraute ihm, sie sah im FSB-Chef ihren wichtigsten Verbündeten und Beschützer ihrer strategischen Interessen. Putin – Bordjuscha direkt unterstellt – führte eine grundlegende Umstrukturierung im FSB durch, brachte seine Vertrauten aus Sankt Petersburg in die entsprechenden Schlüsselpositionen im Geheimdienst, neutralisierte Primakows Anhänger in den Sicherheitsorganen und weitete das Netzwerk, das er als Erster Stellvertretender Leiter der Präsidialadministration schon anfing aufzubauen, noch weiter aus. Sein ehemaliger Kommilitone und Jugendfreund, General Wiktor Tscherkesow, wurde zum Ersten Stellvertretenden FSB-Chef mit besonderer Zuständigkeit für die Bekämpfung von Wirtschaftskriminalität ernannt. Putin und Tscherkesow machten gemeinsam Karriere in den achtziger Jahren in der Leningrader KGB-Verwaltung. Aus dem Auslandsaufklärungsdienst holte sich Putin in den FSB als neuen Leiter der wichtigen

Analyse- und Strategieabteilung auch seinen anderen Universitäts- und KGB-Kollegen, General Sergej Iwanow. Im August 1998 wurde Iwanow Vize-FSB-Chef. Leiter der FSB-Abteilung für Wirtschaftssicherheit wurde ebenfalls ein Sankt Petersburger KGB-Gefolgsmann Putins – General Alexander Grigorjew. Das Kollegium des FSB wurde auf 17 Personen aufgestockt.

Darüber hinaus verstärkte Putin die lokalen Verwaltungsstrukturen des FSB in den Republiken und Regionen, entriß sie der Kontrolle der Gouverneure. Im Zentralapparat schuf Putin drei neue Hauptabteilungen: die Unterabteilung »T« für die Kontrolle über die Regionen, eine Abteilung für Verfassungsschutz und eine für »Computersicherheit«. Unter seiner direkten Anweisung begannen FSB-Offiziere eine zielstrebige Überwachung des Internets durchzuführen. Jelzin soll Putin auch den Auftrag erteilt haben, alle Geheimdienste des Landes auf den künftigen Informationskrieg im Präsidentschaftswahlkampf »auszurichten«.

Nach der brutalen Ermordung der liberalen Sankt Petersburger Politikerin Galina Starowojtowa befahl Putin, die Bewerber für Abgeordnetenmandate in den Provinzen einer stärkeren Kontrolle zu unterziehen. Neben Großbanken, Öl- und Gaskonzernen waren es nämlich gerade die kriminellen Gruppierungen, die nun in Rußland Wahlkampf betrieben. Mit ihren Vermögen konnten sie eigene Kandidaten in regionale und föderale Parlamente führen und so parlamentarische Immunität wie politischen Einfluß erlangen. Parteien verkauften vor Parlamentswahlen sichere Listenplätze an zahlungskräftige Kandidaten. Staatlichen Programmen zur Bekämpfung der organisierten Kriminalität fehlte die konsequente Umsetzung – und Geld. Das Innenministerium beschwerte sich darüber, daß es nur 30 Prozent der zugesagten staatlichen Gelder erhalten hatte.

In den ersten Dezembertagen von 1998 kam Luschkow mit einer großen Delegation nach Bonn. Der frühere Pressesprecher Jelzins, Jastrschembskij, bereitete die Reise nach Kremlmanier vor: Es sollte der klare Eindruck entstehen, daß der nächste russische Präsident in Bonn seine Aufwartung machte. Der Direktor des Forschungsinstitutes der DGAP, Professor Karl Kaiser, vermittelte – wie so oft bei heiklen Besuchen hochrangiger Politiker aus Rußland – das Gespräch mit Bundeskanzler Gerhard Schröder, den er zuvor im Wahlkampf außenpolitisch beraten hatte.

Luschkow war gerade mit seinem eigenen Flugzeug auf dem Flugfeld gelandet, da eilte schon der Geschäftsführer des Deutsch-Russischen Forums, Martin Hoffmann, zu ihm: »In Moskau ist etwas passiert. Soeben haben wir es im deutschen Radio vernommen. Jelzin hat seinen Präsidialstabschef entlassen.« Luschkow ignorierte das im Spalier stehende Empfangskomitee der russischen Botschaft und ließ sich von seinem Leibwächter Wasilij, der von seinem Aussehen her in jedem James-Bond-Film den Gegenpart des britischen Agenten spielen könnte, das Mobiltelefon reichen. Hastig holte er die notwendigen Informationen aus Moskau ein.

Derweilen verharrten die Gastgeber in einem nervösen Angstzustand. Vor wenigen Wochen war der frischgebackene Krasnojarsker Gouverneur Lebed in Bonn erschienen. Die neue Bundesregierung – gerade im Amt – hatte sich, anders als die Kohl-Regierung, bereit erklärt, den Jelzin-Rivalen zu empfangen. Doch Lebed reiste unverrichteter Dinge sofort wieder ab – aufgrund von nicht näher erklärten Umständen, die seine Präsenz in Moskau erforderlich machten. Daß sein eigens gemieteter Jet danach eine Zwischenlandung in der Schweiz gemacht haben sollte, verwunderte die enttäuschten deutschen Gastgeber dann auch nicht mehr. Lebed kam seitdem nicht mehr nach Deutschland. Jemand fragte Luschkow dann auch: »Sie reisen hoffentlich nicht gleich wieder ab, wie Lebed?« Luschkow lächelte milde:

»Jelzin hat Jumaschew entlassen – aber Primakow ist weiterhin Regierungschef!«

Präsident Jelzin – so lachte man im Umfeld von Luschkow – war endgültig zur virtuellen Figur des politischen Lebens in Rußland geworden. Periodisch, wenn Gerüchte auftauchen, er lebe gar nicht mehr, zeigte er sich im Fernsehen. Das Durchhalten bis zum Ende der Amtszeit im Sommer 2000 schien seine einzige Sorge zu sein. Dadurch erlitt auch die Macht der Präsidialadministration empfindliche Einbußen. Jumaschew und Tatjana Djatschenko waren sich offenbar uneinig, welche Rolle der Präsident künftig einnehmen sollte und noch konnte – eine rein symbolische oder eine aktiv eingreifende. Durch die Schwäche des Kreml ging aber die unmittelbare Entscheidungsgewalt immer mehr in die Hände der Regierung und persönlich von Primakow über. Dies galt es mit allen Mitteln zu verhindern.

Zum neuen Chef der Administration des Präsidenten wurde Bordjuscha ernannt. Der General durfte gleichzeitig sein Amt als Sekretär des Nationalen Sicherheitsrates behalten. Damit war klar: Die »Jelzin-Familie« setzte nun alles auf eine Karte, um an der Macht zu bleiben – der verbleibende Joker war der alte KGB. Obwohl es niemand öffentlich aussprach, gab es trotzdem Spekulationen, ob Jelzin und seine Umgebung, nachdem sie mit Lebed, Nemzow, Tschernomyrdin und Kirijenko vier »Kronprinzen« verheizt hatten, nicht doch auf Bordjuscha als kommenden Mann setzten. Bordjuscha begann sich sofort intensiv in die Landespolitik einzumischen. Er entwickelte sich bald zu einem parallelen Regierungschef – wie einst 1996 Tschubajs. Mal führte er anstelle des Präsidenten die Verhandlungen mit russischen Provinzfürsten über eine Neuverteilung von Kompetenzen, mal traf er sich mit russischen Intellektuellen oder besuchte Militäreinheiten.

Hinter dem mächtigen Rücken von Bordjuscha konnte Putin weitere Kompetenzen an sich ziehen. So wurde er Mitglied der zwischenbehördlichen Kommission für staatliche Rüstungsaufträge – damit verstärkte er seine Aufsicht über die Armee. Von der Außenwelt unbemerkt, vereinigte Putin fleißig alle wichtigen Ressourcen des Kreml in seinen Händen. Er diente Jelzin loyal, manchmal bis zur Selbstaufgabe. Er entwickelte nach außen hin keinen Ehrgeiz, strebte nicht nach immer neuen Posten und bereicherte sich nicht, wie andere, an den vor seinen Augen tagtäglich vorbeifließenden Kapitalströmen.

Eine Vereinigung aller Militär- und Geheimdienststrukturen mit dem Präsidentenapparat wurde schnell vollzogen. Die Präsidialadministration war plötzlich so stark wie nie zuvor. Die »Jelzin-Familie« hatte ihre liberalen Nachfolgekandidaten alle verworfen und stützte sich nun auf Männer in Uniform. In der Bevölkerung erzeugte die schleichende Militarisierung der Zentralmacht keine Ängste oder gar Proteste. Im Gegenteil – der Ruf nach Recht und Ordnung wurde in der Gesellschaft nach der Krise immer lauter. Für den Kreml ging der Schuß zunächst nach hinten los. In wenigen Wochen katapultierte sich der ehemalige russische Auslandsaufklärungschef und neuer Ministerpräsident Primakow in der Beliebtheitsskala auf den ersten Platz.

Mit diesem Wind im Rücken gab Primakow seine eloquente Neutralität zu den einzelnen Industrie- und Finanzgruppen auf und fing an, die Oligarchen zu bedrängen. Vor allem unterstützte der Premier die brisanten Korruptionsermittlungen der Generalstaatsanwaltschaft unter Jurij Skuratow, die sich direkt gegen die Kremlführung richteten. Es kam im Frühjahr und Sommer 1999 zu einer Reihe von großen Skandalen um Bestechung und Geldwäsche, in die auch die »Jelzin-Familie« hineingezogen wurde. Die Skandale untergruben die Reputation des Präsidenten und seiner Umgebung endgültig. Skuratow konnte in Zusammenarbeit mit der Schweizer Staatsanwältin Carla del Ponte herausfinden, daß die Luganer Baufirma »Mabetex« Schmiergelder an hohe Kremlbeamte in Höhe von mehreren Millionen US-Dollar bezahlt hatte. Im Gegenzug hatte die Firma Aufträge zur Renovierung mehrerer zentraler Staatsgebäude erhalten, darunter des Regierungssitzes und eines Gebäudeflügels im Kreml. In den Mittelpunkt des Skandals geriet immer mehr Borodin – Putins ehemaliger Boß in der Präsidialverwaltung.

Borodin war nicht nur für die persönliche Versorgung des Präsidenten und seiner »Familie« zuständig. Er hatte dem Kremlchef öfters schon aus der Verlegenheit geholfen. So wurde die Zustimmung der widerborstigen Duma zur Bestätigung Kirjenkos im April 1998 offenkundig durch ein besonderes »Eingehen auf Wünsche der Abgeordneten« erkauft. Im Klartext: durch Zuwendungen wie Autos oder Wohnungen aus Borodins Schatzkästlein. Auch legten Aussagen aus dem Umkreis Skuratows nahe, daß der Generalstaatsanwalt über eine Liste von Kontonummern bei westlichen Banken verfügte, auf denen höchste Kremlbeamte und Unternehmer Milliardenbeträge versteckt hielten. Es fielen auch die Namen Tatjana Djatschenko sowie Berezowskij.

Doch die Kremlführung zögerte nicht zurückzuschlagen. Sie denunzierte den Generalstaatsanwalt und bezichtigte ihn nun selbst der Korruption. Bordjuscha legte Skuratow eine Videokassette auf den Tisch, auf der – mit einer Geheimkamera – Skuratow, oder ein Mann der so ähnlich aussah wie Skuratow, bei einem Liebesspiel mit zwei Prostituierten aufgenommen worden war. Skuratow bestritt, mit der Person auf dem Video identisch zu sein.

Schließlich spielte der FSB die Kassette dem staatlichen Fernsehsender zu. Skuratow lief daraufhin zum Föderationsrat und bat die Regionalfürsten um Unterstützung. Sie alleine konnten, laut Verfassung, über seine Absetzung entscheiden. Zur Verblüffung der »Jelzin-Familie« stimmte der Föderationsrat Jelzins Begehren nicht zu. Nach der Niederlage bei der Abstimmung über Tschernomyrdin im Sommer 1998 wurde Jelzin nun im Frühjahr ein zweites Mal – jetzt von der zweiten Parlamentskammer – überstimmt. Wütend ignorierte Jelzin den Verdikt der Abgeordneten und suspendierte Skuratow per Dekret vom Dienst. Der Generalstaatsanwalt durfte seine Ermittlungen nicht fortsetzen.

Von außen mochte die Affäre Skuratow nicht weniger bizarr und absurd wirken als Bill Clintons Sexskandal mit Monika Lewinsky in den USA ein Jahr zuvor. Trotzdem war die breite russische Öffentlichkeit durch die Frage, ob ihr Generalstaatsanwalt ein korrupter Lump war oder ein Held, der gegen die Mächtigen aufbegehrte, nahezu paralysiert.

Die Schlammschlacht vor dem entscheidenden Wahlkampf tobte. Im Februar 1999 mußte Berezowskij tagtäglich mit seiner Verhaftung rechnen. Doch er fand in FSB-Chef Putin einen Beschützer. Als Berezowskij von allen gemieden wurde, tauchte Putin völlig überraschend auf der Geburtstagsfeier von Berezowskijs Frau Elena in Moskau auf. Hatte Jumaschew, einer der engsten Vertrauten Berezowskijs, seinen Freund Putin dazu überredet, auf der Party so demonstrativ zu erscheinen? Damit deutete Putin Primakow, dem er formal unterstellt war, an, daß er die »Jelzin-Familie« nicht im Stich lassen würde. Das Verhältnis Putins zu Primakow wurde immer gereizter, als der Premierminister den FSB-Chef eines Tages bat, die beiden Oppositionspolitiker Jawlinskij und Malaschenko – die beide von Gusinskijs »Most«-Gruppe gefördert wurden, illegal abzuhören. Primakow rechnete damit, daß ihm der Berezowskij nahestehende Putin diesen kleinen Gefallen erfüllen könnte. Doch Putin lehnte den Auftrag strikt ab – er wollte, so sagte er später, den FSB nicht in einen politischen Skandal hineinziehen. Er riet Primakow, sich an eine »private« Firma zu wenden, deren Adresse er besorgen könnte.

Weniger zimperlich zeigte sich dagegen Putin im Fall Skuratow. Er war es nämlich, der für das Erscheinen der belastenden Videokassette verantwortlich gewesen war. Auch Putin bedrängte Skuratow, mit dem er seit 1996 im Streit lag – weil der Generalstaatsanwalt seinen früheren Mentor Sobtschak gerichtlich verfolgte –, zurückzutreten. In den Augen der »Jelzin-Familie« hatte Putin eine Vertrauensprüfung nach der anderen bestanden. An seiner Loyalität zur Kremlmannschaft gab es keinen Zweifel mehr. Ihm konnte man jede noch so brisante Aufgabe anvertrauen, und er erfüllte sie.

Ende März 1999 trennte sich Jelzin von General Bordjuscha. Der Kremlchef und seine »Familie« hatten nun einen weitaus besseren und fähigeren, vielleicht sogar einen Mann mit noch weniger Skrupel für besondere Aufgaben im Bereich der Absicherung der Präsidentenmacht gefunden. Putin wurde zum Vorsitzenden des Nationalen Sicherheitsrates ernannt und blieb weiterhin Chef des FSB! Damit erhielt er die Kontrolle über die wahren Schalthebel der Macht: Seit März 1999 überwachte er die Armee, das Innenministerium und praktisch alle Geheimdienststrukturen des Landes. Den Posten des Leiters der Präsidialadministration erhielt der 43jährige Alexander Woloschin – erfolgreicher Unternehmer und früherer Geschäftspartner Berezowskijs. Die Verschmelzung von Hochfinanz und Sicherheitsorganen war nun perfekt.

Langsam gewann der Kreml die Initiative auf dem Spielfeld zurück. Im März 1999 wurden innerhalb des FSB wieder die Kader ausgewechselt. Diesmal rollten die Köpfe einiger korrumpierter oder nicht genug loyaler FSB-Offiziere in den Provinzen. Primakow beschwerte sich lautstark über das sich ständig drehende Personenkarussell in den Geheimdiensten. Doch Putin bot ihm eiskalt die Stirn. Er fuhr mit seiner gesamten Führungsmannschaft in das Büro des Ministerpräsidenten im »weißen Haus« und überzeugte den Regierungschef davon, daß seine personellen Veränderungen die Führung des FSB in keinster Weise negativ beeinträchtigt hätten.

In diesen Tagen kursierte das Gerücht, daß sowohl Berezowskij-Leute als auch der amerikanische Geheimdienst CIA die Archive von Sankt Petersburg nach kompromittierendem Material über Putin durchwühlten. Böse Zungen behaupteten, auch Primakow hätte versucht, verschlossene Akten aus den neunziger Jahren über seinen FSB-Chef zu erhalten. Die russische Sensationszeitschrift »Wersija« wühlte ebenfalls in Putins Vergangenheit und fand eine vermeintliche Kopie eines Führungszeugnisses des KGB-Offiziers Putin. Dort wurde er als Mensch »ohne moralische Barrieren« bezeichnet. Spanische Zeitungen berichteten von mehreren geheimen Besuchen Putins in Berezowskijs Prachtvilla auf Gibraltar. Tatsächlich war es Berezowskij, der Putin in dessen Urlaubsort in der französischen Bretagne aufgesucht hatte.

Daß im Kremlverständnis von nun an die Auffassung von nationaler Sicherheit mit den Interessen und Ansichten des Geheimdienstes zusammenfallen würde, registrierten damals nur wenige. Vermutlich wurden diese Veränderungen im Sicherheitsapparat des Kreml auch überschattet von den zeitgleichen Ereignissen auf internationaler Ebene. In der Nacht vom 23. zum 24. März 1999 bombardierten NATO-Fliegergeschwader Jugoslawien. Der Kosovokrieg begann.

Von Beginn des Krieges an lieferte der russische Auslandsaufklärungsdienst wertvolle Angaben über die Startzeit und Flugrouten der NATO-Kampfbomber an den jugoslawischen Präsidenten Slobodan Milosevic. Damit endete aber auch schon der vielgepriesene russische Beistand an Serbien. Die Russen spürten die Parallelität zu den eigenen ethnisch-regionalen Konflikten in der Föderation, etwa in Tschetschenien, die Moskau ebenso als internen Konflikt deutete wie Serbien das Kosovo-Problem. Außerdem sahen Jelzin und Primakow die russische Leitidee von einer multipolaren Welt zusehends außer Kraft gesetzt. Als die ersten Bomben fielen, befand sich Primakow gerade auf dem Hinflug nach Washington, um westliche Kredithilfen für die russische Wirtschaft auszuhandeln. Der Premier befahl seinem Piloten, das Regierungsflugzeug über dem Atlantik zu wenden und geradewegs nach Moskau zurückzufliegen. In der Hauptstadt wurde die Empörung immer stärker. Nationalisten und Kommunisten forderten die Entsendung von Freiwilligen und Militärhilfe nach Serbien. Auch wurde der Vorschlag unterbreitet, Serbien in die russisch-weißrussische Union aufzunehmen. Tagelang zeichneten die russischen Medien ein nicht minder einseitiges Bild vom Geschehen im Kosovo als die westlichen, nur mit umgekehrtem – proserbischem – Vorzeichen. Der Kreml drohte Kriegsschiffe aus dem Schwarzen Meer in das Mittelmeer zu verlegen. Balkannachbarn, wie Ungarn und Bulgarien, verweigerten auf Druck der NATO die Durchreiseerlaubnis für Moskauer Lebensmittel-, aber auch Benzintransporte nach Serbien. Dies verstärkte die Angstvorstellung Rußlands, die NATO habe bereits den ganzen osteuropäischen Raum erobert. Die Moskauer Führung zog ihren Botschafter bei der NATO aus Brüssel ab und legte die Beziehungen zum Bündnis auf Eis – weniger als zwei Jahre nach ihrem umfassenden Partnerschaftsvertrag schien das Tischtuch zwischen Rußland und der NATO zerrissen.

Dabei reichten die Wirkungen des Kosovokrieges vor allem auf das Bewußtsein in Rußland viel tiefer, als es an den rein politischen Aktionen und Reaktionen ablesbar war. Das politische Establishment des Landes deutete den Krieg als rücksichtslose Bestätigung einer politischen und militärischen Minderwertigkeit Rußlands, die vom Westen ausgenutzt wurde. Der langjährige Diplomat Primakow beklagte dazu den »Schlag gegen das nach 1945 entstandene Weltverständnis« und die Aushebelung von Völkerrecht und UNO-Sicherheitsrat. Die liberal denkende Intelligenzia zeigte sich vor allem davon schockiert, daß ausgerechnet das westliche Staatenbündnis einen gewaltsamen Weg der Krisenbewältigung wählte. Bislang hatten viele intellektuelle Russen stets zwischen den »zivilisierten Staaten« – dem Westen – und dem eigenen »unzivilisierten« Rußland unterschieden und im Westen wegen seines technischen, wirtschaftlichen und gesellschaftlichen Vorsprungs ein nachahmenswertes Vorbild gesehen.

Das militärische Eingreifen der Allianz beeinträchtigte in Rußland nun nicht nur das Ansehen des Bündnisses selbst, sondern auch der Demokratie. Das angestrebte »Moderne« verband sich nun mit dem Bild amerikanischer hochtechnologischer Waffen. Die frühere ideologische Vorstellung vom »Weltgendarmen« USA wirkte auf viele nun wirklich überzeugend, und gerade die widerstandslose Beteiligung des befreundeten Deutschlands weckte große Enttäuschung. Das russische Kosovotrauma trieb damit viele potentiell liberal gesinnte Menschen im Osten Europas gerade solchen Kräften in die Arme, die eine Selbstisolation Rußlands und die Idee eines Sonderwegs propagierten – jenen »dritten Weg« zwischen Kapitalismus und Kommunismus, zwischen Europa und Asien, von dem die russische Geistesgeschichte voller Beispiele ist. Entscheidend wurde bald noch eine weitere Folge: Die immer noch von großen Minderwertigkeitsgefühlen geplagte Gesellschaft verspürte nun plötzlich eine moralische Gleichberechtigung gegenüber den westlichen Staaten. Bei vielen Russen wurde dadurch der bisherige Widerwillen gegen militärische Lösungsansätze im eigenen Land ausgehöhlt. Die Ansicht, daß der Weg, den der zivilisierte, reiche Westen für gangbar hält, auch Rußland mit seinen existentiellen Problemen gestattet sein muß, verbreitete sich zusehends.

Doch auf der politischen Ebene kehrte zwischen NATO und Rußland bald wieder der Geist des Pragmatismus ein. Erstens mochte sich die Moskauer Führung nicht dazu entschließen, die Beziehungen zum Westen dauerhaft zu einzufrieren. Überdies fürchtete eine Mehrheit der russischen Bevölkerung letztlich nichts mehr, als durch die Isolierung erneut hinter einen eisernen Vorhang zu geraten. Primakow versuchte nun die Rolle des Vermittlers im Kosovo-Konflikt an sich zu ziehen. Der von den Amerikanern dominierte Internationale Währungsfonds lockte die russische Regierung mit neuen, von ihr so dringend benötigten Krediten. Indessen schlug allerdings auch in der Kremladministration offensichtlich die Einschätzung der Lage um. Primakow, der sich so schroff gegen die Militäraktion der NATO gewandt hatte, schien dem Jelzin-Apparat nun nicht mehr der geeignete Mann, die Belange Rußlands als Moderator beim Westen zu vertreten. Gewiß waren auch die Oligarchen mit Primakows Verhalten unzufrieden, weil sie gute Beziehungen zur internationalen Wirtschaft pflegen wollten, um ihre angeschlagenen Banken zu retten.

Als die Duma die nationalistischen Strömungen im Land während des Kosovokrieges zum Mißtrauensvotum gegen Jelzin nutzen wollte, ging die »Familie« zum Angriff über. Zunächst wurde Primakow die Kontrolle über die russische Kosovo-Diplomatie entrissen. Expremier Tschernomyrdin, ein Vertrauter der »Familie«, wurde von der Reservebank wieder auf das Spielfeld geschickt – jetzt als Jelzins Sonderbevollmächtigter für den Konflikt. Vielleicht versuchten bestimmte Kräfte im Kreml, ihn dadurch auch innenpolitisch wiederaufzubauen: als Joker, der wieder ganz an die Spitze der russischen Machtpyramide katapultiert werden sollte.

Primakows Stern im Kreml sank rapide. Entgegen allen Beteuerungen hatte Jelzin den Premierminister stets nur notgedrungen geduldet, solange er seine eigene Macht nach der Augustkrise nicht erneuert hatte. Doch er wartete auf eine günstige Gelegenheit, den starken

Premier durch einen gefügigeren Mann zu ersetzen. Anfang April 1999 entsagte der Präsident schließlich jeder weiteren Rücksichtnahme und demütigte seinen Premierminister öffentlich mit der Bemerkung: »Auf der gegenwärtigen Etappe brauchen wir ihn, weiter muß man erst mal sehen.« Ein sofortiges Rücktrittsangebot Primakows lehnte er freilich ab. Diese Unverfrorenheit kostete Jelzin noch die letzten Anhänger in der Bevölkerung. Um so aktiver bereitete sich jetzt die Dumaopposition auf jenen ersehnten Augenblick vor, der – so hoffte sie – die langjährige Partie gegen den Präsidenten zu ihren Gunsten wenden konnte.

Das Finale

Mitte Mai 1999 wollte die Duma über das Amtsenthebungsverfahren gegen Jelzin abstimmen. Auf diesen Moment hatte sich die Opposition jahrelang vorbereitet. Fünf Anklagepunkte waren formuliert: Landesverrat bei der Auflösung der Sowjetunion 1991 und Zerstörung der Armee, Staatsstreich bei der Auflösung des Parlaments 1993, Amtsmißbrauch bei der Entfesselung des Tschetschenienkrieges 1994 und der Genozid gegen das russische Volk durch sozial verheerende Reformen. Besonders der Tschetschenien-Punkt besaß gute Aussichten auf eine Mehrheit, da auch Jawlinskijs »Jabloko«-Partei den Anklagepunkt unterstützte. Unpopulär wie nie zuvor stand Jelzin vor der Perspektive, nach der politischen Macht auch die rechtliche Legitimation zur Führung Rußlands einzubüßen.

Die Abgeordneten zu umschmeicheln wäre in dieser Situation naheliegend gewesen. Aber der Jelzin-Clan entschied sich für die offene Schlacht. Er spielte vabanque: Einen Tag vor der Impeachment-Abstimmung entließ der Präsident Premierminister Primakow. Damit wechselte er zum dritten Mal innerhalb von 14 Monaten das Kabinett. Offiziell begründete Jelzin die Absetzung Primakows mit wirtschaftlichem Stillstand, Kremlbeamte verwiesen auf die Abneigung westlicher Finanzorganisationen, einer Regierung mit kommunistischer Beteiligung neue Kredite zu eröffnen. Dabei war am Vorabend eine Einigung mit dem IWF erzielt worden, die Inflation war deutlich gesunken und die Wirtschaft begann zu wachsen. Die Regierung hatte somit erfolgreich gearbeitet. Mit Jelzins Schritt erreichte die gegenseitige Blockade der Exekutive und Legislative ihren Höhepunkt. Die Duma konnte nun den neuen Premierministerkandidaten dreimal ablehnen. Der Präsident durfte dann die Duma auflösen, aber nur, falls gleichzeitig das Amtsenthebungsverfahren des Parlaments gegen ihn nicht eröffnet war. Und immer noch verweigerte die Gouverneurskammer dem Präsidenten hartnäckig die Absetzung des Generalstaatsanwalts Skuratow. Nicht wenige redeten von einem neuen Bürgerkrieg.

Unerwartet jedoch löste sich der lodernde Konflikt in Luft auf. Die blindwütige Attacke der Kommunisten und Teilen des von Jelzin enttäuschten demokratischen Lagers ging völlig ins Leere. Das Impeachment verfehlte in allen fünf Punkten eine Mehrheit. Jelzin und seine »Familie« lachten sich ins Fäustchen und priesen die Präsidialadministration unter Woloschin für ihre »gute Arbeit unter den Abgeordneten«. Berezowskij postulierte: »Wir werden euch niemals die Macht abgeben!« Sein Vertrauter Iwan Rybkin verteidigte das »Recht des Präsidenten auf Überraschungen«. Erstmals nach acht Monaten gewann der Kreml wieder die Initiative »im großen Spiel«. Die Opposition erlitt eine unauslöschliche Blamage und drohte den Abweichlern in ihren Reihen mit Parteiausschluß. Schon bei der ersten Abstimmung bestätigten die demoralisierten Abgeordneten Jelzins neuen Premierministerkandidaten, denn ein halbes Jahr vor den Parlamentswahlen fürchteten sie, daß der vermeintlich durchgedrehte Präsident sie weiter demütigen und für einen zweiten Wahlgang den verhaßten Tschubajs oder seine Tochter nominieren könnte oder gar per Ausnahmezustand die Parlamentswahlen aushebeln würde. Zudem war ihnen der neue Regierungschef so fremd nicht. Es war Sergej Stepaschin, der bisherige Erste Vizepremier und Innenminister.

Einen passenden Nachfolger für Primakow zu finden

war für die »Jelzin-Familie« nicht einfach. Die Bestätigung des Premiers durch die Duma war – nach dem Scheitern des Mißtrauensvotums der Opposition gegen Jelzin – das geringere Problem. Wichtiger war es für den Kreml, eine Figur an die Spitze des Kabinetts zu stellen, die weiterhin politische Stabilität im Lande sichern konnte. Ein ultraliberaler Politiker kam da nicht mehr in Frage. Für die »Jelzin-Familie« war entscheidend, daß sich der neue Ministerpräsident eindeutig auf ihre Seite schlug, um zusammen mit der Präsidialadministration den Kampf gegen die sich anbahnende Machtkonstellation Luschkow/Primakow zu führen. Die neue Machtkonstellation sollte keine linkszentristische – wie unter Primakow –, sondern eine rechtszentristische Orientierung bekommen. Das künftige Machtkartell sollte nicht aus der Allianz einer zentristischen Partei mit der Kommunistischen Partei, sondern des Zentrums mit den rechtsgerichteten Geheimdiensten bestehen.

Zunächst hatte die »Jelzin-Familie« – in erster Linie Berezowskij – dem Präsidenten die Nominierung des Eisenbahnministers Nikolaj Aksenenko vorgeschlagen. Den für den gesamten Transportverkehr Rußlands aus Sibirien in den Westen verantwortlichen Aksenenko und den Magnaten verbanden viele Jahre produktiver Zusammenarbeit. Mit Aksenenko als Ministerpräsident – mit Aussichten auf eine Präsidentschaft – und gleichzeitig Woloschin als Präsidialkanzleichef hätte der emsige Unternehmer die Kontrolle über den gesamten Staatsapparat erhalten. Jelzin stimmte der Kandidatur Aksenenkos zunächst zu und unterrichtete die Duma darüber. Doch der aufgebrachte Tschubajs, inzwischen selbst zum Oligarchen und Vorsitzenden des mächtigen staatlichen Stromerzeugermonopolisten »RAO EES« aufgestiegen, rannte unverzüglich zu Jelzin und überredete ihn im letzten Moment, einen anderen Kandidaten aufzustellen. Eine solche politische Monopolstellung von Berezowskij konnten die anderen Oligarchen nicht so einfach hinnehmen. Man einigte sich auf einen Kompromißkandidaten, Sergej Stepaschin.

Stepaschin galt als ein »weicher«, loyaler, aber als ein wenig blasser General, kein Pinochet-Typ wie Lebed. Stepaschin hatte 1990 für Jelzin den »russischen Geheimdienst« aus der Taufe gehoben – gegen den Widerstand des sowjetischen KGB in den Endjahren der UdSSR. Später schickte ihn Jelzin zur Unterstützung Sobtschaks als Chef der FSB-Administration nach Sankt Petersburg, wo Stepaschin eng mit Putin zusammenkam. Putin war es, der 1997 Stepaschin als Nachfolger für Justizminister Walentin Kowalew vorschlug. Walentin Kowalew mußte gehen, weil er, ähnlich wie Skuratow, vom FSB mit einer Spezialkamera mit mehreren Prostituierten zusammen in einer von der Mafia betriebenen Sauna aufgenommen worden war. Im März 1998 wurde Stepaschin Innenminister. Im folgenden übertrug ihm Jelzin zusätzliche Kompetenzen und machte ihn zum »Aufpasser« über Primakow in der Regierung. Nun erklärte der Präsident den »Reformdurchbruch« zur Hauptaufgabe seines neuen Premierministers. Gleichzeitig befahl ihm der Kremlchef, die »rechtmäßige Durchführung der Wahlen« zu sichern.

Von nun an ordnete der Kreml alle seine Schritte dem eigenen Sieg bei den bevorstehenden Präsidentschaftswahlen unter. In Rußland verstand jeder, welche Funktion Stepaschin dabei zugedacht war: eine nach außen souveräne und intern lenkbare Führungsfigur zu sein, ein Premier, der durch seine Polizeiherkunft Anhänger im nationalistisch-militärischen Lager der Stärke und zugleich durch sein gemäßigt liberales, recht sympathisch-bescheidenes Auftreten große Unterstützung bei den Demokraten finden konnte. Ein Premier, der auch die Sicherheitsdienste und das Militär loyal zum Kreml hielt. Sollte Stepaschin damit Erfolg haben, konnte er vom Kreml zum Nachfolger Jelzins gekürt werden. Jedenfalls verkündete Jelzins Administrationschef Woloschin unumwunden: »Wer nur ein Jahr vor den Wahlen Premierminister wird, sollte auch über Präsidentschaftsambitionen verfügen.«

Die Chance für eine positive Wende in der Reformpolitik verlor Stepaschin jedoch schon bei der Bildung des Kabinetts. Seine Mannschaft wurde ihm quasi aufgezwungen. Während Jelzin zur Erholung ans Schwarze Meer geschickt wurde, formten seine Tochter Tatjana Djatschenko, ihr Vertrauter Jumaschew und Berezowskij fast ungehindert Stepaschins neue Regierung. Die Schlüsselposten nahmen nun Lobbyisten verschiedener Clans und Staatsmonopole ein, an vorderster Stelle der draufgängerische Eisenbahnminister Aksenenko. Er rückte zum Ersten Vizepremier auf und kontrollierte nicht nur Stepaschin, sondern auch fast zwei Drittel der Ministerien. Damit bekamen er und seine Schirmherren die wichtigsten Hebel der wirtschaftlichen Staatslenkung in die Hand.

Mit der neuen Regierungsbildung wurde die überraschte russische Öffentlichkeit gewahr, daß sich im Schatten von Boris Berezowskij ein zweiter »Oligarchenprinz« in den Kreml eingeschlichen hatte, wo er fast unbeschränkten Einfluß ausüben konnte. Der erst 32jährige Roman Abramowitsch hatte sich durch fortwährenden, fintenreichen Aktienzukauf vom einstigen Juniorpartner Berezowskijs bei »Sibneft« zum eigentlichen Herrscher im sibirischen Ölkonzern und offenbar auch zum Financier der »Jelzin-Familie« entwickelt. Die erste Entscheidung der neuen Regierung war es denn auch, »Sibneft« wieder in großem Umfang an der Verwertung irakischen Öls zu beteiligen. Mit dem Aufrücken des langjährigen wichtigsten Moskauer »Mafiajägers« und Vertrauten Berezowskijs, Wladimir Ruschajlo, zum Innenminister kamen auch die Polizeitruppen in die Verfügung der »Jelzin-Familie«. Verstärkt verteilte die Kremlführung in den folgenden Wochen außerdem Schlüsselposten in der Wirtschaft an ihr nahestehende Personen. Jelzins Schwiegersohn Okulow wurde als Generaldirektor der »Aeroflot« bestätigt. Woloschin, der immer mächtigere Chef der Präsidialadministration, wurde Staatsvertreter und Aufsichtsratsvorsitzender beim Strommonopolisten »RAO EES«. Auch der Konzernchef des russischen Ölpipelinemonopolisten »Transneft« wurde durch einen passenderen Funktionär ersetzt. Berezowskij und sein Kompagnon Abramowitsch sicherten sich Schritt für Schritt die Kontrolle über alle wichtigen Finanzströme des Staates.

Anfang Juli 1999 endete auch Tschernomyrdins Höhenflug im Kosovo mit der Abschiebung in die Wirtschaft – auf den Posten des Aufsichtsratsvorsitzenden bei seinem Hauskonzern »Gazprom«, dessen Direktor Rem Wjachirew zugleich wegen zu großer Unabhängigkeit angegriffen wurde. Beide sollten nun auch gegen den von »Gazprom« gesponserten Fernsehsender NTW Druck zugunsten einer weniger kremlkritischen Linie ausüben.

Am tatsächlichen Bestehen der berüchtigten »Jelzin-Familie« im Kreml gab es nun keinen Zweifel mehr. Jelzin selbst, von dem nach den Spielregeln der Verfassung alles abhing, bewegte sich längst nur noch mit hilflosen Trippelschritten im Kreis, derweil um ihn die Läufer, Springer und Türme, vor allem aber Tatjana Djatschenko, die starke Dame der Partie, die Entscheidungen fällten. Letztendlich aber nahmen sie alle teil am großen Projekt: dem organisierten Sieg eines eigenen Kandidaten bei den Präsidentschaftswahlen. Suchte sie diesen Kandidaten für die schrittweise Stabilisierung und weitere Modernisierung Rußlands, etwa damit er einer Revanche der Kommunisten entgegentrat, oder sollte er den persönlichen Interessen einer engen Gruppe von Leuten dienen? Hielt diese Gruppe etwa die eigenen und die staatlichen Interessen für identisch? Das Gesicht dieses Kandidaten nach außen sollte jedenfalls vorläufig Stepaschin darstellen. Aber allen Beteiligten war klar: Er konnte nur die Endlinie erreichen, wenn er die Spielregeln der »Familie« einhielt. Alle bisherigen Premiers, ob Tschernomyrdin, Kirijenko oder Primakow, waren keineswegs an den Wirtschaftsproblemen des Landes gescheitert, sondern an der Vernichtung durch die Finanzoligarchen. Sollte Stepaschin versuchen, sich von der »Familie« zu lösen, würde ihm dasselbe Schicksal drohen.

Die Chancen Stepaschins auf einen Wahlsieg waren von Anfang an ausgesprochen düster. Zeitweise erwog der Jelzin-Kreis, dem alten Präsidenten – falls Stepaschin nicht endlich ein stärkeres Profil gewinnen würde – über eine Vereinigung mit Weißrußland und damit eine neue verfassungsrechtliche Lage doch noch den Weg zu einer weiteren Amtszeit zu ebnen. Doch Jelzin taugte als Integrationsfigur für die Bevölkerung längst nicht mehr. Er schien zunehmend unberechenbarer, ja sogar senil, glich selbst einer umhergeschobenen Figur auf dem imaginären Schachbrett um die Macht und wirkte auch international bereits peinlich. Nur zwei Kandidaten schienen im Frühsommer real in der Lage, den Sieg bei den Parlamentswahlen Ende Dezember 1999 davonzutragen und im folgenden Sommer auch die Präsidentschaftswahlen zu gewinnen. Es waren ausgerechnet jene, die die Mannschaft im Kreml als Feinde betrachtete: der Moskauer Oberbürgermeister Luschkow und der eben entlassene Primakow.

Bereits im November 1998 hatte Luschkow auf der Grundlage seiner umfangreichen Moskauer Verwaltungsstrukturen eine Wahlvereinigung »Vaterland« (»Otetschestwo«) gegründet, die als linkszentristisch galt und zu der angesichts der Schwäche und Kompromittiertheit des Jelzin-Clans immer neue einflußreiche Mitglieder hinzugestoßen waren. Außerdem hatte sich Luschkow mit immer mehr Medien versorgt, darunter dem Fernsehkanal »TV Zentr« sowie den Zeitungen »Moskowskij Komsomolez« und »Literaturnaja Gazeta«.

Außerdem konnte er im Wahlkampf, ebenso wie Jawlinskijs »Jabloko«-Partei, auf die Unterstützung von Gusinskijs Fernsehsender NTW rechnen. So hoffte der Bürgermeister auf die erwartete Offensive der Berezowskij-Medien antworten zu können. Luschkow vertraute auf den eigenen verzweigten Finanzclan, der von Wladimir Jewtuschenkow – einem Moskauer Oligarchen mit dem Aussehen von Bill Gates – geführt wurde.

Primakow blieb zunächst Einzelkämpfer ganz ohne Wahlplattform. Doch hatte ihn seine ruhige und neutrale Regierungsführung, die sich so vorteilhaft von Jelzins Ausfällen abhob, noch mehr aber seine brüske Entlassung zu einem Liebling vieler Russen gemacht. Viele konnten ihn sich nun als weisen und ausgleichenden Übervater vorstellen. Damit wurde Primakow als Stimmeneinsammler für andere politischen Gruppen interessant. Das galt insbesondere auch für die Gouverneure. Ohne ihre Unterstützung und lokalen Ressourcen konnten inzwischen weder Wahlen gewonnen, noch konnte hinterher eine erfolgreiche Politik in Moskau geführt werden. Die nunmehr demokratisch gewählten Gouverneure nutzten aufgrund ihrer neuen Legitimität die Schwäche der zentralen Institutionen rigoros aus. Einige der Regionalfürsten wollten sogar das Heft der Politik selbst in die Hand nehmen und schritten zur Gründung eigener Wahlvereinigungen. So versammelte der Gouverneur von Samara, Konstantin Titow, einige liberale Regionalführer in der Bewegung »Stimme Rußlands«. Auch in der Vereinigung »Ganz Rußland« um den politisch gewichtigen tatarischen Präsidenten Mintimer Schajmiew und den Duma-Abgeordneten Oleg Morozow aus der Gruppe »Russische Regionen« formierten sich ambitionierte Vertreter aus der Provinz.

Schließlich näherten sich selbst auf der zersplitterten liberalen Flanke des politischen Spektrums einige Gruppen einander an. Geleitet wurden sie von Reformpolitikern der ersten Stunde. Gajdar stand nach wie vor der

Partei »Demokratische Wahl« vor, Tschernomyrdin behauptete seine Stellung bei »Unser Haus Rußland«. Die neuen Parteien waren allerdings alle virtuell: Außer dem jeweiligen Vorsitzenden und einigen Mitbegründern verfügten sie über keine Mitglieder. Boris Nemzow schuf eine Vereinigung »Junges Rußland«, die populäre Unternehmerpolitikerin Irina Chakamada eine »Gemeinsame Sache«, Kirijenko baute die sogenannte »Neue Kraft« auf. Der schon 1998 als »Kinderüberraschung« verfrüht belächelte Jungpremier erwies sich auch jetzt als Stehaufmännchen. Zur Steigerung seiner Popularität trat er bei den Bürgermeisterwahlen 1999 gegen Luschkow an. Im Sommer 1999 vereinigten sich Kirijenko, Nemzow und Chakamada zur »Rechten Union«. Dagegen beharrten der zwischen allen Fronten lavierende Tschernomyrdin und der liberale Jawlinskij auf selbständigen Positionen und versuchten ihr Glück allein.

Auf der Seite der Kommunisten und Nationalisten blieben die alten Bündnisse erhalten. Die Kommunisten führten die »Volksunion der Patriotischen Kräfte« mit ihren bekannten Zielen – Vernichtung und Bestrafung des Präsidentenclans, teilweise Renationalisierung strategischer Wirtschaftsbereiche, soziale Reformen. Kommunistenchef Zjuganow stattete im Herbst 1999 seinen schon zur jährlichen Tradition gewordenen Besuch in Deutschland ab. Anders als unter Kohl wurde er von der rot-grünen Regierung sehr anständig empfangen. Auf die Frage, warum die Kommunistische Partei noch so zahlreiche Radikale, teilweise Antisemiten und Rassisten beherberge, antwortete er: »Seid froh, daß ich diese Leute unter einem Dach kontrolliere! Wenn ich mich von ihnen löse, gründen sie eigene radikale Parteien, vor denen ihr euch viel stärker fürchten würdet!« In seinem Vortrag im neuen Domizil der Deutschen Gesellschaft für Auswärtige Politik in Berlin erntete er viel Sympathie, als er versprach, seine Partei künftig noch stärker in Richtung Sozialdemokratie auszurichten.

Im Spätsommer 1999 standen alle politischen Strömungen schon mitten im Wahlkampf. Nur die »Jelzin-Familie« beteiligte sich noch nicht am Rennen. Der Versuch Berezowskijs, mit Hilfe seines langjährigen Protegés Alexander Lebed eine eigene Gouverneurspartei aufzubauen und den Blöcken Titows und besonders Luschkows entgegenzustellen, scheiterte – zunächst. Der Kreml wurde zunehmend nervöser. Viel Zeit blieb Stepaschin nicht, Luschkow als politischen Hauptrivalen aus dem Rennen zu werfen. Von den regierungsnahen und Berezowskij gehörenden Medien wurde das Ansehen des Moskauer Bürgermeister fortwährend unterminiert. Berezowskij verleibte seinem Imperium zudem zwei weitere Perlen ein, den Moskauer Konkurrenzkanal »TW-6« und über Mittelsmänner die hochangesehene liberale Tageszeitung »Kommersant-daily«, die bislang als eine der letzten von den Finanzgruppen unabhängigen Medien gegolten hatte.

Zum Entsetzen der »Familie« aber blieb all das erfolglos, denn Luschkow gelang es, immer neue Allianzen zu schließen. Zuerst vereinbarte er eine strategische Zusammenarbeit mit Primakow. Dann zog er den Regionalblock »Ganz Rußland« mit dem tatarischen Präsidenten Schajmiew auf seine Seite und durfte damit auf die Ressourcen der reichen Ölrepublik und die Stimmen von einigen Millionen Moslems zählen. Schließlich schaffte es Luschkow sogar, einen Teil der Agrarierpartei aus Zjuganows »Volkspatriotischer Union« herauszubrechen. Die Nomenklatura aller Ebenen verspürte jetzt große Eile, sich dem rasant wachsenden neuen Machtzentrum anzuschließen. Fast täglich bekundeten neue Gouverneure, Bürgermeister, Betriebsdirektoren, Gewerkschaftsführer oder Künstler ihre Unterstützung für die Luschkow-Vereinigung. Nur fünf Monate vor den Wahlen schien »Vaterland/Ganz Rußland« unschlagbar.

Rege wurde über absolute Mehrheiten im neuen Parlament spekuliert.

Im Kreml herrschte offenkundige Panik. Stepaschin, der im Auftrag der Präsidialadministration selbst versucht hatte, eine Koalition mit den Führern von »Ganz Rußland« zu schmieden, war als Abgesandter Jelzins und des Kremls abgewiesen worden. Seine Aufgabe, eine starke Opposition zu verhindern, hatte Stepaschin, von den Russen freundlich-nachsichtig »Stepaschka« genannt, verfehlt. »Es wurde uns damals klar«, sagte der Benjamin der »Jelzin-Familie«, Kreml-Pressesprecher Dmitrij Jakuschkin, im nachhinein bei einem Berlin-Besuch im März 2000, »daß Stepaschin einen guten zweiten Platz erringen würde – doch wir benötigten einen Siegertyp, der Erster werden könnte!«

Bis dahin hatte Jelzin schon die verschiedensten Arten des Regierens ausprobiert, um seine Ziele zu erreichen. Zunächst versuchte er das liberal-demokratische westliche Modell mit seinen verschiedenen »Dream teams« umzusetzen, puschte zwischendurch immer wieder das gemäßigt-reformistische Modell des »Nomenklaturakapitalismus«, schließlich versuchte er es mit einer Koalitionsregierung aller politischen Kräfte unter Primakow. So beschrieb jedenfalls der angesehene Moskauer Politologe Wagif Gusejnow, der einen der besten Think-Tanks Moskaus leitet, in seinen Analysen die Jelzin-Ära. Doch nun hatte sich mit Stepaschin auch das »weiche« liberal-nationalistische Modell mit einem »weichen General« an der Spitze als unzureichend erwiesen. Im Juli 1999 begann das Kremlkommando wieder über einen neuen Schachzug nachzudenken, noch bevor Stepaschin seine Leistungen im ökonomischen und außenpolitischen Bereich wirklich unter Beweis stellen konnte. Die Hauptprobleme – Lohnschulden, Steuerpolitik, Kapitalflucht, Stabilisierung und Kontrolle des Bankensektors, Investionsmangel und ein fehlender Bankrottmechanismus für überschuldete Unternehmen – bestanden zwar nach wie vor weiter – doch Stepaschin schaffte es, die Beziehungen zum IWF zu verbessern und eine Umschuldungsvereinbarung mit dem Londoner Club auszuhandeln. Seit Monaten waren außerdem die Weltölpreise wieder kontinuierlich gestiegen. Damit kehrten die russischen Energiekonzerne in die Gewinnzone zurück und brachten auch in den Staatshaushalt zusätzliches Geld. Für den Kreml waren diese »Erfolgsmeldungen« unbedeutend angesichts der drohenden Niederlage bei den Präsidentschaftswahlen. Besonders Berezowskij zeigte sich ungehalten darüber, daß es Stepaschin nicht gelang, den Luschkow-Vertrauten Wjachirew von der Spitze des Konzerns »Gazprom« zu entfernen.

Den letzten Stein des Anstoßes für die Absetzung Stepaschins gaben die Ereignisse im Nordkaukasus. Kriminalität, Geiselnahmen und Schießereien an der russischen Grenze zur Republik Tschetschenien wurden im Sommer 1999 fast zur täglichen Erscheinung. Ende Juli 1999 fielen etwa 2000 schwerbewaffnete Kämpfer von Tschetschenien aus in die russische Nachbarrepublik Dagestan ein. Sie besetzten mehrere Bergsiedlungen und rückten auf die Kreishauptstadt vor. Alles deutete auf einen fürchterlichen religiösen Krieg hin, denn Dagestan sollte, so die tschetschenischen Kämpfer, in einen wahhabitsch-islamischen Gottesstaat verwandelt und an Tschetschenien angeschlossen werden. Rebellenführer Basajew drohte unverblühmt, er werde Rußland vom Kaspischen Meer abschneiden.

Der Kreml drängte Stepaschin zum Handeln, doch dieser zögerte. Den Premier plagten alte Erinnerungen an die zurückliegenden Ereignisse von 1996, als er als FSB-Chef zurücktreten mußte, weil die Inneren Truppen bei einer Geiselbefreiungsaktion im Dorf Perwomajskoe kläglich versagt hatten. Stepaschin wollte so kurz vor den Präsidentschaftswahlen keinen persönlichen Fehler begehen. Daher versuchte er, die terroristischen Verbände zu isolieren, einen »Zaun« um Tschetschenien herum zu errichten. Doch die Gesamtsituation im Nordkaukasus war angespannt und erforderte eine globale Lösung. Die Republik Karatschaewo-Tscherkessien stand nach der Annullierung der lokalen Wahlen kurz vor dem Bürgerkrieg. Inguschetien und Nordossetien rangen um Siedlungsgebiete aus früheren Konflikten. Die Beziehungen zwischen Rußland und Georgien hatten sich zugespitzt, nachdem Georgien aus dem Militärpakt der GUS ausgestiegen und um Militärhilfe bei den USA nachgesucht hatte. Nach langem Zaudern schickte Stepaschin schließlich doch Truppen nach Dagestan. Doch diese wurden von den Tschetschenen zurückgeschlagen.

Wieder erhob sich damit die Frage nach den Hintergründen des Krieges und der Herkunft solch hervorragend ausgerüsteter Kämpfer. Stammten Geld und Waffen aus dem Drogenhandel und Geiselgeschäft, die seit Jahren in Tschetschenien blühten? Von Drittstaaten mit religiösen Ambitionen? Nicht wenige Kämpfer stammten aus Pakistan, Afghanistan oder Saudi-Arabien. Oder wurde der Konflikt durch Staaten mit regionalen oder geopolitischen Interessen am kaspischen Öl und seinen Transportwegen geschürt? Oder standen vielleicht russische und kaukasische Kriminelle und Finanzgruppen, die in Tschetschenien illegale Geschäfte tätigten, hinter der Provokation? Oder wurde der Konflikt von geheimnisvollen Personen geschürt, die dem Kreml nahestanden und ihm durch eine Eskalation im Kaukasus den Vorwand für die Verkündigung des Ausnahmezustandes und damit für eine Absage der Präsidentschaftswahlen liefern wollten? Wieder einmal spitzte sich mit dem tschetschenischen Angriff auf Dagestan die Frage nach der Einheit der Russischen Föderation zu.

Als Stepaschin Ende Juli von einer Reise in die Krisenregion zurückkam und resignierend verkündete, Rußland könnte nach Tschetschenien nun auch Dagestan für immer verlieren, platzte Jelzin der Kragen. Der Premier wurde zu einer Sonderbesprechung in den Kreml berufen. Am Tisch saßen Jelzin und der Erste Vizepremier Aksenenko – letzterer wohl als ständiger Statthalter Berezowskijs. Und ein dritter Mann kam eiligen Schrittes mit mehreren Akten in der Hand hinzu: Wladimir Putin, Chef des immer mächtiger werdenden Nationalen Sicherheitsrates und des FSB. Jelzin unterrichtete Stepaschin kurz und bündig von seiner Entlassung. Zur Besänftigung des völlig geschockten Regierungschefs wurde ihm der Posten des Sekretärs des Nationalen Sicherheitsrates angeboten. Doch Stepaschin winkte ab – mit der anderen Hand wischte er sich die Tränen aus den Augen.

Am 9. August 1999 ernannte Boris Jelzin anstelle Stepaschins den bis dahin der breiten Öffentlichkeit nahezu unbekannten Wladimir Putin zum amtierenden Premierminister. Mit Putin wurde zum dritten Mal hintereinander ein ehemaliger Geheimdienstchef an die Spitze der Regierung gestellt. Der fünfte Premierministerwechsel in nur 17 Monaten erntete in der ganzen Welt nur noch Hohn. Doch Jelzin verband ihn mit einem beispiellosen Schritt: Er erklärte Putin zu seinem persönlichen Wunschkandidaten bei den Präsidentschaftswahlen, die in weniger als elf Monaten stattfinden sollten. Die russische Öffentlichkeit war empört und meinte, der angeblich so demokratische Präsident hätte die erbliche Monarchie wieder errichtet. Beobachter verwiesen folgerichtig darauf, daß die russischen Sicherheitsdienste jetzt wohl das allerletzte Bollwerk des Jelzin-Regimes bildeten. Berezowskij sah dies sehr zynisch: »Wir brauchen in der Übergangsperiode autoritäre Maßnahmen, um unseren Kapitalismus zu schützen; nur dann erhalten wir uns die Perspektive eines demokratischen Gesellschaftsaufbaus.« Warnungen wurden laut: Kreml und Geheimdienst schienen nun endgültig eins.

Der Westen belächelte Putin geringschätzig. Angesichts der deprimierenden Popularitätsraten schien eine Empfehlung durch Jelzin der sicherste Weg, auch den besten Präsidentschaftskandidaten zu diskreditieren. Darum wurde Putin auch durch die Dumaabgeordneten, die sehnsüchtig auf den nächsten Wahltermin schielten, um ihre Schäfchen für die nächsten vier Jahre ins trockene zu bringen, problemlos bestätigt. Die Deputierten klopften Putin fast mitleidig auf die Schulter, einige sprachen ihm schon ihr Beileid aus. Die Duma war bereit, in den nächsten Wochen auch noch andere Jelzin-Kandidaten »abzustempeln« – man orientierte sich längst an Luschkow und Primakow. Nur wenige Beobachter verwiesen damals auf die noch vorhandenen Möglichkeiten der Präsidialadministration sowie der ihr nahestehenden Medien. Die genauso schöne wie geheimnisvolle Mitarbeiterin des Kremlstabes, Dschachan Pollyewa, gab einem westlichen Besucher augenzwinkernd zu verstehen: »Ihr werdet euch noch darüber wundern, wie schnell Putin jetzt an Boden gewinnen wird!«

In einer inoffizellen Berliner Expertenrunde der Deutschen Gesellschaft für Auswärtige Politik im März 2000 beschrieb Berezowskij die damalige Suche des Kreml nach einem Nachfolger sinngemäß so: »Es gab zwei Kriterien: Unser Kandidat mußte ein Reformer sein und Durchsetzungsfähigkeit besitzen. Tschernomyrdin war ein Reformer, doch er hatte sich verbraucht. Kirijenko war auch ein Reformer, aber politisch zu schwach. Primakow besaß zweifellos einen starken Willen, aber er war kein Reformer. Stepaschin war ein Reformer, doch zu willensschwach. Wir brauchten jemanden, der beides miteinander verband.« Putin also sollte nun der Reformer mit eisernem Willen sein.

Putin selbst war von seiner Ernennung genauso überrascht wie Stepaschin von seiner Absetzung. Jelzin hatte zwar im Frühjahr noch angedeutet, er habe einen »geeigneten Nachfolger« gefunden, würde seinen Namen aber nicht preisgeben, weil sonst die Medien ihn »zerreißen« würden, doch kaum jemand dachte damals, daß der Präsident damit Putin gemeint hatte. Für den großen Plan gab es nie einen Beweis. Aber alles, was in den nächsten Monaten passierte, war von solch bestechender Folgerichtigkeit und strategischer Konsequenz, daß man später annehmen mußte, der Plan wäre aus der Schublade der »Jelzin-Familie« herausgezogen worden. Denn was jetzt geschah, fiel auf erstaunliche Weise mit einem Szenario zusammen, das Woloschin anläßlich der Ernennung von Stepaschin im Juni 1999 beschrieben hatte: »Die Aufgabe des Regierungschefs ist es, eine politische Situation zu schaffen, bei der die Dumawahlen ›erfolgreich‹ verlaufen würden. Und erfolgreich heißt, daß die demokratischen Kräfte die Mehrheit bekommen.« Der Administrationschef widersprach der These, die Bevölkerung müßte zunächst wirtschaftliche Verbesserungen spüren, bevor sie sich für einen Kremlkandidaten entscheide. »Die Menschen wollen vor allem spüren, daß die Regierung stark und handlungsfähig ist«, sagte Woloschin. »Um ernsthafte Verbesserungen der Wirtschaft zu erreichen, sind drei, vier Monate nicht genug, aber wir können demonstrieren, daß die Regierung dynamisch ist, daß sie etwas tut und dabei erste Erfolge erzielt. Und damit gewinnt die Regierung an Autorität.« Im Klartext hieß das: Das Putin-Kabinett sollte vor allem wahlkampfwirksam Handlungsfähigkeit demonstrieren. Dies sollte am Beispiel eines konkreten Problems geschehen. Darum herum mußten dann alle Instrumente der »Familie« – der Kremlapparat, die Sicherheitsdienste, die Medien, die Finanzimperien – nur noch die passende politische Situation »schaffen«.

Bei seinen ersten Worten als amtierender Premierminister versicherte Putin denn auch – wenn auch noch recht steif –, als Offizier kenne er nur Befehle, die erfüllt werden müßten. In den nächsten Tagen erhielt Putin seine Ernennung zum Oberst. Welches der vielen russischen Probleme Putin zu Demonstrationszwecken übertragen wurde, zeigte der neue Premier unverzüglich: die militärische Lösung des Tschetschenienkonflikts. In bis dahin unvorstellbarer Weise forcierte Putin den Kampf gegen die in Dagestan eingefallenen Rebellen. Immer neue Truppenverbände wurden dorthin entsandt, Luftwaffe und Artillerie beschossen die besetzten Gebiete unablässig, und Putin versprach, »binnen Tagen« die unter der Flagge des Islam eingedrungenen Kämpfer zu vertreiben.

Putin weitete die Bombardements auf Tschetschenien aus und verfuhr dabei nach einem Szenario, das dem Vorgehen der NATO während des Kosovokrieges glich. Industrieanlagen wurden angegriffen, Erdölraffinerien in Brand geschossen, Medien- und Kommunikationszentren zerstört. Die »punktgenauen« Angriffe der russischen Truppen waren weniger treffsicher als die der NATO, doch sie lösten eine Massenflucht aus. Auch an der Informationsfront besann sich die russische Führung auf ein im Kosovokrieg hochbewährtes Propagandamittel: Egal, welches Ausmaß die Kampfhandlungen erreichten, wie massiv die Bombenangriffe waren, welche Ziele und welche Auswirkungen sie hatten – immer war in offiziellen Verlautbarungen die Rede nicht von »Krieg«, sondern von einer »Antiterrorkampagne«. Im öffentlichen Sprachgebrauch Rußlands wurde eine neue Losung verankert: »Banditen muß man vernichten.« In die russische Nachrichtenwelt kehrte die patriotisch-aufmunternde Frontberichterstattung zurück.

Trotzdem konnte der Kreml noch Anfang September weder einen durchgreifenden militärischen Erfolg noch eine merklich gestiegene Popularität des Premiers verzeichnen. Nur höchstens fünf Prozent der Wähler bekannten sich zu Putin, zu wenige, um mit einer Kremlpartei – die es auch noch nicht gab – überhaupt in die

Duma zu gelangen. Der Sieg in Tschetschenien ließ noch auf sich warten. Zu alledem hatten neue Korruptionsskandale Jelzin und seine Umgebung schwer kompromittiert. Die italienische Zeitung »Corriere della sera« behauptete, der Chef der schweizerischen Baufirma »Mabetex« habe im Gegenzug für den millionenschweren Rekonstrutionsauftrag des Kreml nicht nur Schmiergelder gezahlt, sondern überdies kostenlose Kreditkarten für Jelzin, seine beide Töchter und Borodin ausgestellt. Alle Vorwürfe wurden in Moskau umgehend dementiert. Gleichzeitig verdichteten sich in den amerikanischen Zeitungen die Gerüchte, wonach russische Regierungsbeamte rund 15 Milliarden US-Dollar über amerikanische und andere ausländische Banken gewaschen haben sollten, namentlich über die »Bank of New York«. Unter den in die Geldwäsche geschleusten Großbeträgen vermuteten die amerikanischen Ermittler auch IWF-Gelder.

Der Schaden, den Rußland erlitt, schien irreparabel. Den Kremlchef Jelzin aber beruhigte der Nachfolger Putins im Amt des Geheimdienstchefs, Patruschew, mit der Botschaft: »Alle Skandalgeschichten sind Erfindungen von Parteien im amerikanischen Präsidentschaftswahlkampf.« Alles in allem hatte der FSB seine vorsorgende Rolle schlecht gespielt. Und auch die Bemühungen des Jelzin-Kreises, aus den liberalen Splitterparteien von Kirijenko, Tschernomyrdin und Tschubajs eine gemeinsame »Kremlpartei« zu gießen, blieben hinter den Erwartungen zurück. Die Aussichten, daß der Kreml in den verbleibenden dreieinhalb Monaten noch an Ansehen gewinnen und einen nennenswerten Wähleranteil um sich sammeln könnte, schienen verschwindend gering.

In diese Situation platzten nacheinander die Nachrichten von grausamen Bombenanschlägen auf russische Wohnhäuser. Zuerst verwüstete ein Sprengsatz die Manegenplatzpassage direkt am Kreml. Am 4. September tötete eine Bombenexplosion im Garnisonbezirk der nordkaukasischen Kreisstadt Bujnaksk 64 Menschen, vor allem Familien von Offizieren. In der Nacht zum 9. September flog ein achtstöckiger Neubaublock im Moskauer Südosten in die Luft und begrub rund 200 Einwohner unter sich, 93 Menschen starben einen qualvollen Tod. Nur vier Tage später explodierte eine weitere Bombe in einem anderen Moskauer Wohnblock im Nordwesten der Hauptstadt. Diesmal kamen rund 130 Menschen ums Leben. Schließlich wurde ein Bombenattentat auf ein Wohnhaus in der südrussischen Provinzstadt Wolgodonsk verübt, bei dem 17 Menschen ihr Leben verloren. Bereits nach dem ersten großen Anschlag in Moskau geriet die russische Bevölkerung in Panik. Bürgerwehren wurden gebildet, die nachts die Häuser bewachten. Vor allem Innenminister Ruschajlo sprach aus, was viele ohnehin vermuteten – daß die Terrorakte von tschetschenischen Terroristen verübt worden waren. Zwar bestritten die Rebellen, die eben noch mit Racheakten für die Zerstörung dagestanischer Dörfer gedroht hatten, jede Beteiligung an den Explosionen, doch es tauchten Bekennerschreiben und -anrufe einer »Dagestanischen Befreiungsarmee« auf. Die seit Unzeiten latent vorhandene Abneigung zahlreicher Russen gegen die Kaukasier, die »Schwarzgesichter«, schlug jäh um in Wut, Ohnmacht und Haß. Die Losung »Banditen müssen vernichtet werden« wurde innerhalb von Tagen zur Meinung des ganzen Volkes. Selbst der liberale Jawlinskij sprach im Fernsehen genau diese Worte aus und schimpfte in seinem Büro in der Duma: »Wo seid ihr Deutschen mit euren Beileidsbekundungen?«

Doch plötzlich kamen seltsame Gerüchte auf. Zunächst wurde sie überhört, weil sie zu zynisch klangen. Einen solch ungeheuerlichen Verdacht wagte keiner offiziell auszusprechen. Einige Tage nach den Bombenattentaten in Moskau wurden einige russische Geheimdienstler in der Provinzstadt Rjazan von wachsamen Hausbewohnern dabei erwischt, wie sie mit Sprengstoff vermischte Zuckersäcke in einem Keller deponieren wollten. Die Polizei wurde verständigt, die Betroffenen festgenommen. Doch die Offiziere erklärten ihr Vorgehen mit einer »Übung, die die Wachsamkeit der Menschen testen sollte«. Bedauerlicherweise legten die russischen Ermittlungsbehörden in den folgenden Jahren keine Beweise dafür vor, daß die Sprengstoffanschläge in der Tat von tschetschenischen Terroristen verübt worden waren. Zwar wurden Verdächtige festgenommen, über ihre Identität wurde aber Stillschweigen gewahrt. Nachdem Putin nun russischer Präsident geworden ist und der Westen ein neues Kapitel der Partnerschaft mit ihm aufschlagen möchte, sollte jedermann an einer vollständigen Aufklärung der damaligen Ereignisse interessiert sein.

Die Russen, einfache Bürger wie hochrangige Politiker, entdeckten nun den gemeinsamen Feind und bekannten sich zur Notwendigkeit, hart gegen ihn durchzugreifen. Die Korruptionsverdächtigungen gegen den Kreml waren schnell vergessen. Die wirtschaftlichen Mißstände traten in den Hintergrund. Zum beherrschenden Thema im verunsicherten Rußland wuchsen jetzt die mangelnde innere Sicherheit und die Unfähigkeit des Staates, seine Bewohner zu schützen. Putin bekam ab sofort freie Hand für ein erbarmungsloses Vorgehen in Tschetschenien. Die Militärs konnten sich bei ihrer »antiterroristischen Aktion« künftig jeder Unterstützung gewiß sein. Die Bilder der Bombenanschläge zeigten auch dem Ausland, daß die Moskauer Regierung nicht tatenlos zusehen wollte, und Hinweise, daß der international gesuchte Terrorist Osama bin Laden die tschetschenischen Rebellen finanzierte, legten den USA ein Eigeninteresse am russischen Vorgehen nahe. Am 11. Oktober unterbreitete Putin Maschadow ein letztes Friedensangebot: Der tschetschenische Präsident sollte aber die Anführer der gewalttätigen Terroristen an Moskau ausliefern. Als dies nicht geschah, befahl er die Flächenangriffe auf Dörfer und die tschetschenische Hauptstadt Groznyj.

Putins rigoroses Vorgehen nach den Attentaten machte den Premier binnen weniger Tage zum angesehensten Politiker. Ob diese veränderte »politische Situation« das Ergebnis vorherigen Kalküls war oder sich von selbst fügte, ist heute noch Thema zahlreicher Spekulationen im In- und Ausland. Putin demonstrierte damals das, was laut Woloschin einen künftigen Anführer Rußlands auszeichnen sollte: Durchsetzungsvermögen, Schutz russischer nationaler Interessen und der Sicherheitsbedürfnisse des einfachen Menschen, Stärkung der Zentralmacht. Putin verkörperte bald ausgerechnet den »starken Staat«, den sich viele Russen lange herbeigesehnt und den Putins Vorgänger praktisch zerrüttet hatten. Putin und das Kremlkommando, bis eben noch ohne Chancen bei den nahenden Parlamentswahlen, kamen ihrer Wunschvorstellung von einer »zurechnungsfähigen, nicht linken Duma« immer näher. Mit dem Tschetschenienkonflikt erhielten sie die Möglichkeit, die Stimmung großer Teile der Bevölkerung in ihre Richtung zu beeinflussen.

Über Nacht war der Premier zum ernsthaftesten Anwärter auf das Präsidentenamt geworden. Berezowskij rannte nun durch die Korridore der Administration und spornte seine Mitstreiter an: Putins Popularität mußte nun auf eine kremlhörige Parteistruktur übertragen werden. Was der »Familie« fehlte, war eine Partei, die als Putins Stimmverein auftrat und die Kremlinteressen im künftigen Parlament sichern sollte. Berezowskij und Co schritten Mitte September – nur knapp drei Monate vor dem Urnengang – zur Gründung dieses Wahlblocks. Trickreich machten sie sich dabei alle Mittel moderner Wahlkampftechnologien zunutze. Der Kreml konzentrierte sich in erster Linie auf die Ressourcen der Regionen. Zunächst bewogen Mitarbeiter der Administration

39 Regionalfürsten, einen sogenannten Appell zugunsten sauberer und fairer Wahlen, zu unterzeichnen. Danach wurde den erstaunten Gouverneuren und dem Wahlvolk mitgeteilt, daß sie soeben mit ihren Unterschriften eine Partei ins Leben gerufen hatten! Kern der neuen Partei wurden zumeist Gouverneure, die Luschkows und Primakows Anwerbungsversuchen bislang abwartend getrotzt hatten. Dies waren zum großen Teil die Anführer der ärmeren Regionen, die sich von Putin neue Finanzspritzen erhofften.

Schachmatt

Am 1. Oktober 1999 traf sich wieder einmal der Bergedorfer Gesprächskreis der Körber-Stiftung zu einer interessanten Sitzung mit russischen Politikern in Moskau. Luschkow entsandte zu dem deutsch-russischen Treffen seine beste Mannschaft. Auch die Kommunisten waren mit ihren beiden Spitzenpolitikern Zjuganow und Iwan Melnikow vertreten. Die Hauptvortragenden von deutscher Seite waren Ulrich Cartellieri, Mitglied des Aufsichtsrates der Deutschen Bank und heutiger Schatzmeister der CDU, und Wolfgang Ischinger, Staatssekretär im Auswärtigen Amt. Ischinger appellierte an die russische Seite, im Nordkaukasus nach einer politischen Lösung zu suchen. Eigentlich hatten sich zahlreiche Vertreter der russischen Regierung zum Bergedorfer Gesprächskreis im Hotel »Präsident« angesagt. Doch die Deutschen warteten vergeblich. Am 1. Oktober überquerten nämlich gerade die ersten größeren Bodentruppenverbände die Grenze zur Republik Tschetschenien. Aus einem Konflikt wurde richtiger Krieg – und die russische Seite wollte sich von der deutschen Seite deswegen keine Kritik anhören. Der Direktor des staatlichen Rundfunksenders »Radio Rossija«, Igor Amwrosow, erschien schließlich doch auf der Veranstaltung und erzählte von einer gerade zu Ende gegangenen Pressekonferenz mit Putin. Der Premier hatte die klare Weisung ausgegeben: keine Internationalisierung des Tschetschenienkonflikts. Das Ausland hatte sich nicht einzumischen. Und dann erzählte Amwrosow von einem kürzlich stattgefunden Treffen zwischen Putin und Clinton in Neuseeland. Der amerikanische Präsident soll Putin tatsächlich gefragt haben: »Werdet ihr denn diesmal mit den starken Tschetschenen fertig?« Putins Augen funkelten danach, er verbiß sich jegliche Bemerkung, reiste aber voller neuer Entschlossenheit nach Moskau zurück.

Die Organisatoren des Bergedorfer Gesprächskreises wählten nervös eine Kremlnummer nach der anderen. Es mußte doch schließlich möglich sein, einen offiziellen Teilnehmer aus dem Putin-Lager an den Diskussionstisch zu bekommen! Plötzlich klingelte das Telefon. Wiktor Aksjutschiz, ehemaliger Berater von Nemzow, jetzt auf neuer Jobsuche, war am anderen Ende der Leitung: »Gleich kommt zu euch Nikita Michalkow, der berühmte Schauspieler und Filmregisseur.« Es war inzwischen bekannt, daß Michalkow eine Zeitlang – als Putin noch nicht im Kreml saß – als alternativer Präsidentschaftskandidat von der »Jelzin-Familie« in Betracht gezogen worden war. Aksjutschiz' Stimme wurde immer lauter: »Ihr müßt ihn einladen, Michalkow ist einer der Anführer der neuen Bewegung ›Einheit‹!« Die deutschen Gastgeber zuckten mit den Schultern – was für eine »Einheit«, was redete Aksjutschiz da?

In den nächsten Tagen stand es in allen Zeitungen. Berezowskij und die »Jelzin-Familie« hatten es tatsächlich geschafft, zehn Wochen vor den Parlamentswahlen eine neue Partei zu gründen. Die »Interregionale Bewegung ›Edinstwo‹ (Einheit)« trug den zweiten Namen »Medwed« – russisch »der Bär«, Symboltier vieler Russen für ein starkes Rußland. Erinnerungen wurden wach – an die Zeitschrift »Medwed«, die vor dem Präsidentschaftswahlkampf 1996 General Lebed propagiert hatte. Offensichtlich waren hier wieder die gleichen »Imagemaker« am Werk. Die Verbindung von »Einheit« und »Bär« verkörperte genau diese latente Hoffnung der Russen auf einen »starken Staat«, die Putins harter Tschetschenienkrieg schürte. Der Name suggerierte eine selbstbewußte, national verwurzelte Politik, bei der der russische Bär kräftig und im Angriffsfall sogar gefährlich auftrumpfte. Die neue Organisation gab sich betont regional und überparteilich und nährte mit der Bezeichnung »Einheit« die Illusion, sie werde sich über all den leidigen Zwist zwischen Duma und Kreml, zwischen den Parteien, Oligarchen, den Regionen, Religionen und Ethnien hinwegheben und ihn beenden. Ausdrücklich unterstrich das Bündnis seine »Ideenfreiheit« und sein »entideologisiertes« Programm. Damit nahm es den Mitbewerbern bei der Wahl jegliche Angriffsfläche – man wußte bis zum Schluß nicht genau, wofür die neuen Partei eigentlich stand. Vor allem aber verstärkte sich nun der Eindruck, als verginge sich jeder Politiker, der gegen die »Einheit« war, an den Interessen der Allgemeinheit und damit gegen das große gesellschaftliche Konsolidierungsprojekt Putins.

Der proklamierten Regionalität und Ideologiefreiheit entsprach auch die beim Gründungskongreß Anfang Oktober 1999 installierte Führungsspitze. Ganze drei »Patrioten« ohne politisches Konzept und Gewicht umfaßte die zentral vorgegebene Kandidatenliste. Um so besser aber waren sie geeignet, Popularität zu erwecken und die Themen der Putin-Wahlkampagne zu symbolisieren. Der an zweiter Stelle nominierte Alexander Karelin, mehrfacher Olympiasieger im Ringen, stand für Stärke, Jugend, Durchsetzungskraft und Sportsgeist sowie den internationalen Erfolg einfacher Russen. Politisch hatte er nichts vorzuweisen, brauchte es auch nicht. Gleiches galt für den an dritter Position aufgestellten Alexander Gurow, einen Major aus den Polizeitruppen gegen die organisierte Kriminalität. Sein Auftauchen auf der Liste symbolisierte die Absicht Putins, künftig gegen Korruption, Bandenkriege, Straßenkriminalität, Clanwirtschaft und Oligarchenherrschaft und überhaupt gegen die Unordnung im Land vorzugehen.

Besonders prunkvoll nahm sich indes der an Platz eins gesetzte Kandidat aus. Es war der junge Katastophenschutzminister Sergej Schojgu. Angeblich nur einen Tag, nachdem ihn Jelzin mit dem »Goldenen Stern« des »Helden der Russischen Föderation« ausgezeichnet hatte, erhielt Schojgu vom Kreml den Vorschlag, die neue Partei zu leiten. Der nett und unbedarft lächelnde Offizier hatte seit Anfang der neunziger Jahre die föderalen Rettungstruppen aufgebaut und bei Lebensmitteltransporten oder der Bekämpfung von Überflutungen, Erdbeben und Bränden große Anerkennung gefunden. Weil Schojgu selbst keine eigenen politischen Stellungen bezogen und sich bislang an keinen Intrigen beteiligt hatte, überstand er als einziger alle Regierungswechsel. Nun sollte er zum wichtigsten Helfer Putins und der Kremlaristokratie hochstilisiert werden – zu einem Double Putins. Während in der Fernsehberichterstattung die Tschetschenen bei der Hinrichtung russischer Gefangener gezeigt wurden, verkörperte der Katastrophenschutzminister als Helfer der überfüllten inguschetischen Flüchtlingslager den humanistischen Geist des Moskauer Krieges.

»Edinstwo« beschäftigte sich zunächst mit der Verbreiterung seiner Basis. Regionalabteilungen wurden geschaffen und örtliche Autoritäten umworben. Mehrfach wurden Fälle bekannt, bei denen Kandidaten aus Luschkows »Vaterland/Ganz Rußland« nicht nur zum Seitenwechsel bewogen, sondern sogar zum Verzicht auf die Kandidatur getrieben wurden. Einer großen Zahl von parteilosen Kandidaten erwies »Edinstwo« aktive finanzielle Unterstützung. Nach den Dumawahlen sollte sich das auszahlen. Die von Berezowskij kontrollierten Fernsehsender und Medien entfachten eine einzigartige Kampagne zur Diskreditierung der anderen Kandidaten. Beispielsweise wurde eine neue Zeitschrift »Fass« gegründet, das sich offiziell als ein »Journal für politische Jagd« titulierte. Das Medienimperium von Gusinskij hielt dagegen, doch ihm fehlten die gewaltigen Möglichkeiten, die der Kreml zur Wahlkampfunterstützung besaß: vom Diktat wahlwirksamer politischer Entscheidungen über die versteckte Finanzierung aus dem Staatshaushalt und Erpressung von politischen Gegnern mit Dossiers aus Putins FSB.

Ende Oktober kam Primakow nach Berlin, um politische Gespräche zu führen und seinen 70. Geburtstag zu feiern. Die deutschen Gesprächspartner, ob Schröder, Kohl, Außenminister Joschka Fischer oder Primakows persönlicher Freund Klaus Kinkel, betrachteten ihn als den wichtigsten Präsidentschaftskandidaten. Als der CDU-Abgeordnete Friedbert Pflüger, der es sich zur Tradition gemacht hat, alle russischen Politiker in die neue Berliner Reichstagskuppel zu führen und ihnen an den restaurierten Wänden die Signaturen sowjetischer Soldaten nach der Einnahme Berlins im Mai 1945 zu demonstrieren, Primakow nach der Zukunft Rußlands fragte, fiel ein leichter Schatten auf das Gesicht des alternden Kremlpolitikers. Primakow hinterließ eher einen resignierten Eindruck. Beim anschließenden Vortrag lobte er überraschend Putin. Inzwischen war im Kreml eine »Akte Primakow« angelegt worden, mit schwerwiegenden Korruptionsvorwürfen, die sicherlich fabriziert worden waren, aber den ehemaligen Regierungschef einige Nerven kosteten.

Primakow und Luschkow sah man genauso selten auf offiziellen Fernsehkanälen wie Zjuganow oder Jawlinskij. Putin dagegen war überall präsent. Luschkows Bauwerke in Moskau verblaßten im Vergleich zu Putins Erfolgen in Tschetschenien. In der Tat erreichten die russischen Truppen binnen weniger Wochen die Hauptstadt Groznyj. Der nördliche Teil der Republik befand sich ganz unter russischer Kontrolle. Große Teile der tschetschenischen Bevölkerung im Norden begrüßten die Russen – sie hatten von den permanenten Bandenkriegen auf ihrem Territorium genug. Einige russische

Politiker rieten nun Putin, angesichts dieses nicht mehr geglaubten Sieges eine politische Lösung mit den Rebellen zu suchen. Die russischen Streitkräfte hätten im Norden der Republik eine Sicherheitszone schaffen können, aber Maschadow im Süden seine Autonomie belassen. Diese Lösung hätte das künftige Blutvergießen erheblich reduziert, allerdings den Tschetschenienkonflikt langfristig keineswegs gelöst.

Putin konnte schon alleine wegen des Drucks der Militärs den Tschetschenienkrieg nicht auf halber Strecke beenden. Er benötigte die Heeresführer und die Sicherheitsdienste des Landes als seine neue parallele Machtbasis, die er sich an der Spitze des Staates unbedingt schaffen wollte, um sich später von den Oligarchen und der »Jelzin-Familie« freizuschwimmen. Die »Jelzin-Familie« bemerkte die Taktik ihres Günstlings viel zu spät. Damals triumphierte der Kreml noch über den gemeinsam errungenen phantastischen Sieg – der jetzt zum Greifen nah war. Die »Jelzin-Familie« muß sich ziemlich sicher gewesen sein, Putin noch »an der Leine« zu wissen. Wenn die mit allen Wassern gewaschenen und in allen Intrigen bislang erfolgreichen Strippenzieher hinter den Kulissen nach so vielen Fehlversuchen mit Lebed, Nemzow und Stepaschin ihr Augenmerk schließlich auf Putin geworfen und ihn sogar frühzeitig zum Präsidenten ausgerufen hatten – dann mußten sie sich zweifellos sicher sein, daß ihr Mann sie nicht enttäuschen würde und – falls er doch versuchen sollte sich von ihnen zu lösen – sie über genügend Schalthebel, möglicherweise auch in Form von kompromittierendem Material, verfügten, um ihn unter Kontrolle zu halten. Manche Beobachter schlossen nicht aus, daß die »Kremlfamilie« und Putin eine »gemeinsame Leiche« im Keller versteckt hielten.

Putin nahm auch in der Außenpolitik die Zügel fester in die Hand. Der kranke Jelzin konnte sein Arbeitspensum kaum mehr bewältigen – er verlor auch zunehmend das Gespür für die Entwicklungen außerhalb seines Landes. Bei seinem Staatsbesuch in China drohte er im Beisein des chinesischen Staatspräsidenten Jiang Zemin, der Westen solle nicht vergessen, daß Rußland über Atomwaffen verfüge. Auf dem OSZE-Gipfel in Istanbul verließ er frühzeitig das gemeinsame Dreiertreffen mit Schröder und dem französischen Staatspräsidenten Jaques Chirac – aus Verärgerung über die westliche Kritik am russischen Vorgehen in Tschetschenien. Es war Putin, der zwar im Inland von der »Ersäufung der tschetschenischen Banditen im Abort« gesprochen hatte, aber nun auf internationalem Parkett die barsche Sprache seines Chefs diplomatisch zurechtzubügeln versuchte. Jelzin und Putin beantworteten die westliche Kritik mit denselben Worten: Man verbat sich jegliche Einmischung in die inneren Angelegenheiten, zeigte Hochmut angesichts des westlichen Vorgehens im Kosovo, warf dem Westen grobe Unkenntnis der realen Lage und Hintergründe des Tschetschenienkonflikts vor und warnte vor einer Mißachtung russischer Interessen. Seinen wegen der drohenden internationalen Isolierung Rußlands beunruhigten Landsleuten erklärte Putin selbstbewußt, nach dem Sieg werde er nach Westeuropa fahren und die Beziehungen binnen zwei Wochen wieder einrenken.

Doch nicht alleine Tschetschenien ließ die Massen zu Putin strömen. Der Wegfall ausländischer Importe als Folge des Rubelsturzes 1998 hatte zu kurzfristigen Wachstumsraten in der Inlandsproduktion geführt, die Ende 1999 immer spürbarer wurden. Das Wirtschaftswachstum für 1999 betrug endlich wieder zwei Prozent. Dem glücklichen Umstand der angestiegenen Ölpreise auf dem Weltmarkt hatte es ein Energieexportland wie Rußland zu verdanken, daß sich seine leeren Staatskassen wieder füllten. Die Regierung sah sich nicht nur in der Lage, die ausstehenden Löhne und Renten an die Bevölkerung auszuzahlen, sondern auch den Militärhaushalt aufzustocken und die einheimischen Rüstungsbetriebe mit neuen Staatsaufträgen zu versorgen. Im Verlauf der letzten Monate des Jahres 1999 konnte der Kreml neue Mittel in die Modernisierung seiner Streitkräfte investieren. 1999 verzeichnete Rußland wieder drei Milliarden US-Dollar an ausländischen Investitionen. Die Moskauer Börse befand sich im Aufwind. Zur eigenen Überraschung konnte die Regierung die Steuereinnahmen steigern. In Rußland breitete sich neuer Optimismus aus, daß das Land seine Wirtschaftsprobleme auch ohne westliche Hilfe lösen konnte. Nur die Auslandsschulden wurden vom Kreml weiterhin schlecht bedient, und Moskau bat den Westen immer wieder um Schuldenerlaß.

Im Dezember 1999 war an einem Sieg von »Edinstwo« kaum mehr zu zweifeln. Putin sagte im staatlichen Fernsehen, er würde selbst für »Edinstwo« stimmen. Nach diesen Worten schnellte die Sympathiekurve für diese Partei uneinholbar nach oben. Immer mehr geriet die Dumawahl zur Vorentscheidung über die künftige Präsidentschaft. Von den kremlnahen Fernsehkanälen wurde diese Stimmung weiter angeheizt und mit psychologischem Druck untersetzt. So zeigte das russische Staatsfernsehen ständig eine große Rußlandkarte mit jenen Regionen, deren Gouverneure sich zur Unterstützung für Putin und »Edinstwo« bekannten. Ihre Zahl wuchs zusehends, gerade die schwächeren Regionalführer fürchteten, zu spät zum neuen Machtzentrum zu stoßen. Auch die liberalen Kräfte gesellten sich nun zu Putin. Die bislang kaum ernst genommene Partei »Union der Rechten Kräfte« von Tschubajs, Kirijenko, Nemzow und Chakamada, sprach sich öffentlich für Putin als Präsidentschaftskandidaten der Demokraten aus. Der quirlige Kirijenko lief ständig zu Putin, um dem Premier sein Wirtschaftsprogramm aufzudrücken. Der hörte sich Kirijenkos Vorschläge an – allerdings mit dem Gesicht einer Sphinx. Putin empfing auch andere Politiker, beispielsweise Stepaschin, der für »Jabloko« ins Rennen ging. Doch seine wahren Sympathien verriet er niemandem.

Am Wahlabend des 19. Dezember 1999 gab es aber doch eine Sensation. Niemand hatte im entferntesten damit gerechnet, daß Putins Partei gleich auf Anhieb eine solche Menge von Stimmen erhalten würde. Das Ergebnis war überwältigend. Mit 23,3 Prozent erhielt »Edinstwo« fast jede vierte Stimme, errang 73 Mandate und unterlag der KPRF Zjuganows nur um ein Prozent. Fast im gesamten Norden und Zentralrußland erreichte »Edinstwo« überdies die relative Mehrheit. Vom einst mächtigen »roten Gürtel«, den die Kommunisten und ihre Verbündeten in Süd- und Westrußland bislang beherrscht hatten, blieb nur ein schmaler Streifen übrig. Wegen der großen Zahl siegreicher Direktkandidaten behielt die KPRF zwar zunächst mit 113 Abgeordneten die stärkste Parlamentsfraktion. Doch insgesamt hatten sich die Mehrheitsverhältnisse in der Duma zugunsten des Kreml gedreht. Zwei Drittel des Parlaments wurden erneuert. Die radikalen Splitterparteien der Kommunisten verfehlten den Einzug ins Parlament.

Ein Debakel erlebte die Luschkow-Primakow-Partei »Vaterland/Ganz Rußland«. Noch im Oktober hatte sie unangefochten an der Spitze des zentristischen Lagers gestanden, in den Wahlen fand sie jedoch nur die Unterstützung von 13,3 Prozent der Wähler. Zwar hatte Jurij Luschkow die gleichzeitig abgehaltenen Oberbürgermeisterwahlen in Moskau mit 72 Prozent klar gewonnen, aber das Signal des Kreml an ihn war unüberhörbar: »Schuster, bleib bei deinen Leisten! Solange du Bürgermeister von Moskau bist, lassen wir dich in Ruhe, wenn du nach Höherem strebst, wirst du weiter bekämpft!« In den folgenden Wochen erlebten Luschkow und Primakow eine Demütigung nach der anderen. Die mit »Vaterland« koalierende Gouverneursbewegung »Ganz Rußland« spaltete sich ab, die Regionalfürsten erklärten unumwunden, sie können im Interesse ihrer Region keinen Präsidentschaftskandidaten Primakow unterstützen, der nur zehn Prozent der Stimmen hinter sich vereinigen könnte.

Putin und die Strippenzieher hinter den Kulissen zimmerten derweil fleißig an einer neuen Koalition im Parlament. Die »Union der Rechten Kräfte«, die auch unerwartet gut mit 8,5 Prozent abgeschnitten hatte, liebäugelte nun mit einem Bündnis mit »Edinstwo«. Aber es stellte sich heraus, daß ein Dialog mit »Edinstwo« sehr mühsam werden würde. Die per Parteiliste in die Duma hineingewählten Abgeordneten der Putin-Partei waren namen- und möglicherweise willenlose Mehrheitsbeschaffer. Unter ihnen befanden sich Männer und Frauen mit leeren Biographien oder mit vertuschten Lebensläufen. Ein bekannter Unternehmer hatte seinen Chauffeur auf die Liste »Einheit« gesetzt, der jetzt plötzlich mit seinem Boß in die Duma einzog. Zum neuen Fraktionschef von »Edinstwo« stieg Boris Gryzlow aus Sankt Petersburg auf. Als die neugierigen Journalisten anfingen, nach seinen Spuren in der Newa-Stadt zu suchen, fanden sie zunächst – zu ihrer größten Verblüffung – keinen einzigen Hinweis auf die Identität eines der mächtigsten Vertreter des neuen Parlaments. Erst als eine junge Journalistin die Idee hatte, direkt im FSB anzurufen, erhielt sie eine Auskunft. »Ja, wir kennen ihn, er arbeitete mit uns ...« Inzwischen ist bekannt, daß Gryzlow 20 Jahre lang als Konstrukteur in einer geheimen Behörde für Weltraumforschung in Leningrad gearbeitet hatte.

Die neu gewählte Duma sah folgendermaßen aus: auf der linken Seite die Fraktion der Kommunisten (insgesamt 123 Mandate), auf der zentristischen und rechten Seite die zwar miteinder konkurrierenden, aber demokratisch orientierten Fraktionen von »Edinstwo« (72 Sitze), »Vaterland« (67 Sitze), »Union der Rechten Kräfte« (29 Sitze) und »Jabloko« (20 Sitze). Die gerade knapp über die Fünfprozenthürde gesprungene Schirinowskij-Partei (18 Sitze) brauchte man nicht mehr ernst zu nehmen. Der Ultranationalist war längst in das Regierungslager integriert worden, er hatte Anfang der neunziger Jahre die ihm zugedachte Rolle erfolgreich gespielt – als vom Kreml kontrollierter »Sammler« der nationalistischen Stimmen. Nun konnte er in der Versenkung verschwinden. Die Rechnung der »Jelzin-Familie« war aufgegangen: Das Parlament war zum ersten Mal in Rußland regierungsfreundlich geworden. Putin besaß die taktische Mehrheit in der Duma. Er konnte – je nach Bedarf – mit den Kommunisten oder mit den Reformkräften koalieren.

Golowkow, einer der genialsten Strippenzieher hinter den Kulissen seit seiner Tätigkeit in der Interregionalen Gruppe der Volksdeputierten der UdSSR 1990, brachte es auf den Punkt: Ähnlich wie die Kommunisten in der Jelzin-Ära mit ihrer Mehrheit wichtige Gesetzesvorhaben der Regierung, vor allen Dingen im Bereich des Privat- und Bodeneigentums, aber auch des Steuerkodex', verhindert hatten, würden nun die regierungsnahen Fraktionen mit derselben Konsistenz ihre Reformgesetzgebung – wenn es sein mußte, auch mit der Brechstange – durchsetzen. Golowkow hatte recht. Bei Reformgesetzen würden die demokratischen Parteien wohl oder übel gemeinsam an einem Strang ziehen – die Kommunisten waren in der neuen Legislative isoliert.

Aber der Sieg Putins sollte noch vollkommener werden! Die Kremladministration schmiedete an einem Plan, auch noch stärkste Kraft in der Duma zu werden. In den nächsten Tagen wurden die ca. 100 »unabhängigen« Deputierten heftig bestürmt und »bearbeitet«. Berezowskij und Co hatten zuvor keine Mühen gescheut, den einen oder anderen parteiunabhängigen Abgeordneten in den Provinzen finanziell zu unterstützen. Nachdem sie nun ein Direktmandat erworben hatten, wurde 30 solcher Abgeordneten die Rechnung präsentiert: Sie mußten sich alle in eine neu gegründete Fraktion mit dem Namen »Volksabgeordnete« einreihen und sich der Unterstützung des Putin-Kurses verpflichten. »Edinstwo« und »Volksabgeordnete« hatten nach dem Anschluß plötzlich rechnerisch eine einfache Mehrheit im Parlament.

Doch noch stand der Triumph auf tönernen Füßen. Putin war zwar auf dem Gipfel seiner Popularität angelangt, doch die Präsidentschaftswahlen, die die wahren Machtverhältnisse im Land erst wirklich klären mußten, sollten erst in sechs Monaten stattfinden. Der Premier mußte aber seine Versprechen langsam einlösen, um die Menschen nicht zu enttäuschen. Zu viele Hoffnungen waren geweckt worden. Würde die Zeit bis Juni 2000 ausreichen, um die Popularität im Land auf diesem Niveau zu halten? Die Gegner Putins hatten da erhebliche Zweifel. Vor allem mußte Putin nun beweisen, daß er den Tschetschenienkrieg gewinnen, die Wirtschaft langfristig verbessern, die Armut verringern, die Korruption effektiv bekämpfen und eine Isolation Rußlands in der Weltpolitik verhindern konnte. Dabei war das Ende des Krieges in Tschetschenien noch lange nicht in Sicht, Groznyj nach schweren Kämpfen immer noch nicht eingenommen – die sicher geglaubte Trophäe Tschetschenien konnte ihm noch durch die Finger schlüpfen.

Jelzin und seine Gefolgschaft verstanden das Problem sehr wohl. Um Putins Wahl zum Präsidenten abzusichern, mußte die Zeitspanne vor dem Votum verkürzt werden. Die gegenwärtige Siegeswoge mußte den Kronprinzen nun nach oben spülen. Einen günstigeren Zeitpunkt konnte man sich kaum vorstellen. Jelzin schien diesen für ihn so schweren Entschluß selbst gefaßt zu haben. Zwei Tage vor Silvester unterrichtete er Putin darüber. Natürlich lief das Finale nach einer glanzvollen Inszenierung der »Jelzin-Familie« ab. Am Vormittag des 31. Dezember 1999 trat der kranke Staatschef zurück und übergab Putin sein Zepter – das Atomköfferchen, mit dem er gerade noch Clinton gedroht hatte. Putin wurde Interimspräsident. Laut Verfassung mußten innerhalb der nächsten drei Monate die Präsidentschaftswahlen abgehalten werden, und niemand hatte den geringsten Zweifel mehr, wer am 26. März als Sieger die Ziellinie passieren würde.

In den nächsten Wochen blieb alles ruhig – außer auf dem Schlachtfeld in Tschetschenien, wohin Putin bald zum zweiten Mal als Kopilot im Cockpit eines Düsenfliegers reisen sollte. Der neue Staatschef nahm nur kleinere kosmetische Eingriffe in seinem Umfeld vor. Die Jelzin-Tochter zog in ein anderes Kremlbüro um, Borodin wurde – nachdem im Westen ein Haftbefehl gegen ihn ausgestellt wurde – auf den Posten des Generalsekretärs der russisch-weißrussischen Union abgeschoben. Als international gesuchter Wirtschaftsverbrecher konnte Borodin unmöglich ins Ausland fahren – seine Verhaftung hätte für Putin, der 1996/97 immerhin als Borodins Vize gearbeitet hatte, unangenehme Folgen und einen politischen Imageverlust mit sich führen können. Der zu offensichtlich als Lobbyist der Finanzclans aufgetretene Aksenenko wurde wieder zum Eisenbahnminister degradiert. Michail Kasjanow, ein wenig profilierter Finanzexperte, der allerdings die Umschuldungsverhandlungen mit den westlichen Gläubigerbanken erfolgreich geführt hatte, stieg zum einzigen Ersten Vizepremierminister und damit zum De-facto-Regierungschef auf.

Obwohl der Leiter der Präsidialadministration Woloschin, der einen entscheidenden Anteil am Sieg Putins hatte, vorerst im Amt blieb und die alte »Jelzin-Familie« durch ihn weiter im Kreml Präsenz zeigte, nahm der neue Hausherr einige Machtverschiebungen im Präsidialapparat – dem Herzstück der Macht – vor. Diesen Apparat kannte Putin aufgrund seiner früheren Tätigkeit in- und auswendig. Er kannte die Stärken und

Schwächen dieser Staatsmaschinerie. Er wußte genau, auf welche Knöpfe er drücken, welche Hebel er bewegen mußte, um den Präsidialapparat zu unterwerfen. Woloschin erhielt drei Putin-Getreue aus Sankt Petersburg als Stellvertreter zur Seite gestellt: den 40jährigen Apparatschik Igor Setschin, der Putin seit 1990 in allen Funktionen in Sankt Petersburg und Moskau als persönlicher Stabschef gedient hatte, sowie den 34jährigen Dmitrij Medwedew, Absolvent der Rechtsfakultät der Leningrader Staatsuniversität, Putins engen Rechtsberater aus dem Oberbürgermeisteramt von Sankt Petersburg. Dritter im Bunde wurde der 50jährige Wiktor Iwanow (nicht zu verwechseln mit einem anderen KGB-Vertrauten Putins, dem Sekretär des Sicherheitsrates Sergej Iwanow), den der Präsident seit 20 Jahren kannte. Iwanow war im Leningrader KGB/FSB von 1988 bis 1994 für den Kampf gegen Schmuggel und Wirtschaftskriminalität zuständig, als Putin den Außenhandel der Newa-Metropole beaufsichtigte. Danach ging Iwanow ins rege Geschäftsleben und wurde 1998 von FSB-Chef Putin in den Geheimdienst zurückgeholt – als Leiter der Abteilung für Gegenspionage im FSB. Im April 1999 wurde Iwanow Stellvertretender FSB-Chef, zuständig für Wirtschaftssicherheit. Seit Januar 2000 leitet er die Personalabteilung der Präsidialadministration.

Weitere Freunde und Kollegen Putins aus früheren Zeiten wurden in den Kreml befördert. Nachfolger von Borodin im Amt des Schatzmeisters des Kreml wurde der 41jährige Sankt Petersburger Unternehmer Wladimir Koschin, der während der Perestroika kurze Zeit in der Bundesrepublik Deutschland gearbeitet und dann Leiter der Föderalen Verwaltung für Devisen und Exportkontrolle für den Nordwesten Rußlands, später für Gesamtrußland wurde. Koschin stellte für Putin viele Beziehungen mit ausländischen Unternehmern her, als er einige Zeit als Generaldirektor der Gesellschaft für Gemeinschaftliche Unternehmen von Sankt Petersburg fungierte. Ein anderer Deutschlandfachmann, der 33jährige Igor Schtschegolew, der vor zwölf Jahren an der Leipziger Universität studierte, als Putin in der ehemaligen DDR als KGB-Offizier stationiert war, wurde Leiter des Pressedienstes des Kreml. Schließlich wurde der Absolvent der Rechtsfakultät der Leningrader Universität, späterer Mitarbeiter der Staatsanwaltschaft, Leiter der Rechtsabteilung des Sankt Petersburger Oberbürgermeisteramtes und Direktor einer Rechtsberatungsfirma, Dmitrij Kozak, an die Spitze der Regierungskanzlei Putins gestellt. Die Sankt Petersburger KGB-Connection ließ sich beliebig fortsetzen. Der schon mehmals erwähnte Sekretär des Nationalen Sicherheitsrates, Sergej Iwanow, kam genauso aus den Sankt Petersburger KGB-Strukturen wie der gegenwärtige FSB-Chef Nikolaj Patruschew. Letzterem vertraut Putin mehr als allen anderen. Mit ihm und Wiktor Iwanow hat sich Putin zwei hochkarätige Spezialisten für Wirtschaftskriminalität und zwei frühere Leiter der Abteilung für Gegenspionage in den eigenen Reihen des Geheimdienstes an die Seite geholt. Waren dies erste Andeutungen eines bevorstehenden Kampfes des neuen Präsidenten gegen die staatliche Korruption?

Die radikale Erneuerung des innersten Machtzirkels mit fast ausschließlich KGB-Offizieren aus Sankt Petersburg oder Personen mit unternehmerischen Kenntnissen aus der Gründerzeit der Perestroika, die wahrscheinlich früher eng mit dem örtlichen KGB kooperiert hatten, sagte viel über Putin aus. Offensichtlich vertraute er ausschließlich Personen, die ein ähnliches professionelles Karrieremuster wie er besaßen oder die er über Jahre genau studiert hatte. Was die neue Kernmannschaft der russischen Führung vereinte, war die relative Jugend, gemeinsame Jahre im KGB, wahrscheinlich ein Hang zur militärischen Disziplin, aber auch eine nicht zu übersehene Managementerfahrung im Umgang mit westlichen Firmen. Dieser Personenkreis – nach außen bislang wenig bekannt – öffnete und schloß von nun an die Türen zum Präsidenten. Er beriet den Präsidenten, bereitete und kontrollierte den Entscheidungsprozeß im Kreml und generierte Ideen. Somit hatten jetzt junge Sankt Petersburger KGB-Offiziere die Rolle von Jelzin-Tochter Tatjana Djatschenko übernommen.

Wer eine Kampfansage Putins an die Oligarchen erwartet hatte, sah sich getäuscht. Im Gegenteil, die Oligarchen durften den gemeinsamen Sieg mitfeiern und erhielten für ihre Unterstützung größere Geschenke überreicht. Berezowskij und Abramowitsch konnten sich die Filetstücke aus der Privatisierung der lukrativen Aluminiumkonzerne Westsibiriens ausschneiden und, nachdem sie das sibirische Öl längst kontrollierten, nun auch 70 Prozent von dieser strategisch wichtigen Rohstoffbranche unter ihre Obhut bringen. Noch im November 1999 hatte Putin ein unverhülltes Unterstützungsangebot der beiden Magnaten als Trojanisches Pferd bezeichnet und höflich abgelehnt: »Fürchtet die geschenkebringenden Danaer«, hatte er damals verlauten lassen. Trotzdem begann gleich nach den Dumawahlen eine neue Runde der großen Vermögensumverteilung in Rußland. Als Berezowskij während seines Vortrags im März 2000 in Berlin auf seine ungerechtfertigte Monopolstellung hingewiesen wurde, antwortete der Magnat lapidar: »Wir leben in einer Welt der Globalisierung. Alles fusioniert, auch DaimlerChrysler, auch die Deutsche und die Dresdner Bank.« Und er fuhr fort: »Das konsolidierte nationale russische Großkapital hat sich einen neuen Direktor ausgesucht – darin sehe ich den Sinn der Putin-Wahl.«

Putin schaute nur nach vorne in Richtung Präsidentschaft. Um diese schon in der ersten Runde zu gewinnen – und er benötigte diese ausgesprochene Legitimität ungemein –, mußten seine beiden Hauptkonkurrenten Primakow und Zjuganow ausgeschaltet werden. Putins

Taktik zielte nun darauf ab, das homogene kommunistische Lager aufzuweichen. Die Demokraten waren sowieso schon vom Kreml abhängig. Die nächste politische Intrige spielte sich im Januar 2000 im Parlament ab bei der Aufteilung der Posten der Ausschußvorsitzenden. Zum großen Erstaunen der Demokraten ging »Edinstwo« in dieser Frage eine taktische Koalition mit den Kommunisten ein. Die wichtigsten Ämter wurden unter den drei Fraktionen der Kommunisten, »Edinstwo« und »Volksdeputierter« aufgeteilt. Dabei wurden zwei Fliegen mit einer Klappe geschlagen: das Zjuganow-Elektorat wurde zufriedengestellt und Primakow daran gehindert, durch seine Wahl zum Parlamentsvorsitzenden eine politische Plattform für den Präsidentschaftswahlkampf zu erhalten.

Die Demokraten wurden Opfer des kaltblütigen Machtkalküls. Ihnen wurden ein paar wenig einflußreiche Posten angeboten. Verärgert zogen sich die Fraktionen »Vaterland«, »Union der Rechten Kräfte« und »Jabloko« aus dem Sitzungssaal zurück. Doch ihr Protest währte nicht lange. Kirijenko war der erste, der nach anfänglichen Schwankungen den Rückzug antrat und das niederschmetternde Ergebnis »schluckte«. Nach und nach löste sich auch der Boykott der anderen beiden Fraktionen auf. Putins Taktik blieb den meisten verschlossen. Tatsächlich war es eine weitere Demonstration der Stärke. Den Kommunisten wurde die Hand zur Versöhnung gereicht, ohne daß strategische Reformziele seitens des Kreml aufgegeben wurden. Den liberalen Kräften wurde in der neuen Machtkonstellation einfach ihr neuer Platz »zugewiesen« – nicht, wie sie angenommen hatten, in der ersten Reihe, sondern am Fuße des neuen Herrschers.

Der Wahlabend des 26. März 2000 brachte keine Überraschungen, die das Finale des »großen Spiels« um Macht im potentiell reichsten Land der Erde für die Siegermannschaft spannend gemacht hätten. Die Gegner waren frühzeitig schachmatt gesetzt, der Königsbauer ans Ziel gelangt. Die ersten Auszählungen aus dem Fernen Osten und Westsibirien zeigten Putin zunächst deutlich unter den notwendigen 50 Prozent der Stimmen und die Kommunisten bei weit über 30 Prozent. Jelzin, der bis in die Nacht hinein am Familientisch ausharrte, um auf den von ihm bestimmten Nachfolger anzustoßen, und Putin, der statt in die Kirche nach dem Urnengang sofort in die Sauna gefahren war, mußten bis Mitternacht zittern, bevor sie die beruhigende Nachricht vernahmen, auf die sie eigentlich schon früher gewartet hatten: 52,5 Prozent für Putin, 29,4 Prozent für Zjuganow, nur 5,8 Prozent für den sich tapfer wehrenden Liberalen Jawlinskij.

Das Ergebnis bestätigte den bestehenden Trend in der gegenwärtigen russischen Gesellschaft, der bei den Präsidentschaftswahlen 1996 und den Dumawahlen 1999 schon erkennbar geworden war. 60 Prozent der Russen stimmten für eine Law-and-order-Politik, gepaart mit Demokratie und Reformen. Sie sprachen bei den Parlamentswahlen »Edinstwo« als der Partei der autoritären Linie, aber gleichzeitig auch der »Union der Rechten Kräfte«, in der sich die wichtigsten Demokraten des Landes versammelt hatten, das Vertrauen aus. Bei den Präsidentschaftswahlen vereinigte Putin diese Stimmen auf seine Person in der ersten Runde. Bezeichnenderweise wurde nicht etwa Schirinowskij oder der Kommunist Aman Tuleew dritter, sondern der Liberale Jawlinskij.

Im März 2000 erhielt Rußland einen neuen starken und handlungsfähigen Präsidenten. Rußland beschritt nun den »dritten Weg« – zwischen Demokratie und Autoritarismus sowie zwischen westlichen liberalen und russischen traditionellen Wertvorstellungen – den 1991 bis 1993 Schirinowskij noch im primitiven Chauvinismus, 1996 Lebed in der Politik der harten Hand gesucht hatten, den aber nun Putin in starker Anlehnung an die Demokratie verkörperte. Daß die Manipulationsgewalt des Kremlapparates zum Wahlsieg beigetragen hatte, war natürlich unverkennbar. Insofern war die weitgehend fair verlaufene Wahlprozedur ein wichtiger, doch nur eingeschränkter Triumph der demokratischen Gesellschaft in Rußland. Einen Sieg trugen aber die Menschen trotzdem davon. Entgegen aller Befürchtungen lag die Wahlbeteiligung erneut bei fast 70 Prozent. Und nur 1,9 Prozent der Wähler stimmten gegen alle Kandidaten. Trotz aller Intrigen und Skandale der letzen vier Jahre erwies sich die Politikverdrossenheit der Russen, Gott sei Dank, als Trugschluß.

Teil III

Wer ist Putin?

Frage: Warum glauben alle, daß gleich nach den Wahlen Sie sich radikal ändern werden. Haben Sie wirklich den Wunsch, alles und alle zu verändern?
Putin: Das sage ich nicht!

(»Kommersant«, 10.3.2000*)*

Das kalte Lächeln

Putin war nun Präsident, aber niemand – auch nicht Personen aus dem Kremlapparat – konnte verläßliche Angaben darüber machen, welche Art von Politik der neue starke Mann durchführen würde. Putin blieb für das In- und Ausland eine Sphinx. Das Rätselraten ging weiter. Eines war gewiß: Mit dem Machtanstieg Putins würde in Rußland ein Generationswechsel erfolgen, ein anderer Wind wehen. Die Atmosphäre in der Elite und Gesellschaft wurde angespannter, manche meinten – eisiger. Ein russischer Journalist, der vor den Wahlen die »Deutsche Welle« in Köln besuchte, schilderte die neue Situation in Rußland so:

Ihr im Westen habt uns lange genug gedemütigt. Ihr habt uns ständig bevormundet, unser Land klein gehalten. Euer Verhalten uns gegenüber wurde dadurch begünstigt, daß an der Spitze unseres Staates sich ein Trinker befand, dessen Persönlichkeit mit den Jahren schon degeneriert war. Jetzt wird alles anders. Unser neuer Präsident ist ein innerlich starker, traditionell religiös geprägter und hochanständiger Mensch, der Rußland endlich wieder aufrichtet. Das russische Volk hat aus seiner Mitte in einer schweren Zeit einen neuen

Anführer erkoren. Eure Kritik an seiner Person ist Kritik an unserer Auferstehung.

Im Westen lösten solche Worte Verwunderung und ein gewisses Frösteln aus. Erinnerungen an die Endphase der Weimarer Republik wurden wach. Auch damals fühlte sich die ehemalige Großmacht Deutschland nach dem verlorenen Ersten Weltkrieg gedemütigt, von den anderen Mächten mißachtet und politisch isoliert. Auch damals verspürten die Menschen eine starke Sehnsucht nach einer hoffnungsvollen Lichtgestalt, die das Land schnell wieder aufrichten könnte. Der Vergleich des heutigen Rußlands mit dem damaligen Deutschland hinkte natürlich in vielerlei Hinsicht. Möglicherweise tat man Putin unrecht, wenn man ihn mit dem oben erwähnten Zitat seines Landsmanns identifizierte. Putin selbst wollte vielleicht gar nicht in diese »Messias«-Rolle, die ihm von einigen seiner Untertanen aufgedrängt wurde, hineinschlüpfen. Und was war schlecht daran, daß Rußland seinen Stolz zurückgewann, selbstbewußter in die Zukunft blickte, auf eigenen Beinen – ohne westliche Krücken – laufen mochte?

Die Person Putins wurde zu einem Phänomen. Russische Medien sprachen vom Rätsel, Geheimnis, sogar von einem Mysterium Putin. Zweifellos herrschte in Rußland in den Monaten vor der Wahl eine Putin-Hysterie, die für westliche Beobachter schwer erklärbar war. Russen älteren und jüngeren Alters, die man in den letzten zehn Jahren der jungen Demokratie als selbständig denkende, freiheitsliebende Menschen gekannt hatte, verfielen offenbar in falsche Illusionen und steigerten sich in Wunschvorstellungen hinein, die bei einer Enttäuschung in noch größerem Frust, Apathie und Aggression enden konnten. Der Personenkult um Putin wurde gar nicht einmal von ihm selbst genährt. Er und sein neuer Kremlstab waren von der Entwicklung selbst überrascht worden. Die in den letzten Jahren ins gesellschaftliche und finanzielle Abseits geratenen Intellektuellen, die sozial geplagte Bevölkerung, die durch ihren Statusverlust gedemütigten Soldaten und die für unbrauchbar erklärten Geheimdienstfunktionäre und andere Ordnungshüter – sie alle huldigten ihm und verbanden ihre Hoffnungen auf ein besseres Leben mit Putin. Die Medien ergötzten sich seiner politisch zweifelhaften Führungsnatur, übten Imagepflege wie in alten Zeiten – kaum ein Journalist wagte es, etwas Kritisches über den Staatschef zu berichten. Dies alles konnte nicht alleine mit der Kontrolle der Oligarchen über die Medien erklärt werden.

Dabei kannte man Putin in Rußland noch so wenig! Der größte Teil der Bevölkerung erblickte sein Gesicht zum ersten Mal bei seiner Vorstellung zum Premierminister Rußlands im August 1999 – also vor knapp einem dreiviertel Jahr! Für Experten könnte gerade dies das Phänomen erklären. Die Menschen hatten es satt, immer wieder die gleichen Funktionärsgesichter auf der politischen Bühne zu sehen. Ob Jelzin, Primakow, Luschkow oder Zjuganow – sie sprachen alle dieselbe alte Sprache, hatten denselben Stallgeruch, repräsentierten eine vergangene Zeit, hatten in den letzten Jahren viele Versprechungen gemacht und nur wenige gehalten. Nein, die Menschen sehnten sich nach einem Erneuerer, nach einem jüngeren unbekannten Politiker mit frischen Ideen, Durchsetzungskraft, Lebensfreude und politischem Geschick. Nach einem Politiker, dem man endlich nach so vielen enttäuschenden Jahren wieder glauben konnte. Putin war solch ein neues Gesicht. Auf ihn bezogen wurde das berühmte Tjutschew-Zitat über Rußland: »Ihn muß man nicht verstehen, an ihn muß man glauben!«

Das Phänomen Putin bestand auch darin, daß jeder Russe in ihm – wie im Spiegel – das sehen konnte, was er wollte. Anders als die hochnäsigen und oft arrogant und unnahbar wirkenden russischen Politiker sah Putin wie ein ganz normaler Durchschnittsbürger aus. Seine

Kleidung war schlicht, seine Redensart nicht so fein geschliffen, eher unbeholfen und manchmal unbedarft. Wäre er in den alten sowjetischen Plastikschuhen erschienen, an denen man Anfang der neunziger Jahre die russischen Touristen im Westen erkannte – niemand hätte sich darüber aufgeregt. Die Demokraten waren überzeugt, daß Putin die Reformpolitik beschleunigen wollte. Sie glaubten, bald in seine neue Regierung Aufnahme zu finden. Die Nationalisten waren überzeugt, daß Putin Rußland wieder zur Großmacht führen würde. Für die Anhänger der Law-and-order-Politik konnte es keinen geeigneteren Kandidaten für die russische Präsidentschaft geben. Nach dem erfolgreichen Tschetschenienfeldzug galt er als neuer »Sammler russischer Erde«. Putin inspirierte diese Anhängerschaft mit seiner oft verwendeten ungehobelten Kasernensprache. In Interviews sprach er davon, daß man die Tschetschenen »im Klo ertränken«, ihnen »die Fresse polieren« und auf sie »draufschlagen sollte, solange sie auf dem Boden liegen«. Als ihm der FSB kurz vor den Wahlen mit der Verhaftung eines der meistgesuchten tschetschenischen Terroristen, Salman Raduew, ein Geschenk präsentierte, entfuhr es Putin: »Seht mal, was wir da für ein Tier gefangen haben!«

Natürlich gab es in Rußland auch Gegenstimmen zu Putin, aber wenige. Die Journalistin Jewgenija Albaz sah sich im Wahlstudio des Senders NTW schon fast als zukünftige Dissidentin. In ihrer genauso verbitterten wie resignierenden Analyse bezeichnete sie Putin als das Spiegelbild einer kranken, verwirrten, in Ideen und Worten gefangenen russischen Gesellschaft. Er sei ein Straßenkind, bei dem nur Stärke und Schläue zählten, ein »unkomplizierter und entschlossener Kerl«, dessen Körpersprache einen »ziemlich unsicheren, mit vielen Komplexen belasteten Menschen« verriet. Die einzige Umgebung, in der er sich wohl fühle, so Albaz, seien Männer in Uniform. In der Tat: Kurz nach seinem Sieg bedankte sich der neue Präsident nicht etwa zuerst bei seinen Wählern, sondern rannte zu einer Polizeifeier.

Vor drei Jahren wurde in Rußland eine interessante soziologische Meinungsumfrage durchgeführt. Sie wurde vom Staat in Auftrag gegeben und brachte Ergebnisse, die sich in der Putin-Kampagne widerspiegelten. Über tausend Personen in den unterschiedlichsten Gegenden der Russischen Föderation erhielten eine Liste aller Herrscher Rußlands im 20. Jahrhundert präsentiert, in der sie ankreuzen mußten, für welche dieser Personen sie sich bei einer Präsidentschaftswahl entscheiden würden. Wer war der große Gewinner der Umfrage? Jurij Andropow, der KGB-Chef, der ebenfalls wie eine Sphinx im Jahre 1982 aus dem verborgenen an die Spitze der Sowjetunion katapultiert wurde, riesige Hoffnungen weckte, aber schon nach anderthalb Jahren verschied.

War Putin der neue Andropow? Jedenfalls verbreiteten er und seine Mannschaft dieselbe Aufbruchstimmung, die damals nach dem Tod Breschnews in der UdSSR zu spüren war. Putin schaffte es, im gegenwärtigen Rußland einen niemals für möglich gehaltenen breiten gesellschaftlichen Konsens innerhalb der Elite und Bevölkerung herbeizuführen. Der Gleichschritt, in dem heute die Russen marschierten, wirkte in mancher Hinsicht beängstigend. Putin hatte sich die seltsame Stimmung in der russischen Gesellschaft zu eigen gemacht, die sich plötzlich – wahrscheinlich aufgrund enttäuschter Erwartungen gegenüber dem Westen – in stärkeren nationalen Strömungen und Verschmähungen des westlichen Liberalismusmodells widerspiegelte. Putin vermittelte das Image eines aufgeklärten Herrschers, der marktwirtschaftliche Reformen »von oben« – nach dem »Chinesischen Modell« – durchsetzen wollte. Ziel dieser Politik, deren Konturen sich bisher nur oberflächlich abzeichneten, war die Rückkehr eines starken Ordnungsstaates in die Wirtschaftsprozesse ohne Aufgabe der in den letzten Jahren errungenen demokratisch-liberalen Werte. Putin war demnach ein national-liberaler Politiker. Für die Mehrheit der heutigen Russen war diese Politik populär.

Was hatte Putin in den drei Monaten seiner Interimszeit als Präsident erreicht? Groznyj wurde zwar von Rebellen befreit, die Stadt aber dem Erdboden gleichgemacht. Der eigentliche Tschetschenienkrieg war am Tag der Präsidentschaftswahlen noch immer nicht zu Ende – die Kämpfer hatten sich in die Berge verkrochen und leisteten von dort aus erbitterten Widerstand. Über seine künftige Wirtschaftpolitik sagte Putin ziemlich viel, aber wenig Konkretes. Seine in mehreren Artikeln im Internet und in der »Izwestja« veröffentlichten Diagnosen der bestehenden Wirtschaftsprobleme hörten sich realistisch an. Geschrieben hatten diese Artikel seine neuen Experten – mit dem deutschstämmigen Hermann Gref an der Spitze.

Noch in seiner Eigenschaft als Premierminister hatte Putin ein eigenes »Zentrum für Strategische Ausarbeitung« ins Leben gerufen. Gleich mehrere Oligarchen boten der neuen »Stiftung« sofort jede erdenkliche Finanzierungshilfe an – sowohl der Stromerzeugungskonzern »RAO EES« von Tschubajs, als auch Wjachirews »Gazprom«. Zum politischen Oberaufseher über den neuen »Think Tank« wurde der Leiter des Regierungsapparates Dmitrij Kozak ernannt. Zum eigentlichen Direktor wurde der Jurist Gref bestellt. Gref, 1964 in einer deutschen Familie in Kazachstan geboren, absolvierte 1990 die Rechtsfakultät der Leningrader Staatsuniversität, als Putin dort, gerade aus Dresden zurückgekommen, Studenten für den KGB-Dienst anwarb. Gref machte später in einer lokalen Privatisierungsbehörde von Peterhof, einem Vorort von Sankt Petersburg, Karriere. Nach Putins Machtübernahme wurde Gref Wirtschaftsminister, verantwortlich für Reformen. Eine Schlüsselrolle im Zentrum spielte fortan der ehemalige Dissident

Gleb Pawlowskij, der eigentliche »Image-maker« Putins. Pawlowskij und sein Stellvertreter, der Politologe Sergej Markow, entwickelten sich während der ersten Monate der Präsidentschaft Putins zu den wichtigsten politischen Strategen für die Innen- und Außenpolitik des Kreml. Sie waren es, die Putins Politik der Westorientierung mit aus der Taufe hoben. In der Umgebung Putins tauchten plötzlich viele, zuvor unbekannte Gesichter mit deutschen Namen auf, so Maxim Meier, der 2001 zum Mitgestalter des deutsch-russischen Dialogs hinter den Kulissen wurde. Nach Ansicht des Moskauer Politologen Wagif Gusejnow, der für Luschkows Konzern »Sistema« Analyseberichte anfertigt, war die Heranziehung einer solch großen Zahl von deutschstämmigen Experten kein Zufall. Auch andere Moskauer Quellen berichteten vor und nach den Präsidentschaftswahlen, daß der neue Präsident gerade auf eine strategische Kooperation mit Deutschland – in wirtschaftlichen und anderen Fragen – große Stücke setzt. Deutschland kannte Putin wie kein anderes Land. Dort fühlte er sich nach eigenem Bekunden wie zu Hause.

Eines der neuen außenpolitischen Programme Putins hat der renommierte Rat für Außen- und Verteidigungspolitik unter Leitung von Sergej Karaganow ausgearbeitet. Die bekanntesten Politologen Rußlands, wie Alexej Puschkow, Wjatscheslaw Nikonow, Andrej Fedorow oder Alexej Arbatow, schrieb fleißig an der neuen außenpolitischen Strategie Rußlands für die nächsten zehn Jahre.

Ein häufiger Besucher des »Zentrums für Strategische Ausarbeitungen« war der Sankt Petersburger FSB-General Wiktor Tscherkesow. Ihm soll Putin die Aufgabe gestellt haben, eine Studie über die Korruptionsbekämpfung und eine Analyse über eine verstärkte FSB-Kontrolle über die Regionen zu verfassen. Tscherkesow soll zum neuen Chef der Präsidialadministration berufen werden, um von dort aus den ständig aufgeschobenen Kampf gegen die Korruption im Land zu führen. Weder Putin noch seine Generäle haben in den Jahren nach den Wahlen erkennen lassen, wie sie die Korruption – Andropows Steckenpferd! – effektiv bekämpfen, das Fluchtkapital stoppen und die notwendigen Voraussetzungen auch für westliche Auslandsinvestitionen, ohne die laut Putin Rußland wirtschaftlich nicht gesunden kann, schaffen wollen. Prinzipiell klangen die Absichtserklärungen gar nicht so schlecht. Jeder seriöse Wirtschaftsvertreter weiß, daß man in Rußland zunächst Ordnung schaffen muß, bevor eine wirklich liberale Marktwirtschaft gedeihen kann. Doch Putins Ruf könnte auch verhallen – wenn er wie alle seine Vorgänger an der praktischen Implementierung seiner Vorhaben scheitert. Kein einziger Auftragsmord ist in den letzten zehn Jahren in Rußland tatsächlich aufgeklärt worden.

Es gibt allerdings Töne in Putins politischen Ankündigungen, die, wie vage sie auch immer sein mögen, westliche Beobachter zusammenzucken und bei eingefleischten Sicherheitspolitikern instinktiv die Alarmglocken läuten ließen. Putins Erlasse über die Wiedereinführung des Militärunterrichts an Grundschulen und massenhafte Einberufungsbefehle an Reservisten für militärische Übungen – Dinge, die mit dem Untergang der Sowjetunion vergessen schienen – ließen auf eine schleichende Militarisierung von Staat und Gesellschaft schließen. Ein Jahr nach seiner Wahl führte Putin plötzlich die alte sowjetische Nationalhymne, wenn auch mit verändertem Text, wieder ein. In der Armee wurde das rote Sowjetbanner rehabilitiert. Auch an Stalin wurde wieder positiv erinnert.

Das Finale des großen und genialen »Great Game« um Geld, Macht und Kontrolle über eines der reichsten Länder dieser Welt scheint beendet, oder geht das Spiel weiter? Putins rasanter Aufstieg symbolisierte eine Symbiose zwischen Finanzclans und Sicherheitsdiensten – eine Verschmelzung von Geld und Macht –, die es in dieser Form in Rußland noch nicht gegeben hat. Bisher hatte die russische Hochfinanz die Sicherheits- und Geheimdienste für den Schutz ihrer Interessen instrumentalisiert. Aber nun drehte Putin, mit kaltem Lächeln, den Spieß langsam um. Die Oligarchen mußten sich entweder einem Zivilisierungsprozeß stellen und fortan staatlichen Interessen dienen, oder sie wurden aus ihren Vorstandsämtern von Geheimdienstleuten Putins verdrängt. Die zwei bekanntesten Oligarchen, Berezowskij und Gusinskij, setzten sich ins Ausland ab, um einer drohenden Verhaftung zu entgehen. Berezowskij versucht seitdem, aus seinem Londoner Exil eine Widerstandsbewegung gegen Putin zu formieren – bisher ohne Erfolg.

Erste Bewährungsproben

Den etwa 200 Zuhörern im Saal der Villa der Deutschen Gesellschaft für Auswärtige Politik in der Rauchstraße war das Lachen vergangen. Es war Februar 2000, der neue Mann im Kreml hatte nun auch der russischen Außenpolitik seinen Stempel aufgedrückt. Vor dem auserlesenen Berliner Publikum sprach der neue Vorsitzende des Auswärtigen Ausschusses der Staatsduma, Dmitrij Rogozin. Es war kein versöhnlicher Ton, den der großgewachsene junge Mann einschlug. Selbstbewußt las der neue mächtige Entscheidungsträger im Umfeld Putins bei seinem ersten Auslandsbesuch in der neuen Funktion dem Westen die Leviten: »Rußland möchte kooperieren, aber sich nicht alles gefallen lassen!« tönte der 38jährige Rogozin. Und er zählte die Fehler des Westens Punkt für Punkt auf. Aggression gegen Jugoslawien unter Verletzung internationaler Rechtsstaatlichkeit: Der UNO-Sicherheitsrat, in dem Rußland eine Vetomacht ist, wurde ausgehebelt. Ausstieg der USA aus dem ABM-Vertrag: Damit versuche Washington, sich gegenüber Interkontinentalraketen vermeintlicher Aggressoren zu schützen, in Wirklichkeit aber das jahrzehntelang bestehende Gleichgewicht der »Verwundbarkeit« zwischen den beiden Atomweltmächten zu seinen Gunsten zu verändern. Nichtratifizierung des Atomteststopvertrages im amerikanischen Kongreß: Damit gefährde Washington das Nichtverbreitungsregime für Massenvernichtungswaffen. Verurteilung Rußlands im Tschetschenienkrieg: Der Westen wäre sich über die Greueltaten der tschetschenischen Kämpfer nicht im klaren, Rußland hätte das Recht, sein Territorium gewaltsam zu verteidigen.

Rogozin übte auch Kritik an der russischen PR – diese wäre erbärmlich gewesen. Die russische Seite hätte es versäumt, dem Westen die wirkliche Situation in und um Tschetschenien zu erklären. Rogozins Worte fanden scheinbar Widerhall im Kreml. Putin ernannte den ehemaligen Pressesekretär von Jelzin, Jastrschembskij, mit dem er zwei Jahre lang in der Präsidialadministration Schulter an Schulter gearbeitet hatte, zu seinem neuen PR-Mann für Tschetschenien. Damit übernahm der Diplomat die Rolle des NATO-Sprechers Jamie Shea im Kosovokonflikt.

Rogozin war am Ende seiner Rede angekommen. Sein Ton wurde sanfter: »Präsident Putin hat ein besonderes Verhältnis zu eurem Land!« Botschafter Immo Stabreit, ein rußlanderfahrener Diplomat, der die Sitzung leitete, horchte auf. »Jetzt kommt die deutsche Karte«, flüsterte jemand. Rogozin, Jastrschembskij – das waren die neuen jungen Gesichter der russischen Außenpolitik. Sie hatten ein selbstsicheres Auftreten, waren von ihrer Überzeugung her Antikommunisten, sprachen mehrere Fremdsprachen, sahen äußerlich aus wie Westler, machten jedes Jahr Urlaub am Mittelmeer, kannten die westliche Mentalität und das westliche Wertesystem. Hätte es den Tschetschenienkrieg nicht gegeben, man könnte diese neue Politikergeneration in die Arme schließen. Was den Westen allerdings an der neuen Politikergeneration Putins irritierte, waren ihre russischen Großmachtambitionen. Für sie stand ein starker Staat an erster, Demokratie an zweiter Stelle. In der Außenpolitik wollten sie als gleichwertige Partner akzeptiert werden; sie waren davon überzeugt, daß man den Faktor Rußland in der Weltpolitik niemals würde umgehen können. Eine Weltpolitik ohne Rußland war für sie völlig absurd und undenkbar. Was die neue junge Führungsschicht Rußlands von den westlichen Eliten unterschied, waren völlig andere historische Erfahrungen und divergierende Ansichten über die Spielregeln der internationalen Politik im Zeitalter der Globalisierung. Die neue Putin-Generation demonstrierte offen ihren Patriotismus, den viele im Westen als ein Überbleibsel des 19. Jahrhunderts bezeichneten. Der bekannte außenpolitische Kommentator Alexej Puschkow brachte es Ende Januar 2000 am Rande der ersten Sitzung des EU-Rußland-Forums in Berlin auf den Punkt: »Wir werden zusammengehalten vom Gefühl, eine Großmacht zu sein, wenn man uns dieses Gefühls beraubt, verlieren wir die uns vereinigende Idee.« Und Alexander Solschenizyn ermahnt den Westen seit drei Jahrzehnten, doch endlich zu verstehen, daß Rußlands Transformation vom Kommunismus zu einem modernen Staat nur durch eine Rückorientierung auf die traditionellen russischen Werte des 19. Jahrhunderts erfolgreich verlaufen kann.

Trotz der heftigen Worte fand Rogozin Beifall unter etlichen Zuhörern. Abgeordnete verschiedener Parteien, Vertreter von DaimlerChrysler, Journalisten umringten ihn. Professor Kaiser lud alle in das französische Restaurant »Du Pont« um die Ecke ein. Die Ehrlichkeit, mit der der Russe montenegrinischer Abstammung gesprochen hatte, imponierte. Natürlich waren die wenigsten mit ihm einverstanden. »Es geht nicht, daß Rußland ständig vor die Alternative gestellt wird: entweder Partnerschaft gemäß westlichen Vorstellungen oder Konfrontation«, provozierte der Gast. »Die russische Seite sollte nicht immer jammern, sie würde schlecht behandelt werden. Im Westen ist der Eindruck entstanden, Rußland erachte westliche Finanzhilfen als etwas Selbstverständliches. Uns alleine als nachsichtigen Kreditor zu verstehen ist ein wenig dürftig«, lautete die westliche Botschaft an den Parlamentarier. »Wir werden bald wieder Großmacht sein, deshalb unterschätzt uns nicht«, drohte Rogozin lächelnd mit erhobenem Zeigefinger. »Rußland kann doch ohne westliche Hilfe kaum überleben, es soll sein Potential nicht überschätzen«, hielt man ihm entgegen. »Helft uns wieder auf die Beine zu kommen – Europa braucht Rußland, um gemeinsame Herausforderungen in Zukunft zu bestehen«, sagte Rogozin und hob sein mit Rotwein gefülltes Glas.

»Der IWF hat Rußland seit 1992 Kredite in Höhe von 21 Milliarden US-Dollar gewährt, während im gleichen Zeitraum an die 180 Milliarden US-Dollar Rußland als Fluchtkapital verlassen haben! Wenn ihr dieses Geld zurückbekommt, braucht ihr keine westlichen Hilfen mehr«, meinte ein deutscher Bundestagsabgeordneter und klopfte Rogozin freundlich auf die Schulter.

Die Diskussion zeigte auf: Rußland und der Westen hatten ein Wahrnehmungsproblem. Nach Beendigung des kalten Krieges war auf der Grundlage westlicher demokratischer Werte zunächst eine neue Weltordnung entstanden, zu der sich anfangs auch das postsowjetische Rußland hingezogen fühlte. Nach dem gescheiterten Augustputsch und der Auflösung der Sowjetunion im Jahre 1991 suchte Rußland unter Jelzin den Anschluß an die westlichen sicherheits- und wirtschaftspolitischen Strukturen. Das neue demokratische Rußland war bereit, sein kommunistisches Erbe abzuschütteln und westliche Spielregeln in der internationalen Politik zu akzeptieren in der Hoffnung auf westliche Hilfe für die schwierigen wirtschaftlichen und gesellschaftlichen Transformationsprozesse. Die Kooperation zwischen den Hauptrivalen des kalten Krieges entwickelte sich zunächst außerordentlich positiv. Doch schon Mitte der neunziger Jahre war die »romantische Annäherungsphase« zwischen Rußland und dem Westen zu Ende. Rußland wurde in einen grausamen Krieg in Tschetschenien verwickelt und dafür im Westen hart kritisiert. Der Westen weitete die NATO nach Osten aus – und stieß dabei auf harten Widerstand Moskaus. Rußland überdachte seine Beziehungen zum Westen und nahm Abstand von der anfänglichen Strategie einer raschen Integration in die demokratische Staatengemeinschaft.

Rußlands Probleme lagen darin, daß es, anders als Polen, Ungarn oder Tschechien, drei Transformationsprozesse gleichzeitig durchlaufen mußte. Nicht der Aufbau von Demokratie und Marktwirtschaft, sondern der Prozeß der Dekolonisierung machte Rußland am meisten zu schaffen, denn hier lag Moskau in immer schärfer werdender Kollision mit dem Westen. Der Westen wollte ein demokratisches und marktwirtschaftliches Rußland zum Partner haben, aber keine dominierende Großmacht. Deshalb forderte die westliche Gemeinschaft den Kreml ständig zur Abkehr von zentralistischem Staatsaufbau und Großmachtdenken auf. Die russische Herrschaftselite war überzeugt, daß jegliche weitere Föderalisierung des Staates den Separatismus, wie den gewalttätigen in Tschetschenien oder den subtileren in Tatarstan, anheizen könnte. Während in der ersten Hälfte der neunziger Jahre ein Großteil der Bevölkerung noch befürchtete, daß der Tschetschenienkrieg 1994 bis 1996 das demokratische Fundament des jungen russischen Staates erschüttern konnte, unterstützte sie den zweiten Tschetschenienkrieg in dem Glauben, daß nun die Einheit des Staates auf dem Spiel stand.

Auch hinsichtlich der künftigen Entwicklung in der GUS lag Rußland oftmals auf Kollisionskurs mit dem Westen. Der Westen pochte auf dem Prinzip des geopolitischen Pluralismus als Grundlage der Beziehungen Rußlands zu den ehemaligen Republiken der UdSSR. Moskau bezeichnete die neuen unabhängigen Staaten bis 1996 als »nahes Ausland« und suggerierte damit eine nur halbherzige Akzeptanz ihrer Souveränität. In der zweiten Amtszeit Jelzins wehrte sich das wirtschaftlich strauchelnde und nach dem verlorenen ersten Tschetschenienkrieg auch militärisch geschwächte Rußland kaum mehr gegen die erneut einsetzende Desintegration auf postsowjetischem Territorium. Gegen Ende der neunziger Jahre entstand im Süden der GUS ein alternatives strategisches Bündnis, die GUUAM, benannt nach den Anfangsbuchstaben der Mitgliedstaaten Georgien, Ukraine, Usbekistan, Aserbaidschan und Moldawien. Nachdem Rußland schon Anfang der neunziger Jahre die Luftkontrolle über das Baltikum verloren hatte, erfuhr es in der zweiten Hälfte der neunziger Jahre eine Schwächung seiner Verteidigungskapazitäten im Kaspischen Raum. Der neue Präsident Putin wollte jetzt versuchen, die Integration der GUS auf eine qualitativ neue Stufe zu stellen. Er lockte die ehemaligen Sowjetrepubliken mit der Öffnung des russischen Marktes an und wollte die Expansion des russischen Wirtschaftskapitals in diese Länder politisch mit unterstützen. Dafür schien es fast schon zu spät zu sein. Die GUUAM-Staaten hatten sich nach dem Westen orientiert. Nach den Terrorangriffen vom 11. September 2001 stationierten die USA und ihre NATO-Verbündeten im Kaspischen Raum massenweise Truppen.

Spätestens im Verlauf des Kosovokrieges verstand Rußland, daß es seine Großmachtansprüche nicht gegen die Interessen des Westens durchsetzen konnte. Um sich in die Weltgemeinschaft zu integrieren, mußte sich Rußland internationalen Verhaltensregeln der westlichen Zivilisation unterordnen. In den letzten Jahren griff der Westen – hauptsächlich die Führungsmacht USA – oft in den politischen Entwicklungsprozeß ein, um Moskau im Fahrwasser der Westöffnung zu halten. Im März 1997 versprach US-Präsident Clinton seinem Kollegen Jelzin in Helsinki, sich für die vollständige Integration Rußlands in die G-7 und die WTO einzusetzen, falls dieser die erste Runde der NATO-Osterweiterung akzeptieren würde. Zwei Jahre später schaffte es der Westen im Kosovokrieg wieder, das polternde und drohende Rußland in die westliche Balkanstrategie einzubinden. Schließlich gelang es westlichen Regierungschefs auf dem OSZE-Gipfel in Istanbul im November 1999, trotz des Tschetschenienkrieges die Kluft zwischen dem Kreml und dem Westen nicht größer werden zu lassen.

Damals ließ sich Jelzin jedesmal einbinden; Rußland schlitterte nicht in eine antiwestliche Konfrontation. Der ehemalige russische Präsident hielt instinktiv an dem 1988 von Gorbatschow eingeschlagenen Kurs der Westanbindung Rußlands fest, wohl wissend, daß Rußland langfristig ohne westliche Hilfe seine Wirtschaftsreformen nicht zu Ende führen konnte. Doch die russische Außenpolitik gegenüber dem Westen änderte sich trotzdem. Um dem immer stärker werdenden amerikanischen Führungsanspruch in der Weltpolitik zu trotzen und die Entwicklung zu einer unilateralen Weltordnung zu verhindern, entschloß sich die russische Herrschaftselite, alle Kräfte zu mobilisieren, um Rußland wieder zu einer Großmacht – zu einem Gegenpol der USA – zu machen. Diese Strategie war mit dem Namen des damaligen Außenministers Primakow eng verbunden. Sie war auch eine direkte Antwort auf die westliche NATO-Osterweiterung. Primakow bastelte auf der Suche nach Bündnispartnern für eine solche Politik an einer Allianz Rußland/China/Indien. Tatsache blieb jedoch, daß Rußland trotz seiner Bemühungen keine wahren Verbündeten gewinnen konnte. China und Indien hatten längst eigene weltpolitische Interessen entwickelt, die sich nur bedingt mit denen Rußlands deckten. Auch wollten diese Staaten keineswegs, daß Rußland im 21. Jahrhundert wieder zu einer dominierenden Großmacht in Eurasien aufstieg. China zeigte sich nur gewillt, das von Rußland initiierte Spiel der strategischen Partnerschaft mitzuspielen, um den Einfluß der USA in der Weltpolitik einzudämmen. In Wirklichkeit versuchten nun diese Staaten ihrerseits Rußland gegen den Westen auszuspielen, was Moskau in seiner Überheblichkeit oft verkannte.

Eigentlich sah auch Putin zur pragmatischen Kooperation mit dem Westen keine Alternative. Allerdings versuchte er ein neues Strategiekonzept zu entwickeln, mit dem das Land so in die Weltwirtschaft und die internationale Staatengemeinschaft integriert werden konnte, daß Rußland seine eigenen politischen und wirtschaftlichen Interessen besser wahren könnte. Offensichtlich betrachtete die neue Führung die bisherige Fixierung auf die USA als strategischen Fehler, da gerade die USA in den letzten Jahren alles getan hatten, um ein Wiedererstarken ihres ehemaligen Rivalen auf der weltpolitischen Bühne zu verhindern.

Seit seiner Machtübernahme hat Putin den islamischen Extremismus als globale Gefahr für Rußland gesehen. In seiner Autobiographie schilderte er ausführlich, wie der radikale Islam versucht, sich vom Nahen und Mittleren Osten her auf das südliche Gebiet der GUS auszubreiten und – über die Eroberung des Nordkaukasus – auch in Richtung des Wolgabeckens zu orientieren. Entlang der Wolga, wo sich die wichtigsten russischen strategischen Ölreserven befinden, lebt der Großteil der russischen-islamischen Bevölkerung – in Tatarstan und Baschkyrtostan. Wenn extremistische islamische Kräfte diese Gegenden unter ihren Einfluß bringen und bis zum Ural vorstoßen würden, wäre – so Putin – eine Aufspaltung Rußlands in einen europäischen und einen asiatischen Teil besiegelt. Rußland würde seine Staatlichkeit verlieren. Von großer Bedeutung für Europa wird es sein, wie Putin künftig sein Verhältnis zum Islam definiert. Der Vielvölkerstaat Rußland kann sich eine Ausweitung des Konfliktes mit dem Islam wie in Tschetschenien nicht leisten. Man weiß aus der Geschichte, wie gefährlich solche Entwicklungen werden können. Schon die unterschiedlichen Auffassungen zum Kosovokonflikt im Vielvölkerstaat Rußland, wo die muslimische Bevölkerung an der Seite der Kosovoalbaner stand und die russische Bevölkerung an der Seite der Serben, haben gezeigt, daß hier viel Sprengstoff lagert.

Ähnlich wie bei seinem innenpolitischen Lavieren zwischen Kommunisten und Demokraten, autoritären und liberalen Ideen, der Einführung der Staatskontrolle und gleichzeitigen Stärkung des privaten Sektors, verfuhr der neue Präsident zunächst auch in der Außenpolitik. Solange er seine Macht im Innern nicht konsolidiert hatte, wollte er es allen recht machen. Einerseits versprach er der westlichen Wirtschaft ein neues Paradies auf dem russischen Markt. Damit gewann er die deutschen, französischen, englischen und amerikanischen Unternehmer als wichtige politische Verbündete im Bemühen, die westlichen Regierungen rußlandfreundlich zu stimmen. Den westlichen Regierungen suggerierte er seine Bereitschaft über eine russische Mitgliedschaft in der NATO nachzudenken. Andererseits nährte Putin durch seine ständige Anlehnung an das Militär die russischen Großmachtambitionen. Das einzige wirkliche Großmachtattribut – die Atomwaffen – sollte als ein rhetorisches Druckmittel gegenüber dem Westen im politischen Handwerkskasten des Präsidenten immer »griffbereit« liegen.

Die Wiederherstellung militärischer Größe wurde zur Priorität der Politik Putins erklärt, die Streitkräfte wurden sein Hätschelkind. Eine russische Journalistin bemerkte: »Putin hat in den letzten Wochen alles nachgeholt, was er früher in der Armee verpaßt hat, weil er keinen Wehrdienst ableisten mußte. Er ist im Jagdflieger geflogen, er tauchte mit einem russischen U-Boot in die Tiefe, er übernachtete in der Kapitänskajüte auf einem Flugzeugträger, er zündete eigenhändig eine Kurzstreckenrakete für einen Testabschuß – nur in den Weltraum ist er noch nicht geflogen.« Noch als amtierender Präsident hob Putin den Verteidigungshaushalt und das militärische Beschaffungsprogramm für neue Waffensysteme um jeweils 50 Prozent an. Einige Rußlandexperten, wie Hannes Adomeit, sprachen daraufhin von einer schleichenden Militarisierung der russischen Außen- und Sicherheitspolitik. Andere Beobachter verwiesen aber darauf, daß Putin den unter Jelzin praktisch brachliegenden hochtechnologischen Rüstungssektor nicht quantitativ, sondern qualitativ zum neuen Motor der Gesundung der gesamten russischen Industrieproduktion machen wolle.

Ein strategisch wichtiger Partner für Rußland wurde natürlich die Europäische Union. Als Reaktion auf die von der EU jetzt verwirklichte Gemeinsame Außen- und Sicherheitspolitik (GASP) wollte Rußland bei der Festlegung einer neuen EU-Verteidigungsidentität nicht abseits stehen. Moskau befürchtete, nach der NATO-Osterweiterung und der Stärkung transatlantischer Strukturen auf dem Balkan und im Kaspischen Raum nun auch von den Integrationsprozessen innerhalb der EU isoliert zu werden. Die russische Führung hatte Westeuropa das Angebot des Aufbaus eines paneuropäischen kollektiven Sicherheitssystems auf der Basis einer Kooperation Rußland/WEU unterbreitet. Die neue russische EU-Strategie sah eine verstärkte wirtschaftliche Hinwendung Rußlands zu Westeuropa vor. Europäische Energiegesellschaften sollten durch lukrative Konzessionen auf den russischen Markt gelockt werden, der Euro sollte den Dollar als ausländische Währungsreserve ersetzen. Rußland offerierte der EU die Zusammenarbeit beim Aufbau eines paneuropäischen Transportnetzwerkes und gemeinsamer Öl- und Gaspipelines. Rußland befürchtete, durch die gegenwärtige Errichtung der eurasischen Transport- und Kommunikationskorridore durch den Kaspischen Raum von wichtigen Handelsströmen abgeschnitten zu werden. Weitere Angebote Rußlands an die EU beinhalteten die Schaffung eines globalen Navigations- und Informationsraumes und eine verstärkte Zusammenarbeit im Kampf gegen die organisierte Kriminalität. Schließlich versprach Rußland, seine Wirtschaftsreformen stärker auf das Modell der sozialen Marktwirtschaft führender EU-Staaten auszurichten, was als Abgrenzung vom liberal-wirtschaftlichen Modell der USA verstanden werden sollte.

In Deutschland hat so mancher mit Putins Machtübernahme Hoffnungen auf eine verstärkte Annäherung zwischen Deutschland und Rußland verknüpft. Nach alldem, was man über den neuen Präsidenten weiß, ist er in höchsten Maßen germanophil, wobei sein Deutschlandbild scheinbar von einem besonderen Romantizismus geprägt ist. Aus seiner Autobiographie geht hervor, daß er neben Finnland kein anderes Land so oft besucht hat wie Deutschland. Putin kennt sich nicht nur in der deutschen Politik und in der Mentalität der deutschen Elite besser aus als so mancher seiner deutschlanderfahrenen Diplomaten. Putin hat die DDR und danach das wiedervereinigte Deutschland ausgiebig bis in die entlegensten Winkel privat bereist – wie vor 300 Jahren Peter der Große die Niederlande. Seine beiden Töchter haben eine deutsche Ausbildung genossen. Die Putins pflegen auch heute noch einen deutschen Freundeskreis.

Vor zwei Jahren sprach man davon, daß die deutsch-russischen Beziehungen wohl nie so gut und stabil gewesen wären wie unter Jelzin und Kohl. Deutschland wurde zum wichtigsten Anwalt Rußlands bei seiner Integration in die europäischen Wirtschafts- und Sicherheitsstrukturen. Kein anderes Land hatte die russischen Reformen in den neunziger Jahren so massiv unterstützt wie Deutschland, kein anderes Land verfügte über so viele Firmenvertretungen in Rußland. BMW investierte in ein Automobilwerk in Kaliningrad, Ruhrgas kaufte fast fünf Prozent der »Gazprom«-Aktien, und DaimlerChrysler errichtete ein großes Bürohaus in der Moskauer Innenstadt. Auch während der zahlreichen Staatskrisen zeigte Deutschland mehr Vertrauen und Verständnis für die notwendigen Kurskorrekturen an der Reformpolitik als andere G-7-Länder.

Die »Männerfreundschaft« zwischen Kohl und Jelzin ermöglichte es, alle Krisen – angefangen vom Skandal um den Plutoniumschmuggel über den Krieg in Tschetschenien bis hin zur Beutekunst-Frage – unbeschadet zu überstehen. Kohls Rußlandpolitik der Saunagänge und Bootsfahrten trug dazu bei, daß im Zuge der Abkehr Rußlands von der »romantischen Phase« der Politik der Westöffnung Mitte der neunziger Jahre das positive Deutschlandbild nicht beschädigt wurde. Die Schuld an der NATO-Osterweiterung wurde in Moskau den Amerikanern, nicht den Deutschen zugeschoben. Die russische Elite verband das Eindringen des westlichen Einflusses in den postsowjetischen Raum mit der Politik der USA, nicht mit derjenigen Deutschlands. Das wiederum stärkte die potentielle Vermittlerrolle Deutschlands zwischen Rußland und dem Westen. Das geschickte Taktieren Kohls in seiner zur »Chefsache« erklärten Rußlandpolitik vermochte die NATO-Osterweiterung gegenüber Moskau abzufedern.

Kohl half Jelzin nicht nur mit großzügigen Krediten. Zwischen Bonn und Moskau entwickelten sich interessante Projekte, wie beispielsweise die gemeinsame Produktion des Militärflugzeugs Antonow-70, das später aufgrund innereuropäischer Differenzen auf Eis gelegt wurde, aber auch eine immer engere Zusammenarbeit in der Erdgasversorgung sowie eine Kooperation bei der internationalen Verbrechens- und Terrorismusbekämpfung. In keinem anderen Bereich war Deutschland angesichts der drohenden sozialen Krise in Rußland auf die Mithilfe der russischen Partner so stark angewiesen wie bei der Bekämpfung von Schmuggel, Drogentransfer, Proliferation von Nuklearmaterial, illegaler Migration und internationalem Terrorismus. Die Deutsche Gesellschaft für Auswärtige Politik und andere Nichtregierungsorganisationen veranstalteten in der zweiten Hälfte der neunziger Jahre mehrere Treffen mit russischen Vertretern, besonders zum Thema Zusammenarbeit bei der Bekämpfung der internationalen Kriminalität. Der damalige Staatsminister im Bundeskanzleramt, Bernd Schmidbauer, und sein Abteilungsleiter August Hanning, der später die Leitung des Bundesnachrichtendienstes übernahm, waren, neben russischen Ministern, oftgesehene Teilnehmer solcher Seminare im Juni 1998 in der Bad Godesberger »Redoute« sowie im Dezember 1997 in der Regierungsdatscha Bor, nicht weit von Moskau entfernt. Nach Putins Machtübernahme organisierte der Kreml eine spezielle Dienstreise für BND-Chef Hanning nach Tschetschenien, damit er sich ein objektives Bild machen konnte.

Die deutsch-russischen Beziehungen erweckten keinesfalls den Eindruck einer Achse Bonn–Moskau hinter dem Rücken anderer europäischer Mächte, wie es so mancher Großmachtpolitiker in Rußland vielleicht wünschte. Natürlich irritierte es die Deutschen, wenn Moskau die außenpolitische Linie des wiedervereinigten Deutschlands falsch auslegte und sich darüber enttäuscht zeigte, daß Bonn seine Nachkriegsrolle als integrativer Bestandteil Westeuropas nicht aufgeben wollte. Deutschlands klare Absage an die Neuauflage des »Konzerts der Mächte« in Europa zerstörte russische Hoffnungen auf eine Wiederholung der »Rapallo-Politik« der zwanziger Jahre des letzten Jahrhunderts.

Deutschland weigerte sich beharrlich, mit Rußland hinter dem Rücken der Amerikaner und Mittelosteuropäer über die künftige Sicherheitsstruktur Europas zu sprechen. Um Jelzin nicht ganz zu vergrämen und andererseits das Mißtrauen anderer europäischer Mächte durch eine zu enge deutsch-russische Zusammenarbeit nicht zu wecken, wurde die Idee einer »Troika« geboren. Im März 1998 trafen sich die Staatschefs von Rußland, Deutschland und Frankreich zu einem lockeren Meinungsaustausch in der Residenz Bor bei Moskau. Frankreich spielte dort die »europäische Anstandsdame«. Rußland mag damals bereit gewesen sein, mit den Europäern Tango zu tanzen, um in Washington Eifersucht zu erwecken, aber auch Jelzin mußte schließlich eins klargeworden sein: Die Europäer blieben noch mit den USA verheiratet. An eine Scheidung war nicht zu denken. Ein attraktiverer Partner war nicht in Sicht.

Im Herbst 1998 kam in Deutschland die neue Schröder-Fischer-Regierung an die Macht. In den deutsch-russischen Beziehungen veränderte sich in der Hauptsache nicht viel, aber die Atmosphäre wurde doch ganz anders. Schröder setzte in seiner Rußlandpolitik nicht wie Vorgänger Kohl auf die »große historische Perspektive«, sondern auf nüchternen Pragmatismus. Für den neuen Kanzler war Deutschland nun einmal der größte Gläubiger Rußlands. Als Schröder an die Macht kam, belief sich der russische Schuldenberg gegenüber dem Ausland auf 130 Milliarden US-Dollar, der nun über mehrere Generationen hinweg abbezahlt werden mußte. Auf Deutschland entfiel fast die Hälfte der gesamten russischen Kreditverbindlichkeiten. Schröder fragte sich, warum Rußland gerade in dieser Krise nicht auf die historischen Erfahrungen Deutschlands zurückgreifen wollte. Auch Deutschland befand sich nach dem Ende des Zweiten Weltkrieges in einer vergleichbar schwierigen wirtschaftlichen Situation. Die deutsche Wirtschaft war vor dem Krieg in hohem Maße vom Außenhandel abhängig; nach den Gebietsabtretungen im Osten – immerhin 25 Prozent der landwirtschaftlichen Nutzungsfläche des vormaligen Deutschen Reiches – war die Gesundung der Volkswirtschaft ohne Außenhandel, d. h. ohne Teilnahme an der Weltwirtschaft unmöglich. Damals leisteten die USA, wie heute der IWF, an Deutschland und andere europäische Industrienationen bedeutende Finanzhilfe, verbunden mit der Auflage, daß diese Staaten sich dem Weltmarkt öffneten. Die USA gewährten Westeuropa zwischen 1948 und 1952 knapp 14 Milliarden US-Dollar Hilfe; nach heutiger Kaufkraft gerechnet entsprach dies ungefähr 80 Milliarden US-

Dollar. In etwa ist dies die gleiche Summe, die Rußland Deutschland schuldet, da es alle UdSSR-Schulden auf sich nahm. Wann konnte die deutsche Wirtschaft endlich mit positiven Veränderungen auf dem russischen Markt rechnen? Die russische Seite spürte, daß unter dem neuen Kanzler die deutsch-russischen Beziehungen durch Rußlands Tilgungsschwierigkeiten erheblichen Belastungen ausgesetzt werden könnten. In der Person des neuen Bundeskanzlers fand Jelzin jedenfalls keinen neuen »Freund Gerhard«.

Bei einem Verbleib der bisherigen Regierung Kohl meinte Moskau mit weiterer Unterstützung rechnen zu können. Russische Beobachter wiesen auf einen gewissen »Dankbarkeitskomplex« der Christdemokraten hin, für die in der deutschen Geschichte bisher unblutigste Staatsvereinigung. So glaubte Wladimir Lukin, der damalige Vorsitzende des Auswärtigen Ausschusses der Duma, daß mit Kohl »eine ganze Generation abtrat, die auf das Drama der Wiedervereinigung fixiert war«.

Im September 1999 zog die Bundesregierung nach Berlin um. Die Bundeshauptstadt näherte sich Moskau um 600 Kilometer. In den Folgemonaten nahmen die Reiseaktivitäten russischer Politiker zu. Der Kommunistenführer Gennadij Zjuganow sah es als seine Pflicht an, dem russischsprachigen Berliner Fernsehsender RT-VD ein langes Interview zu geben. »In Berlin leben immerhin fast 100.000 Russen«, erklärte er, »und viele von ihnen können bei den russischen Präsidentschaftswahlen abstimmen. Also mache ich hier Wahlkampf.« Andere Politiker folgten Zjuganow nach Berlin, viele um hier für Putin den roten Teppich auszulegen. Gleichzeitig reisten andere Kremlboten nach London und Paris. Der ehemalige Chef der Präsidialadministration Jumaschew tauchte unerwartet beim englischen Premierminister Tony Blair auf. Dort soll er die Engländer auf Putin-Kurs gebracht haben. Einige russische Emissäre, wenn auch niederen Ranges, klopften zur gleichen

Zeit bei den Franzosen mit der Botschaft an: »Paßt auf, die Deutschen wollen Putin einen Sonderweg anbieten! Ihr müßt ihnen zuvorkommen.«

Doch es war der weiter fortschreitende Tschetschenienkrieg, der zunächst die Hoffnungen der Europäer auf einen Durchbruch in den Beziehungen zu Rußland zerstörte. Die Europäische Union hatte Putin im Januar Schonfrist gegeben, die Kritik am Tschetschenien-Feldzug eingedämmt – um dem neuen Mann im Kreml die Möglichkeit der Suche nach einer politischen Lösung zu geben. Am Tage nach der Wahl Putins zum Präsidenten bot die EU Rußland die Erneuerung der »strategischen Partnerschaft« an. Während die Schröder-Regierung weiterhin kühl auf Putins Machtübernahme reagierte, riß der englische Premier Blair die Initiative an sich. Wenige Tage vor den Präsidentschaftswahlen am 26. März verbrachten er und Putin zusammen mit ihren Gattinnen ein politisch-kulturelles Wochenende in Sankt Petersburg, wo sie sich gegenseitig das Du anboten. Und drei Wochen nach Putins Wahl – aber noch gut einen Monat vor der offiziellen Amtseinführung – lud Blair seinen neuen »Freund Wladimir« zu dessen ersten Staatsbesuch als russischer Präsident nach London ein.

Putin hatte die »deutsche Karte« schon gezückt. Seine Berater waren davon überzeugt, daß der neue Präsident seinen Antrittsbesuch nach Berlin machen würde. Doch nachdem die Bundesregierung den Moment verstreichen ließ, steckte Putin die Karte wieder ein – um sie bei einer passenderen Gelegenheit auszuspielen.

Diese Gelegenheit sollte schnell kommen. Der Besuch in Berlin Mitte Juni bildete einen ersten großen außenpolitischen Höhepunkt in Putins Präsidentschaft. Im Vorfeld hatte die Bundesregierung noch kühl auf den neuen Kremlchef reagiert, obwohl das Thema Tschetschenienkrieg angesichts des Geiseldramas in den Süd-Philippinen, wo deutsche Touristen selbst Opfer von islamischen Terroristen wurden, merklich in den Hintergrund geraten war. Putin kam mit großen Hoffnungen an die Spree. Seine bisherigen Reisen nach London, Rom und Madrid, sein Treffen mit Clinton in Moskau hatten der Auflockerung der Atmosphäre in den Beziehungen zum Westen gedient. Der eigentliche Durchbruch in der neuen Partnerschaft zwischen Europa und Rußland sollte in Berlin gelingen. Dafür mußte ein heikles Thema aus dem Weg geräumt werden – die hohe russische Verschuldung. Da Rußland Deutschland das meiste Geld schuldete, hing es im wesentlichen von der Haltung der Bundesregierung ab, ob Rußland einen Teilerlaß seiner auf 130 Milliarden US-Dollar belaufenden Schulden und somit Luft für seine Reformpolitik erhielt.

Die Bundesregierung zeigte sich wegen der zu offensichtlichen Forderungen Moskaus nach einem Erlaß der hohen Auslandsschulden zurückhaltend, doch kaum hatte Putin deutschen Boden betreten, veränderte sich schlagartig die Atmosphäre. Putin begann mit Schröder deutsch zu sprechen. Das Abendessen im Privathaus des Kanzlers dauerte statt zwei fast vier Stunden; wie es hieß, wurden zuerst die Dolmetscher, dann die Berater, schließlich die Ehefrauen weggeschickt. Das Eis in den deutsch-russischen Beziehungen seit dem Weggang der Kohl-Jelzin-Freundschaft war gebrochen. Schröder ging auf Putin ein – in der Erwartung, daß es ihm gelingen würde, eine ähnlich vorteilhafte – sowohl für Deutschland als auch die Europäische Union – strategische Beziehung zum Kreml aufzubauen, wie es sein Vorgänger Kohl vorgemacht hatte.

Die Irritationen, die Bundesaußenminister Joschka Fischer durch sein ständiges Pochen auf den Dialog über Menschenrechte in Tschetschenien bei Putin ausgelöst hatte, waren verflogen. Die Russen versuchten ihre deutschen Kollegen davon zu überzeugen, daß die Wirtschaft in ihrem Land endlich angesprungen sei und daß Moskau nun – zum ersten Mal – die EU und nicht die USA als seinen wichtigsten politischen Verbündeten betrachten würde. Die deutschen Teilnehmer zuckten nur mit den Schultern. Von einer wirklichen Stabilität in Rußland könne doch wirklich noch keine Rede sein.

Natürlich trog die Statistik: der wirtschaftliche Aufschwung mußte im Verhältnis zur wirtschaftlichen Katastrophe vor zwei Jahren betrachtet werden. Über einen Zeitraum von zehn Jahren betrachtet, befand sich Rußland immer noch in einer Wirtschaftskrise.

Putin versuchte die Aufmerksamkeit der Deutschen weg von der für Rußland nachteiligen Wirtschaftsproblematik auf die große Weltpolitik und ihre sicherheitspolitischen Probleme zu lenken. Er wollte nach außen hin demonstrieren, daß im Hinblick auf die Ablehnung amerikanischer Pläne vom Bau einer nationalen Raketenabwehr die russischen und deutschen Positionen gar nicht einmal so weit auseinander lagen. In Amerika konnten einige dieser Untertöne schnell als Warnsignale aufgefaßt werden. Möglicherweise war dies gerade Putins Intention. Putin wollte nicht nur Schröder gefallen – er suchte förmlich den Kontakt zu den Deutschen. Nach seinem Vortrag vor Mitgliedern der Deutschen Gesellschaft für Auswärtige Politik, des Ostausschusses der Deutschen Wirtschaft sowie des Deutsch-Russischen Forums stellte er sich unerwartet den Fragen des Publikums. Putin lächelte, sprach, wo er nur konnte, deutsch, doch richtig überzeugen konnte er seine Zuhörer nicht, oder zumindest nicht ganz.

Auf dem nachfolgenden G-8-Gipfel im japanischen Okinawa wurde Putin von den führenden Staatschefs dieser Welt, besonders von Schröder und Blair, als ein guter alter Freund begrüßt. Putin integrierte sich schnell in den Kreis der mächtigsten Männer der Welt. Er erreichte eine Stundung der sowjetischen Altschulden und damit eine wichtige Atempause für die Wirtschaftsreformen. Einige Kommentatoren feierten ihn als den

Gewinner des Gipfels in Okinawa, weil er das Land dort wieder fest an der Seite der führenden westlichen Industrienationen zu verankern versprach. Und das, obwohl Putin auf dem Weg nach Japan die kommunistischen Staaten China und Nordkorea besucht und mit seinen kritischen Äußerungen zum amerikanischen Raketenabwehrsystem NMD für Verstimmung gesorgt hatte. Der versierte russische Politologe Karaganow pries denn auch Putins »persönliche Fähigkeiten« in der »Herausführung Rußlands aus der internationalen Isolation«, in die es in den letzten Jelzin-Jahren gefallen war.

Noch erfolgreicher als die außenpolitische Bilanz erschien auf den ersten Blick die innenpolitische Bilanz des neuen jungen Kremlherrschers. Die Staatsduma – in den neunziger Jahren die Bastion der Reformgegner – segnete in einem niemals geglaubten Eiltempo und ohne Widerrede nicht nur das wirtschaftliche Reformprogramm des Präsidenten ab, das als das reformradikalste in der russischen Geschichte bezeichnet werden kann, sondern stimmte auch der Schwächung des Oberhauses, des russischen Föderationsrates, mehrheitlich zu. Die Gebietsreform gehörte zu den wichtigsten Vorhaben der Putin-Administration. Die Idee, die 89 russischen Subjekte der Föderation in einige wenige, effektiver regierbarere Verwaltungseinheiten zusammenzufügen, stammte allerdings nicht von Putin, sondern wurde Anfang der neunziger Jahre vom Ultranationalisten Schirinowskij und 1998 von Ministerpräsident Primakow kolportiert. Putin griff die Ideen auf und verwirklichte sie in einer zivilisierten Form. Jelzin war während seiner Herrschaft zu einem solchen radikalen Vorgehen gegen die Gouverneure nicht in der Lage gewesen. Auch Putin hätte diesen Schritt niemals gewagt, hätte er nicht in den letzten Monaten eine so hohe Welle der Begeisterung in der russischen Gesellschaft erfahren.

Sich mit den Gouverneuren anzulegen, sie praktisch zu entmachten, ohne die Verfassung zu brechen, war keineswegs einfach gewesen und ohne eine Unterstützung der Staatsduma nicht durchführbar. Vor allem waren gerade die Gouverneure in der Vergangenheit immer eine solide Stütze des Jelzin-Regimes gewesen. Bei strittigen Fragen und Konfrontationen zwischen der Exekutive und der Legislative hatte sich der Föderationsrat immer staatsmännisch verhalten und Jelzin unterstützt. Ohne die Schützenhilfe der Gouverneure hätte Jelzin bestimmt den einen oder anderen Kampf mit den vergangenen Parlamenten verloren. Daß eine administrative Gebietsreform notwendig war, konnte allerdings niemand von der Hand weisen. Jelzin hatte seit Beginn der neunziger Jahre, als viele russische Regionen – wie beispielsweise Tschetschenien oder Tatarstan – in den Sog der zentrifugalen Kräfte nach der Auflösung der Sowjetunion gerieten, diesen außerordentliche Sonderrechte zugestanden. Mit jedem einzelnen Gebiet wurde ein Sondervertrag unterschrieben. Manche der Regionen erkämpften sich somit mehr Unabhängigkeit vom Zentrum als andere. Dies wäre für das Zusammenwirken der Föderation noch keine Katastrophe gewesen, wenn nicht einzelne Gouverneure später versucht hätten, eigene Rechtssysteme auf ihrem Territorium einzuführen. Manche Gebiete konnten bald als rechtsfreie Räume bezeichnet werden, wo Gesetze herrschten, die der russischen Verfassung widersprachen. Schlimmer noch war die Kriminalisierung der Macht: Anführer bestimmter krimineller Clans griffen in vereinzelnten Regionen direkt nach der Macht, die Gebietsparlamente wurden von kriminellen Elementen durchsetzt. Ende der neunziger Jahre versuchten die Gouverneure dann die gesamte Kontrolle über alle Finanzressourcen auf ihrem Territorium zu gewinnen, Gelder an die Zentrale abzuzweigen, und sie strebten auch danach, die Aufsicht über die Polizei-, Geheimdienst- und Armee-Einheiten auf ihrem Territorium zu erhalten. Von einer »Demokratie von unten« konnte wirklich keine Rede sein.

Putin teilte nun Rußland in sieben neue »Supergouvernements« ein und ernannte jeweils einen »Vertreter des Präsidenten« als »Oberaufseher« über die neuen Gebietsverwaltungen. Daß fünf der sieben Ernannten aus dem Militär oder FSB kamen, störte ihn nicht. Sein Ziel bestand darin, die Armee und die Geheimdienste, aus deren Mitte er selbst stammte, stärker denn je in die offizielle Politik einzubinden. Gleichzeitig setzte er mit Hilfe einer absoluten Mehrheit in der Staatsduma ein neues Gesetz durch, das ihm als Präsidenten die Möglichkeit gab, Gouverneure, die gegen die Verfassung verstießen, abzusetzen. Auch sollten laut neuem Gesetz in Zukunft keine Gouverneure mehr im Föderationsrat sitzen und dadurch Immunität vor rechtlicher Verfolgung genießen. Vielmehr müßten die Gouverneure in Zukunft eigene Vertreter ins Oberhaus nach Moskau entsenden, die dort auch ständig tagten und ihrer gesetzgeberischen Tätigkeit aktiver nachgehen sollten. In der Folgezeit gelang es Putin, die meisten der Sonderverträge, die Jelzin mit den Regionen abgeschlossen hatte, aufzulösen.

Mit Putin fand ein radikaler Generationswechsel an der Spitze Rußlands statt. Altkommunisten und Sowjetmanager der alten Schule wurden aus der Politik verdrängt. Die fünf mächtigsten Politiker des neuen Rußlands – Putin, der Sekretär des Nationalen Sicherheitsrates Iwanow, Ministerpräsident Kasjanow, der Chef der Präsidialadministration Woloschin sowie der neue Stellvertretende Premier für Wirtschaftsreformen Kudrin – sind zwischen 40 und 50 Jahre alt. Sie gelten als überzeugte Antikommunisten und Befürworter der Marktwirtschaft. Sie streben danach, Rußland in der Weltgemeinschaft als demokratisch ausgerichteten Staat mit einer Marktwirtschaft zu verankern. Putins Gefolgsleute suchen nicht nach einem »Sonderweg« zwischen westlichem Wertesystem und Panslawismus. Die Marschroute, die Putin vorgegeben hat, zielt auf eine Integration Rußlands in die europäische westliche Zivilisation.

Das Wort von einer russischen NATO-Mitgliedschaft war wieder in aller Munde – der Kremlchef sprach es offen aus, wenn er danach gefragt wurde. Putin wollte Rußland endlich in einem gemeinsamen Europäischen Haus verankern. Seine Vorgänger Michail Gorbatschow und Jelzin haben dieses Ziel verfehlt: Gorbatschows Politik der Westöffnung endete, als die Sowjetunion zerfiel; Jelzin konnte die NATO-Osterweiterung nicht verhindern.

Während die Amerikaner vom Kreml als geopolitischer Gegner gesehen wurden, der Rußland an der Wiedergewinnung seines Großmachtstatus hindern wollte, betrachtete Putin die EU von Beginn seiner Amtszeit an als den wichtigsten Wirtschaftspartner und auch als künftige Weltmacht, mit dessen Hilfe Rußland wieder zur alten Stärke zurückfinden konnte. Insgeheim hoffte Putin, daß die auch in Europa zunehmend kritisierte Idee einer amerikanischen Raketenabwehr die europäischen Bedenken bezüglich einer sich herausbildenden unilateralen Weltordnung unter Führung der USA verstärken könnte. Er schien auch davon überzeugt zu sein, daß sich früher oder später die neue Weltmacht Europa in strategischen Fragen stärker mit Rußland zusammentun und die USA als die mit allen konkurrierende Weltmacht, nicht mehr als Schutzmacht für ein schwaches Europa, verstanden werden würde.

Halt, halt, halt – riefen viele Stimmen. So optimistisch durfte man Putins Politik nicht beurteilen. Ganz im Gegenteil, Putins Politik mußte unter einem anderen Blickwinkel analysiert werden. Es gab zahlreiche Persönlichkeiten in Rußland und auch ausgewiesene Spezialisten im Westen, die genug Argumente dafür anbringen konnten, daß Putin in Wirklichkeit die Herstellung eines autoritären Regimes anstrebte. – Auch diese Hypothese bedarf auch heute noch einer Analyse.

Viele Fragen gab es in bezug auf das wahre Verhältnis

des Kremlchefs zu den mächtigen russischen Oligarchen. Wie in den vorangegangenen Kapiteln beschrieben, fand vor vier Jahren in Rußland ein revolutionärer Machtwechsel statt. Sieben der größten Unternehmer des postkommunistischen Rußlands taten sich nach jahrelangen Umverteilungskämpfen zusammen, um Jelzins zweite Amtszeit zu sichern und Kommunisten sowie alte Sowjetmanager endgültig aus dem Kreml zu werfen. Nach dem Wahlsieg mußte Jelzin diese sieben Wirtschaftsmagnaten zufriedenstellen und ihnen erlauben, ihre Finanzimperien weiter auszubauen. Somit brach im Sommer 1996 in Rußland die Herrschaft der sogenannten Oligarchen an. Sie ist bis heute nicht zu Ende, obwohl es den Anschein hat, als wolle Putin den Einfluß dieser mächtigen Personen beschränken.

Einige im Westen sind überzeugt, daß Putin den angekündigten Kampf für Recht und Ordnung nur durch einen Sieg über die egoistischen Interessen dieser Oligarchen erringen kann. Als jedoch die ersten Geschosse, die Putin aus dem Kreml feuerte, ausschließlich solche Finanzmogule trafen, die bei den letzten Präsidentschaftswahlen nicht Putin, sondern andere Kandidaten unterstützt hatten, wurden Zweifel an den wahren Intentionen des neuen Saubermanns laut. Während Gusinskij, Präsident des Medienkonzerns Most, Potanin, Vorsitzender des Interroskonzerns, Wagit Alekperow, Präsident des Ölkonzerns Lukoil, sowie die beiden Gazprom-Chefs Wjachirew und Tschernomyrdin zu Zielscheiben der Antioligarchenkampagne wurden, konnten andere Finanzgruppen unbekümmert ihren Einfluß und Reichtum weiter mehren, mit Duldung oder gar Protektion des Kreml.

Der Oligarch Berezowskij, erbitterter Konkurrent der obengenannten Unternehmer, stieg nach den Präsidentschaftswahlen auf der inoffiziellen Rangliste der mächtigsten Politiker Rußlands hinter Putin auf Platz zwei auf. Doch im Sommer sah er sich selbst als Opfer der eröffneten »Jagdsaison« auf die Oligarchen. Berezowskij begann nach der Verhaftung von Gusinskij um sein Imperium zu bangen. Da er aber eine Schlüsselrolle beim politischen Aufstieg Putins spielte und möglicherweise kompromittierendes Material über den Präsidenten in der Hand hielt, mußte Putin im Umgang mit diesem Oligarchen besonders behutsam sein. Was Berezowskij anging, so konnte Putin dessen Wirtschaftskreise nicht einengen, nur dessen politischen Einfluß schmälern. Der Kremlchef entriß schließlich dem Magnaten den ersten Fernsehkanal ORT, bei dem Berezowskij die Aktienmehrheit besaß, um dieses Propagandainstrument in den ausschließlichen Dienst der offiziellen Macht zu stellen.

Die eigentliche Front verläuft nicht zwischen Putin und den Oligarchen. Zwar stimmt es, daß Putin ein Rudel hungriger junger Wölfe mit in den Kreml gebracht hat. Dieses besteht aus seinen früheren Geheimdienstkollegen aus Sankt Petersburg. Die FSB-Offiziere greifen nach der politischen Macht und möchten Rußland von der Oligarchenherrschaft säubern. Putin gelang es nach kurzem Kampf, einen echten Vertrauensmann, Alexej Miller, auf den Posten des Vorstandsvorsitzenden von Gazprom zu hieven. Verschiedene Oligarchengruppen kämpfen heute um die neu zu vergebenen Direktoren- und Aufsichtsratposten in den wichtigsten Wirtschaftskonzernen des Landes. Ex-Geheimdienstchef Primakow wurde neuer Präsident der Industrie- und Handelskammer. Der frühere Andropow-Berater, Arkadij Wolsky, kontrolliert den Industriellen- und Unternehmerverband. Die Oligarchen, die früher mit dem Oberbürgermeister von Moskau, Luschkow, kooperiert haben, gerieten unter heftigsten Druck und werden ihre Posten wahrscheinlich räumen müssen. Beim Stromgiganten RAO EES kämpft der Guru der russischen demokratischen Bewegung, Tschubajs, um das Überleben als Oligarch, obwohl ihm im Aufsichtsrat des Konzerns der

Chef der Präsidialadministration Woloschin schon im Nacken sitzt. Die Oligarchen wollen sich nicht von der Macht verdrängen lassen. Sie haben für den Ernstfall Vorkehrungen getroffen.

Während Jelzin im Kreml residierte, gelang es einigen von ihnen, die Sicherheitsdienste Rußlands in den Dienst von Finanzinteressen zu stellen. Damit verpuffen die Attacken der Putin-getreuen FSB-Offiziere, wichtige politische Schlüsselpositionen in der Präsidialadministration und in der Regierung halten weiterhin Vertreter der Oligarchen besetzt.

Nein, Putin und seine FSB-Mannen scheinen sich die Zähne am Granit, aus denen die Oligarchenbastionen gebaut sind, auszubeißen. Das, was manche im Westen als heroischen Kampf Putins gegen die Finanzclans sehen, scheint eher eine Neuauflage des Wettstreits der Oligarchen untereinander um die noch verbleibenden Filetstücke des zur Privatisierung bereitstehenden Staatsvermögens zu sein. In diesem erbitterten Umverteilungskampf geraten die in die Jahre gekommenen Oligarchen wie Gusinskij, Potanin, Tschernomyrdin, Wjachirew und Alekperow auf die Verliererstraße. Verdrängt werden sie von einer neuen Generation hungriger Jungoligarchen, deren Anführer nicht mehr Berezowskij, sondern dessen Kumpan Roman Abramowitsch, ein 33jähriger Ölmagnat, ist. Abramowitsch, Jukos-Chef Chodorkowskij, Alfa-Chef Fridmann, die Bankiere Alexander Mammut und Sergej Pugatschew und andere Jungunternehmer, die in den letzten Jahren der Jelzin-Ära ihre Imperien durch eine erfolgreiche Verschmelzung von Geld und politischer Macht errichteten, kontrollieren heute die gesamte Energie- und Metallbranche Rußlands. Das Faß, aus dem sie in den nächsten Jahren schöpfen können, scheint unermeßlich.

Putin mag es mit der Zeit gelingen, die sieben Oligarchen der ersten Stunde zu verdrängen – den einen oder anderen vielleicht auch einzusperren. Das heute in Rußland herrschende Prinzip der Finanzclans wird er jedoch kaum abschaffen können. Eine mit Brachialgewalt und Polizeidiktatur geführte Auseinandersetzung gegen die eigenen Unternehmer würde nur das labile Fundament zerrütten, auf dem das wirtschaftlich schwache Rußland aufgebaut ist. Der weitaus weniger gefährliche Weg wäre der Versuch einer Zivilisierung der Oligarchen – durch die Erzwingung der Einhaltung marktwirtschaftlicher und juristischer Spielregeln. Jelzin ist an dieser Aufgabe gescheitert, weil er und seine Familie sich von den Oligarchen vereinnahmen ließen. Wird Nachfolger Putin dieser Versuchung widerstehen?

Nicht unerwähnt bleiben darf auch das sogenannte »dritte Gesicht« Putins – das des kommenden Diktators und weltpolitischen Störenfrieds. Eine Vielzahl von Kommentatoren warnen vor Putins Machtambitionen und glauben, sein Ziel sei es, die russische Gesellschaft wieder zu kasernieren und die Westöffnung in alter KGB-Manier einfach geschickt vorzutäuschen, um die notwendige finanzielle Unterstützung für die eigene Machtsicherung im Innern zu erhalten. Die Anhänger solcher Thesen verweisen auf Putins Auslandsreisen nach China, Nordkorea, seine Gespräche mit dem Irak, Libyen und Kuba – den sogenannten Schurkenstaaten dieser Welt. Putin und seine neuen Gefolgsleute aus dem ehemaligen KGB kennen nur Geheimdienstmethoden, von der Demokratie sind sie weit entfernt – so die Analytiker. Weiter behaupten sie, daß Putin in Wirklichkeit die Gleichschaltung des Parlaments und der russischen Medien, die Rückkehr des Staates zu einer gelenkten Wirtschaft wie in Lateinamerika – mit Putins Geheimdienstleuten als den neuen Oligarchen – und eine militärische Wiederaufrüstung Rußlands zur alten sowjetischen Stärke vorschwebt. Der fortdauernde Partisanenkrieg in Tschetschenien, die Verfolgung Gusinskijs und das Ausspionieren der liberalen »Jabloko«-Partei von Jawlinskij während der Gouverneurswahlen in

Sankt Petersburg wurden in der westlichen Presse als Warnsignale einer schleichenden Wiedereinführung von Überwachungspraktiken verstanden.

Was nun? Ist Rußland ein Land, das zur »Normalität« zurückfindet, endlich Teil der zivilisierten Welt wird, oder fällt dieses Riesenland mit seiner dramatischen, fast tragischen Geschichte erneut in die Diktatur zurück? Die Perzeptionen von Putin scheinen außerordentlich verschieden zu sein. Womit hängt dies zusammen? Vielleicht mit dem eigenen, jahrelang vorgeprägten Rußlandbild des Betrachters? Gorbatschow ist letztendlich am Widerstand der mächtigen kommunistischen Staatsbürokratie gescheitert, die seine Reformpolitik boykottiert hat. Oder spielt Putin in der Tat nach gekonnter alter Geheimdienstmanier mit seinem berüchtigten kalten Lächeln seine Freunde und Gegner geschickt aus? Und welche »Karten« wird er noch zücken?

Zur Erinnerung sei gesagt: Auch Gorbatschows »Perestroika«-Politik wurde zu Beginn von führenden Westpolitikern als »Goebbels-Propaganda« abgetan. In seiner Regierungserklärung vor beiden Kammern des Parlaments im Juli 2000 nannte Putin eine Verbesserung des russischen Images im Ausland als eine seiner vordergründigsten Aufgaben. Viele im Ausland sahen Rußland heute entweder als Polizeistaat oder als Mafiastaat. Die Welt draußen, beklagten Putins Berater schon fast resignierend, verstünde doch gar nicht, was hierzulande vor sich ginge. Die Verfolgung der Wirtschaftsstraftaten eines Gusinskijs würden sogleich mit Angriffen auf die Pressefreiheit gleichgesetzt, die Konsolidierung der Regierungsmehrheit in der Duma mit einer Gleichschaltung des Parlaments, der Versuch, Nordkorea zur Aufgabe seines Raketenprogramms zu überreden mit einer Unterstützung von Schurkenstaaten, der Kampf gegen korrupte Finanzclans mit einem Angriff auf die Demokratie, der Krieg gegen eine hochgerüstete tschetschenische Widerstandsarmee mit einem Genozid an dem tschetschenischen Volk.

Die Russen und die weltpolitische Öffentlichkeit werden Putin an seinen Taten messen. Allen voran an der Öffnung Rußlands zur Weltwirtschaft. Putin mußte die Partnerschaft mit dem Westen durch wirtschaftliche Argumente stärken. Er mußte Politik und Wirtschaft davon überzeugen, daß er jetzt – mit der Unterstützung der Staatsduma und vielleicht auch der Finanzoligarchen (die bislang die ausländische Konkurrenz fürchteten) im Rücken – die notwendigen wirtschaftlichen und rechtlichen Voraussetzungen im eigenen Land schaffen konnte, damit deutsche Direktinvestitionen mit kalkulierbarerem Risiko erfolgen könnten. Nicht umsonst warb Putin bei seinen Treffen mit den führenden Oligarchen des Landes ständig für die Notwendigkeit gemeinsamer Anstrengungen für die Mitgliedschaft Rußlands in der WTO.

Die Chance, die Weltöffentlichkeit von der Unumkehrbarkeit der russischen Westöffnungspolitik zu überzeugen, kam schneller als erwartet.

Der 11. September und danach

Am späten Nachmittag des 11. September 2001 tagte der Nationale Sicherheitsrat. Plötzlich wurden die mächtigsten Männer Rußlands mit der Nachricht vom Terrorangriff auf Amerika konfrontiert. Die Tagung wurde unterbrochen, und man setzte sich gemeinsam vor das Fernsehgerät. Nachdem die anfängliche Unfaßbarkeit des Ereignisses sich gelegt hatte, bat Putin die Mitglieder des Sicherheitsrates um eine Stellungnahme. Ein Putin-Berater berichtete später, die Mehrheit der Anwesenden hätte sich dafür ausgesprochen, Amerika die kalte Schulter zu zeigen nach dem Motto: Das habt ihr davon, daß ihr die Weltherrschaft anstrebt! Nur zwei Politiker votierten für einen Schulterschluß mit den USA.

Putin begriff als erster die Tragweite der Geschehnisse und rief – als die westlichen Staatschefs noch unter Schock standen – den amerikanischen Präsidenten George W. Bush per Telefon an, um ihm Rußlands Unterstützung zuzusichern. Monatelang hatte Putin dem Westen die Gefahr der »islamischen Terroristen« in Tschetschenien vor Augen gehalten – niemand hörte ihm zu. Jetzt fühlte er sich durch die Terroranschläge bestätigt, denn auch für Bush verlagerte sich nun die Frontlinie von Rußland nach Zentralasien, an die Grenze zu Afghanistan, wo die Hintermänner der Attentate vermutet wurden. In den USA teilte man die Welt nach dem 11. September in die »unsere« und »fremde« auf – und Rußland gehörte nach Putins Solidaritätskundgebung eindeutig zu »unserer« Welt.

Putin verstand eines sehr genau: Für die USA war der Angriff der El Qaida auf amerikanisches Territorium ein historisches Novum, das nur mit dem Trauma von Pearl Harbor vergleichbar war. Washington würde Vergeltung üben. Nun standen die USA vor einem langen Krieg mit dem globalen Terrorismus, der über die Entmachtung der Taliban und der Zerstörung der 28 afghanischen Terroristenausbildungslager der El Qaida hinausgehen und am Ende das heutige Gesicht der Welt verändern würde. Putin wollte verhindern, daß Rußland bei der Neugestaltung der weltpolitischen Ordnung wieder im Abseits stand – wie nach dem Zusammenbruch der Sowjetunion.

Putin wollte auch keine strategischen Fehler machen, wie im August 2000, nach der Katastrophe mit dem russischen Atom-U-Boot »Kursk«. Damals war er viel zu spät an den Unglücksort gereist und hatte sich zudem von seinen Militärs falsch unterrichten lassen. Der Öffentlichkeit konnte nicht verborgen bleiben, daß Putin damals – ein Jahr vor den Terroranschlägen auf die USA – die Tragweite der menschlichen Tragödie, die sich in der Barentssee abgespielt hatte und über 100 Seeleute in den Tod riß, nicht richtig einschätzte. Der damalige US-Präsident Clinton hatte Putin Informationen über den wahren Unfallgrund zugespielt. Das U-Boot wurde vom eigenen Torpedo durchlöchert. Doch Putins Generäle hielten monatelang an der Version fest, ein westliches U-Boot hätte die »Kursk« gerammt.

Zwei Monate nach der »Kursk«-Katastrophe unterlief Putin ein erneutes außenpolitisches Mißgeschick. Anfang Oktober 2000 brach in der jugoslawischen Hauptstadt Belgrad eine Massendemonstration gegen Slobodan Milosevic aus. Der jugoslawische Diktator hatte die Wahlen verloren, wollte jedoch nicht abtreten. Der Westen unterstützte die jugoslawische Opposition, Putin hielt bis zum Schluß an Milosevic fest, weil sein Außenministerium ihm das suggerierte. Daß Außenminister

Igor Iwanow als erster ausländischer Politiker nach Belgrad reiste, um die neue demokratische Führung zu ihrem Sieg zu beglückwünschen, konnte nichts daran ändern, daß Rußland, insbesondere nach der Auslieferung Milosevics nach Den Haag, jeglichen Einfluß auf dem Balkan verlor. Für Putin war dies eine Lektion, die der Kreml eigentlich schon aus dem Kosovokrieg hätte lernen müssen. Putin realisierte nun, daß Moskau seine Interessen in Kollision mit denen des Westens nicht mehr durchzusetzen imstande war.

An diesem 11. September verstand Putin aber auch, daß er durch einen Anruf zur richtigen Zeit den Durchbruch in den Beziehungen zum Westen vollbringen konnte. Rußland hatte, um seine Wirtschaft modernisieren zu können, dem historischen Beispiel Peter des Großen folgend, seit der Perestrojka-Zeit den Anschluß an den Westen gesucht, doch war es durch seine wirtschaftlichen Miseren stets zurückgeworfen worden. In den neunziger Jahren blieb das hochverschuldete, arme und innerlich zerstrittene Rußland für den Westen alles andere als ein attraktiver Partner. Zudem hatten rückwärtsgewandte Altkommunisten, aggressive Nationalisten und eigensüchtige Oligarchen, jeweils aus unterschiedlichen innenpolitischen Gründen, eine Integration Rußlands mit dem Westen verhindert. Drittes Hindernis auf dem Weg zur Integration mit dem Westen war das Feindbild Rußland, das in den Köpfen der westlichen Eliten noch durchaus präsent war.

Während seines Polenbesuchs im Jahre 1993 hatte Jelzin zur größten Überraschung seiner Generäle erklärt, Rußland hätte gegen einen NATO-Beitritt Polens nichts einzuwenden. Kurze Zeit später veröffentlichte der russische Geheimdienst unter Leitung Primakows ein Strategiepapier, in dem die NATO-Osterweiterung als die größte außenpolitische Gefahr für Rußland angesehen wurde. Ende 1993 endete die erste kurze Phase russischer Demokratie in Anarchie, Chaos und im Beschuß des Parlaments. Ende 1994 begann der erste Tschetschenienkrieg – mit unzähligen von Opfern auf beiden Seiten. Ein weiteres Jahr verging, und neuer russischer Außenminister wurde Primakow, der mit seiner Idee vom Dreieck Rußland–China–Indien ein Gegengewicht zum amerikanischen Uniletaralismus schaffen wollte. Drei Jahre später beendete der NATO-Krieg im Kosovo endgültig die »romantische Phase« der Annäherung Rußlands an den Westen. Während des zweiten Tschetschenienkriegs zu Beginn der Amtszeit Putins sprach manch einer schon von der Rückkehr zum kalten Krieg.

Bis zu den Ereignissen vom 11. September klopfte Putin also vergeblich an die verschlossenen Türen des Westens, und das, obwohl Rußland unter seiner Regie wirtschaftlich als Partner im Osten immer attraktiver wurde. Der neue Präsident entwickelte eine für Kremlführer ungewöhnliche Dynamik. In der ersten Hälfte seiner Amtszeit traf Putin 172 ausländische Staatsführer, absolvierte 42 Staatsbesuche, reiste 41mal in die russischen Provinzen und leitete 2000 Sitzungen. Seine Popularität lag 2002 bei 71 Prozent. Während sein Vorgänger Jelzin oftmals Termine wegen Krankheit kurzfristig absagen oder bei Staatsbesuchen – wie einst Breschnew – hilflos schwankte und von seinen Leibwächtern gestützt werden mußte, zog Putin bei Auslandsbesuchen entweder seine Judomatte oder Skier aus dem Gepäck. Nach jahrelangem intensivem Training von fast zwei Stunden am Tag, hatte Putin einen athletischen Körper und stählerne Muskeln vorzuweisen. Putin war durchtrainiert, fast wie ein Bodybuilder. Er wollte der Welt demonstrieren: Das moderne Rußland trimmt sich für den Einzug in die Weltwirtschaft. Künftig möchte er das Ausland noch stärker beeindrucken: er nimmt regelmäßig Reitunterricht und soll in Sankt Petersburg eine Segeljacht bestellt haben.

Zunächst orientierte Putin seine Außenpolitik auf die EU. Er besuchte mehrmals die Bundesrepublik Deutschland, Italien, Österreich, Spanien, Griechenland, die skandinavischen Länder, das künftige EU-Mitglied Polen und versöhnte sich sogar mit dem französischen Staatspräsidenten Chirac, der aufgrund des von den französischen Intellektuellen besonders kritisierten Tschetschenienkriegs dem Jelzin-Nachfolger zwei Jahre lang demonstrativ die kalte Schulter gezeigt hatte. Überall plädierte Putin für eine neue strategische Partnerschaft mit der EU.

Im Westen fragte man sich derweil, was Rußland von der EU eigentlich wollte. Westliche Technologien für die marode Industrieinfrastruktur, die laut Prognosen im Jahre 2003 den Zeitpunkt ihrer Haltbarkeit und Funktionsfähigkeit überschreiten würde? Manche Beobachter meinten, die Orientierung auf die EU diene Putin als Ausgleich für das kurzzeitige Desinteresse der Amerikaner an Rußland. In Wirklichkeit, so die Mutmaßung, warte Putin sehnsüchtig auf eine Chance, die Integration seines Landes in die Weltgemeinschaft in Partnerschaft mit Amerika fortzusetzen.

Aber war die EU wirklich an Rußland als strategischer Partner interessiert? Auf der internen Prioritätsskala der EU rangierte Rußland auch ein Jahr nach dem 11. September nur an fünfter Stelle, nach den USA, der Osterweiterung, dem Balkan und dem Nahen Osten. Da beide Seiten jedoch Fortschritte in ihrer Partnerschaft vorweisen mußten, entstand die Idee von »gemeinsamen Räumen« – in der Wirtschafts- und Sicherheitspolitik. Vor dem 11. September 2001 hatte Putin versucht, Rußland auf der wirtschaftlichen Schiene an den Westen anzubinden. Der 11. September öffnete ihm die Möglichkeit einer Integration mit dem Westen auf der sicherheitspolitischen Schiene – über die NATO und die USA.

Natürlich mußte Putin seiner Politik der Westöffnung nicht nur Worte, sondern auch demonstrativ Taten folgen lassen. Vor dem 11. September wurde er nicht müde, die

Europäer an das russische Strategiepapier zur EU zu erinnern, das er in seiner Eigenschaft als russischer Premierminister im Oktober 1999 auf dem EU-Gipfel in Helsinki vorgestellt hatte und das er nun konsequent realisieren wollte. Neben der Weiterentwicklung der Wirtschaftsbeziehungen enthielten Putins Vorschläge für einen sicherheitspolitischen Dialog im Rahmen der Europäischen Sicherheits- und Verteidigungspolitik. Nun ging Putin noch einige Schritte weiter. Zum Entsetzen seines engsten Gefolgsmannes, KGB-General Sergej Iwanow, der vor einigen Monaten vom Posten des Sekretärs des Sicherheitsrates in das Amt des Verteidigungsministers herübergewechselt war, öffnete Putin den amerikanischen Militärs den Luftraum über Rußland und damit die Tür nach Zentralasien. Von Usbekistan und Tadschikistan aus wurden in der Folgezeit die Vergeltungsschläge gegen das Taliban-Regime und die arabische Terrororganisation El Qaida, die als Drahtzieher der Anschläge auf das World Trade Center in New York und das Pentagon in Washington ausfindig gemacht wurden, ausgeübt.

Putin machte gegenüber den USA noch andere Offerten. Er beendete die vor dem 11. September begonnenen militärischen Großmanöver seiner Streitkräfte im Nordwesten des Landes, um die amerikanischen Militär, die aus Angst vor weiteren Angriffen den Ausnahmezustand über Amerika ausgerufen hatten, nicht zu irritieren. Als weitere Zeichen des guten Willens ließ er die alten sowjetischen Militärbasen auf Kuba und in Vietnam schließen.

Seine Diplomaten wies er an, mit der NATO einen neuen Geist der Zusammenarbeit zu kreieren. In den anschließenden Verhandlungen über die Gründung des neuen NATO-Rates der Zwanzig agierten die russischen Diplomaten wie verwandelt: statt der bisherigen Hinhaltetaktik war man plötzlich höchst kooperativ und kompromißbereit. Westliche NATO-Diplomaten registrierten den Sinneswechsel mit großem Erstaunen und führten das neue Verhalten auf die Standpauke zurück, die Putin seiner Bürokratie gehalten haben mußte.

Ähnliches geschah in den russischen Geheimdiensten. Mit ebenso großer Überraschung registrierten die Amerikaner, daß aus Rußland plötzlich ergiebige Informationen über das Terrornetzwerk von Osama Bin Laden und Afghanistan – einem Land, das die Sowjets immerhin zehn Jahre besetzt hielten – nach Washington geliefert wurden. FSB-Chef Patruschew wachte persönlich darüber, daß Putins Befehle ausgeführt wurden. Der letzte Befehlshaber der Sowjetarmee in Afghanistan, General Boris Gromow – jetzt Gouverneur des Gebietes von Moskau –, mußte auf Anweisung Putins mit den ihn aufsuchenden Amerikanern einen großen Teil seines militärischen Wissens über die Region teilen. Als kurz nach den Terroranschlägen vom 11. September mysteriöse Unbekannte mit Milzbrandattacken auf US-Einrichtungen die amerikanische Nation weiter in Schrecken versetzten, offerierte Putin chemische Gegenmittel aus seinen geheimen biologischen Militärlabors.

Die neue Freundschaft mit den USA war Putin so wichtig, daß er sogar die Nuklearkooperation mit dem Iran, die Rußland hohe finanzielle Einnahmen brachte, in Frage stellte. Seit den Anschlägen vom 11. September unterband Putin seine Reisen in sogenannte »Schurkenstaaten« und ging sogar zu China auf Distanz. Dafür reiste er verstärkt Richtung Westen. Zwei Wochen nach den Terroranschlägen kam Putin mit einer historischen Botschaft nach Deutschland. Vor dem Reichstag erklärte er den kalten Krieg endgültig für beendet. Seine Rede hielt er auf deutsch, er hatte sie auf seiner Datscha eigenhändig geschrieben. Nachdem er erklärte, daß angesichts des neuen Bedrohungspotentials Rußland fest an der Seite des Westens stehen würde, fiel den skeptischen Bundestagsabgeordneten ein Stein vom Herzen.

In dieser schwierigen Schicksalsstunde, wo sich die Weltordnung neu formierte, stand Rußland – mit seinem zweitmächtigsten Atompotential der Welt – an der Seite Amerikas. Ein dankbarer Kanzler Schröder rief dazu auf, Rußlands Krieg in Tschetschenien weniger kritisch zu bewerten, und schloß in einem »Stern«-Interview eine russische Mitgliedschaft in der NATO nicht mehr aus. Deutsche schauten voller Hoffnung auf die sich herausbildende neue strategische Allianz USA–Rußland. Konfliktfelder, wie der amerikanisch-russische Streit um die Raketenabwehr, der Kampf zwischen den USA und Rußland um Einflußsphären in der südlichen GUS und um die Kontrolle über das kaspische Öl, die von den USA als zunehmend kritisch betrachtete russische Rüstungskooperation mit Staaten wie Indien, Iran, Irak und Nordkorea, schienen sich angesichts der neuen Bedrohungslage, in die die Welt geraten war, wie von selbst zu lösen.

Die russischen Nationalisten kochten vor Wut. Sie warfen ihrem Präsidenten Naivität, sogar Verrat an russischen nationalen Interessen vor. Als Beweis für ihre Thesen führten die Gegner der Annäherung die Übernahme des alten sowjetischen Marinestützpunktes in Vietnam durch die Amerikaner an, den Putin gerade räumen ließ. Die Amerikaner stünden jetzt in Zentralasien – im asiatischen Vorhof Rußlands. Bald würden sie die NATO in die Region ausdehnen und sich der Kontrolle über die Energiereserven des Kaspischen Meeres bemächtigen. Putin würde mit seinem Nachgeben nur den amerikanischen Unilateralismus fördern. Rußland hätte den Amerikanern keine adäquate Antwort auf dessen einseitigen Ausstieg aus dem ABM-Vertrag gegeben und müßte jetzt durch die NATO-Ausdehnung auf neue Staaten Mittelosteuropas, einschließlich des Baltikums, eine weitere Demütigung erfahren. Die Wortführer der außenpolitischen Opposition, wie der bekannte Fernsehjournalist Alexej Puschkow, bezeichneten es als Skandal, daß das Pentagon ein Geheimpapier zirkulieren ließ, in dem die USA Rußland weiterhin als mögliches Angriffsziel für einen präventiven Atomschlag, zusammen mit anderen sogenannten Schurkenstaaten, betrachteten. Entrüstet zeigten sich Puschkow und andere über die Äußerung des CIA-Chefs George Tennet vor dem US-Senat, Rußland wäre für die massive Verbreitung von nuklearen, chemischen und biologischen Massenvernichtungswaffen verantwortlich.

Entsetzt zeigten sich Putins Kritiker schließlich vom plötzlichen Auftauchen amerikanischer militärischer Eliteeinheiten in Georgien. Daß die Spezialisten nur nach Tbilissi gekommen waren, um georgische Truppen für den Kampf gegen tschetschenische Terroristen in der Pankissi-Schlucht im Norden des Landes auszubilden, glaubte in Moskau keiner. Vielmehr war man davon überzeugt, daß die USA Georgien bei der Lösung des Separatistenproblems in Abchasien helfen wollten. Bekanntlich betrachten die Abchasier, die Georgien verlassen wollen, Rußland weiterhin als ihre Schutzmacht.

Sogar der russische Außenminister Igor Iwanow – ein mit allen Wassern gewaschener Diplomat – konnte zeitweise die politischen Wendungen seines Präsidenten nicht nachvollziehen und wich in seinen Statements von der offiziellen Linie ab. Beispielsweise kritisierte Iwanow die amerikanische Militärpräsenz in Georgien, während Putin an dieser Entwicklung »nichts Schlimmes« fand. Im Sommer 2002 hielt Putin im Außenministerium eine Standpauke. Er wies seine Diplomaten zu einer moderneren Imagepflege auf internationalem Parkett an und rief zur größeren Flexibilität auf. Nicht von ungefähr sucht Putin nach einem geeigneten Nachfolgekandidaten für seinen Außenminister, der nicht aus dem diplomatischen Dienst kommt. Gerüchten zufolge soll er der Präsidentin der Sankt Petersburger Universität, Ludmilla Werbizkaja – die er aus Jugendjahren gut kennt –, diesbezüglich eine Offerte gemacht haben.

Auch dem Vorsitzenden des Auswärtigen Ausschusses der Duma, Rogozin, hat Putin signalisiert, er solle sich für höhere Aufgaben bereithalten. Im Juli 2002 ernannte der Präsident den Shootingstar zum neuen Sonderbeauftragten für Kaliningrad.

Putin hat auch einige Oligarchen zum diplomatischen Dienst am Vaterland verpflichtet. Sie sollen russischen Wirtschaftsinteressen zum Durchbruch verhelfen, wo die klassische Diplomatie bisher versagt hat. Michail Chodorkowskij, Vorstandsvorsitzender des von ihm selbst gegründeten Ölkonzerns »Jukos«, wurde zum Beispiel damit beauftragt, die Energieallianz mit der EU und den USA voranzutreiben.

»Die Amerikaner brauchen Rußland mehr als die NATO«, höhnte Präsidentenberater Jastrschembskij auf dem Bergedorfer Gesprächskreis im Spätherbst 2001 in Moskau. Jastrschembskij war die Genugtuung über das, was die Amerikaner in Afghanistan vollbracht hatten, ins Gesicht geschrieben. Einige Monate vor dem 11. September hatte er selbst präventive Bombenangriffe der russischen Luftstreitkräfte gegen terroristische Ausbildungslager in Afghanistan in Erwägung gezogen und war von Putin zu einer Geheimmission nach Islamabad entsandt worden. Dieser Vorschlag provozierte damals einen Aufschrei im Westen, der Kreml mußte zurückrudern. Jetzt, so Jastrschembskij, führe die Vernichtung des afghanischen Terrorregimes durch amerikanische Streitkräfte endlich zu einer Stabilisierung der Lage im Süden der GUS – ohne daß russische Soldaten ihr Leben dafür opfern müßten.

Seit der Machtübernahme der Taliban im Jahre 1996 hatte Rußland vergeblich die afghanische Opposition im Norden des Landes mit Waffen versorgt. Die Nordallianz wurde kurz vor dem 11. September von der Taliban vernichtend geschlagen. Ihr legendärer Anführer Scheik Massud fiel einem Attentat zum Opfer. Die Länder Zentralasiens befürchteten das Schlimmste. So wie tschetschenische Extremisten im Sommer 1999 die nordkaukasische Republik Dagestan angriffen, um dort einen islamischen Gottesstaat auszurufen, konnten die Regierungen in Usbekistan, Kyrgystan und Tadschikistan nicht sicher sein, ob ihnen nun nicht ein ähnlicher Überfall von seiten der Taliban drohte. Die tadschikisch-afghanische Grenze wurde von russischen Grenztruppen bewacht, doch sie war löchrig: in den zahlreichen Scharmützeln wurden viele russische Soldaten getötet. Nun bildeten die Amerikaner einen Schutzwall zwischen den islamischen Extremisten und Rußland.

Die Europäer rieben sich ungläubig die Augen. Auf den internationalen Konferenzen nach dem 11. September ergab sich ein seltsames Bild. Die Europäer riefen die USA zur Mäßigung im globalen Kampf gegen den Terrorismus auf. Sie wollten sich nicht mit Bushs Weltbild von der »Achse des Bösen« identifizieren. Die Amerikaner verhöhnten ihre europäischen Kollegen: Angesichts der haushohen militärischen Überlegenheit der USA würde europäische Hilfe bei Kampfeinsätzen nicht zur Effizienz beitragen. Mit Verwunderung registrierten die Europäer, daß Amerikaner und Russen plötzlich in einem Boot saßen. Die USA wurden, was den Kaspischen Raum anging, über Nacht zur Schutzmacht Rußlands! Amerika und Rußland schützten sich jetzt gemeinsam gegen den islamischen Extremismus. Würde es tatsächlich zu einer Neuauflage der Allianz aus dem Zweiten Weltkrieg kommen?

Noch im Kosovokrieg hatten gerade die USA Rußland demonstrativ auszugrenzen versucht, Moskau bei der Friedenssicherung im Kosovo keinen eigenen Sektor zugeteilt. Damals erschien Rußland der Clinton-Administration als militärisch schwach und politisch unzurechnungsfähig. Jetzt, nach dem 11. September, rüsteten die USA und Rußland die Nordallianz gemeinsam auf und verhalfen der afghanischen Opposition zum triumphalen Einzug in Kabul, obwohl – und hier sei an

Kosovo erinnert – Washington peinlichst darauf achtete, daß Rußlands Einfluß auf die Zukunft Afghanistans begrenzt blieb. Die neue Regierung bildete dann auch nicht der Sieger auf dem Schlachtfeld – die Nordallianz –, sondern sie wurde auf dem Petersberg in Bonn von den USA und der UNO zusammengestellt.

Auf einer Washingtoner Konferenz der DGAP fragte ein deutscher NATO-Diplomat seine amerikanischen Kollegen, wie sie zu ihrer historischen Aufgabe, den Schutz der westlichen demokratischen Ordnung zu gewähren, stehen würden. Ein ehemaliger US-General erwiderte lapidar: »Der amerikanische Kongreß wird künftig kein Geld in die Aufrechterhaltung eines ›Wertesystems‹ stecken, sondern nur in die Sicherheit Amerikas. Wenn der Kongreß zur Meinung gelangt, eine Partnerschaft mit Rußland stärke Amerikas Sicherheit, kommt Rußland in die NATO!«

Mit stolzer Brust zählten russische Generäle ihren europäischen Kollegen nun auf, auf welchen Gebieten des Antiterrorkampfes Rußland den Amerikanern effektivere Unterstützung als die Europäer leisten konnten: Satellitenaufklärung, kampferprobte Sondertruppen, Geheimdienstnetzwerke in den arabischen Staaten, ein starkes diplomatisches Gewicht in Asien, das eine etwaige Opposition zu amerikanischen Kriegsplänen in Asien neutralisieren helfen könnte, Transportflugzeuge und eine Gesellschaft, der man, anders als den »Weicheiern« in Europa, äußere Feindbilder schnell vermitteln kann.

Die Russen lieferten den Amerikanern auch verläßliche Informationen über arabische Fremdenlegionäre in den Reihen der tschetschenischen Aufständischen. Die USA nahmen die Spur der El Qaida in Tschetschenien durchaus ernst. Unter vorgehaltener Hand gaben russische Experten zu verstehen, daß das erfolgreiche Attentat auf den arabischen Terroristen Chattab, der in Tschetschenien die Rebellen anführte, Teil der »verdeckten Operationen« war, die unter anderem US-Präsident Bush für den Antiterrorkrieg angesagt hatte.

Für die USA sprachen noch zwei weitere Gründe für eine Allianz mit Rußland. Da der Krieg gegen den internationalen Terrorismus sich nach dem gelungenen Militäreinsatz in Afghanistan schnell in einen Krieg gegen sogenannte Verbreiter von Massenvernichtungswaffen wandelte, mußte die zweitgrößte Atommacht der Welt – Rußland – in ein neues, verstärktes Nichtverbreitungsregime eingebettet werden. Putin ließ sich auch hier einbinden und nahm auf dem G-8-Gipfel in Kanada im Sommer 2002 dankend das 20 Milliarden-US-Dollar-Geschenk westlicher Industrienationen für die Verschrottung alter russischer Nuklearanlagen entgegen.

Außerdem war es den Amerikanern nicht entgangen, daß Rußland unter Putin in der Nahostpolitik immer mehr auf eine proisraelische Linie umgeschwenkt war. Israel war praktisch das einzige Land des Westens gewesen, das Putins Tschetschenienkrieg nicht kritisiert hatte. Zudem hatten sich die Beziehungen Moskaus zur russischsprachigen Diaspora in Israel grundlegend verbessert. Den Chef der »russischen« Partei in Israel, den ehemaligen Dissidenten Natan Scharanskij, empfing Putin zu einem privaten Abendessen im Kreml. Einige der aus der Sowjetunion ausgereisten Juden begannen die Option einer Rückkehr in das demokratisch gewordene Rußland zu prüfen.

Die Freude der Europäer über die neue Annäherung Rußlands an die USA wurde weniger enthusiastisch. Einerseits war die Welt dadurch sicherer geworden, andererseits befürchteten manche Europäer einen »Dualismus« der beiden ehemaligen Supermächte über ihren Köpfen, der Europas Bemühungen, sich wirtschaftlich und sicherheitspolitisch zu konsolidieren, marginalisieren würde. Nicht wenige Kommentatoren kritisierten die Selbstüberschätzung Rußlands. Für den Berliner Rußlandexperten Heinz Timmermann stand fest, daß die USA aus purem Eigennutz Rußland in eine Antiterrorallianz eingebunden hätten, um es, nachdem die »russische Karte« verbraucht war, wie einst den persischen Schah, wieder fallenzulassen.

Kaum jemand bemerkte auch eine andere Gefahr, die Rußland drohte: den Gesichtsverlust in Asien. Die langfristige amerikanische außenpolitische Strategie lief zweifellos darauf hinaus, China als potentiellen Großrivalen auf weltpolitischer Bühne früh genug an der Entfaltung zu stören. Moskau mußte aufpassen, nicht in den Sog dieser amerikanischen Politik zu geraten, denn dann hätte Rußland seine guten Beziehungen mit China schweren Belastungen ausgesetzt. Alleine schon der Gedanke an einen möglichen Beitritt Rußlands zur NATO oder an ein Unterstellen Rußlands unter einen gemeinsamen Raketenabwehrschirm mit den USA ließ in Beijing Alarmglocken läuten. Der chinesische Staatspräsident Jiang Zemin wußte, wovon er sprach, als er während seines Staatsbesuchs in Rußland in einer Rede vor Moskauer Studenten feierlich beteuerte, China würde sich niemals zu einem Feind Rußlands wandeln. Um die Eindringlichkeit seines Appells zu verdeutlichen, hielt Jiang Zemin seine Ansprache in Russisch.

Doch was kümmerte die russische Elite China! In Rußland erinnerte man sich daran, wie am Ende der Clinton-Ära und zu Beginn der Präsidentschaft Bushs die USA Rußland abgeschrieben und sich einer »Weltpolitik ohne Rußland« verschrieben hatten. Nun glaubte Moskau, mit Hilfe der USA den Großmachtstatus doch wieder erlangen zu können. Der konservative amerikanische Historiker Walter Laqueur schrieb in der »Welt«: »Die Weltpolitik wird jetzt nicht ohne Rußland, sondern ohne Europa betrieben.«

Der russische Politikberater Wjatscheslaw Nikonow, Enkel des früheren sowjetischen Außenministers unter Stalin, und der ehemalige Vize-Außenminister Fedorow erklärten auf dem EU-Rußland-Forum im Frühjahr 2002 in Berlin an simplen Beispielen, warum Rußland keine andere Option hatte, als sich an den USA zu orientieren: Eine Zusammenarbeit mit sogenannten »Schurkenstaaten« würde Rußland politisch isolieren und wirtschaftlich ruinieren, deshalb seien Moskau Nordkorea und der Irak letztendlich egal. In Asien gäbe es keine Verbündeten – Japan mache eine Verbesserung der Beziehungen von der Rückgabe der Kurilen-Inseln abhängig, China wolle auf Kosten Rußlands Weltmacht werden, die arabischen Staaten sehen in Rußland einen Konkurrenten im Ölgeschäft, Indien betrachte sich, nachdem es selbst Atommacht geworden sei, gegenüber Rußland als ebenbürtige Macht.

Die EU habe sich mit Rußland in eine haltlose Debatte über »Werte« hineinmanövriert. Die von der EU vorgetragenen Argumente von der »Wertegemeinschaft«, zu der Rußland nicht gehöre, verwarfen Nikonow und Fedorow als »Erziehungsstrategie hochnäsiger Europäer«. Tatsächlich habe die EU Rußland weder neue Märkte eröffnet noch alte Handelsbarrieren abgebaut, im Gegenteil – das Visaregime für Russen nach Europa verschärft. Mit den mittelosteuropäischen Staaten bestünde fast offene Feindschaft. Die EU bräuchte Rußland in Wirklichkeit gar nicht, höchstens noch als Gaslieferanten, obwohl die EU auch da die russischen Exporte einschränken wolle. Russische Vorschläge, billigen Strom, Öl, Stahl, Textilien und Agrarprodukte nach Europa zu liefern, würden von der EU abgelehnt. Die EU-Länder lehnten auch eine militärische Zusammenarbeit mit der russischen Rüstungsindustrie ab: die MIG-Flugzeuge und der Antonow-70-Transporter seien eine zu starke Konkurrenz zu NATO-Rüstungsbetrieben. Die Europäer würden Rußland nicht als Transitland für Güterverkehr nach Asien nutzen, statt dessen bauten sie den Georgiern und Usbeken die alte Seidenstraße über den Kaspischen Raum mit TACIS-Geldern wieder auf. Die EU wolle sogar Rußlands Offerten, europäischen Atommüll zu entsorgen, nicht ernsthaft prüfen. Der russische Markt würde in Wirklichkeit von den Europäern geringschätzig betrachtet, die Russen besäßen aus westlicher Sicht kaum die notwendige Kaufkraft für hochwertige Produkte aus dem Westen. Die EU würde, so Nikonow und Fedorow bitter, Rußland dasselbe Partnerschafts- und Kooperationsabkommen anbieten, wie sie es Afrika offerierten.

Anders die USA. Die Tatsache, daß Amerika aus dem Kyoto-Protokoll über Umweltverschmutzung ausgestiegen, den Internationalen Gerichtshof nicht anerkannt, die Stahlimportzölle angehoben und die Energiecharta nicht unterzeichnet habe, störe eher die Europäer, nicht die Russen. Mit dem amerikanischen Ausstieg aus dem ABM-Vertrag wäre jetzt Rußland frei, eine eigene Raketenabwehr zu entwickeln. Wenn die Entwicklung so weiterginge und Amerika, statt Europa, wieder die Führungsrolle bei der Integration Rußlands in die Weltwirtschaft übernehmen würde, könnte Rußland womöglich der NAFTA beitreten und die EU ignorieren.

Die russische Elite stürzte sich, so schien es, kopflos in die Arme Amerikas. Und die USA und die EU fingen nach dem 11. September an, die Weltlage und auch Rußlands Rolle unterschiedlich zu sehen. Während die Europäer sich nicht darüber einig werden konnten, wie und ob sie Rußland für die solidarische Haltung mit den USA nach den Terrorangriffen entsprechend honorieren sollten, rissen die USA die Initiative an sich. In den Jahren 2000 bis 2001 hatte Putin bei jeder Auslandsreise nach Europa, besonders in Deutschland, für einen intensiven Energiedialog mit Rußland geworben. Putin ließ die Europäer wissen, daß Rußland seinen Energiekomplex mit Europa verschmelzen wollte. Auf dem Pariser EU-Gipfel 2000 begründete er mit dem Präsidenten der EU-Kommission, Romano Prodi, eine »Energieallianz« zwischen Rußland und der EU. Er verstand dies als wichtigen ersten Schritt zur Bildung eines gemeinsamen

Wirtschaftsraumes mit der EU. Auf der Basis der Energiewirtschaft, so Putin, könne Rußland den ersten Schritt der Integration mit Europa vollziehen. Nach den Terroranschlägen vom 11. September wurde Putin noch deutlicher: Rußland bot der EU eine Verdopplung der Öl- und Gaslieferungen an, um Europa weniger abhängig von Energieimporten aus den arabischen Ländern am Persischen Golf zu machen.

Doch die EU zögerte. In eine solche Energieabhängigkeit von Rußland wollte Brüssel sich nicht begeben. Die Europäer ließen Vorsicht walten. Statt mit dem Energiedialog eine Testphase in den Beziehungen mit Rußland anzufangen, geriet die EU-Kommission unverhofft auf Kollisionskurs mit Moskau in bezug auf die Enklave Kaliningrad. Rußland reagierte verärgert, denn die Elite des Landes betrachtete Rußland als gleichberechtigt gegenüber der EU, im militärischen und im Energiebereich sogar als überlegen, und erwartete von den Europäern mehr Entgegenkommen.

Die USA dagegen machten Nägel mit Köpfen. Bei seinem Besuch in Rußland im Mai 2002 offerierte Bush seinerseits seinem neuen Verbündeten Putin eine amerikanisch-russische Energieallianz. Anders als die Europäer scheute Bush sich nicht davor zu sagen, daß er im Falle des Ausbruchs einer schweren Krise im Nahen Osten russische Ölimporte gerne als Alternative zu den Energieträgern aus Saudi-Arabien und anderen OPEC-Staaten in Anspruch nehmen würde. Mit dieser Aussage belohnte Bush eindeutig den russischen Präsidenten für dessen standhafte Haltung gegenüber dem OPEC-Kartell. Putin hatte die Forderungen der arabischen Staaten nach einer Drosselung der russischen Energieförderung aus Solidarität mit dem Westen strikt abgelehnt und damit eigene finanzielle Einbußen in Kauf genommen. Amerikanische und russische Energiekonzerne beschlossen am Rande des Staatsbesuchs, eine gemeinsame Strategie zur Ölgewinnung in Sibirien zu entwickeln.

Der junge russische Ölmulti Chodorkowskij klagte am Rande seines Vortrags in der DGAP im März 2002 über die fehlende Risikobereitschaft europäischer Unternehmer. »Deutsche Wirtschaftsbosse zögern bei Entscheidungen und nutzen die tollen Chancen auf dem russischen Markt nicht«, lamentierte er nach einem Business-Abendessen mit dem ehemaligen Bundesaußenminister Hans-Dietrich Genscher: »Mit amerikanischen Konzernmanagern verstehen wir uns in Rußland dagegen prächtig, wir reden auch eine gemeinsame Sprache. Die Amerikaner investieren, im Gegensatz zu den Europäern, strategisch – und verdienen damit sehr viel Geld.«

Chodorkowskijs Äußerungen waren so typisch für russische Oligarchen, die in wenigen Jahren zu Milliardenvermögen gelangt waren. Der Werdegang von Chodorkowskij ist wohlbekannt. In Moskau aufgewachsen, studierte er Chemie. In der Perestrojka-Zeit handelte er mit Computern, Videos und manch anderen Dingen. Als die Sowjetunion zerfiel, saß der 25jährige im Vorzimmer des russischen Premierministers im Weißen Haus und beriet ihn in Fragen der Energiewirtschaft. Der alte Sowjetmanager Iwan Silaew hatte von der Marktwirtschaft keine Ahnung. Als die Regierung anfing, Pläne zur Privatisierung des gigantischen Gas- und Ölkomplexes der Supermacht zu schmieden, übertrug Silaew dieses ihm unbekannte Geschäft seinem versierteren Assistenten. Chodorkowskij wurde über Nacht zum Vorsitzenden des Investitionsfonds für die Kontrolle über private Investitionen in die Ölbranche. Zwei Jahre später war er schon Präsident einer der größten Industrievereinigungen Rußlands – Rosprom –, Bankchef und Gründer der heute zweitgrößten Ölgesellschaft Jukos. »Wieviel verdient denn der Präsident der Deutschen Bank?«, wollte der milliardenschwere Jukos-Chef von der ihn umringenden Schar deutscher Unternehmer wissen. »Sechs Millionen US-Dollar pro Jahr? Kaum zu glauben, bei uns bekommen Großunternehmer in verantwortlichen Positionen mehr!« Der 39jährige Manager wurde nicht müde, Genscher und anderen Gästen der Tafelrunde im Adlon seine Geschäftsidee anzupreisen. Staunend vernahmen die Unternehmer, daß Chodorkowskij sein Management auf westliches Business umgestellt hat. Seine Vizepräsidenten und Hauptabteilungsleiter waren allesamt westliche Manager, die er aus amerikanischen, britischen und norwegischen Konzernen abgeworben hatte. Der Chefbuchhalter von Jukos war ein Deutscher.

Als Chodorkowskij Mitte des Jahres 2002 das Gefühl bekam, die EU wolle gar keine effektive Energieallianz mit Rußland aufbauen, orientierte er sich prompt Richtung amerikanischen Markt. Im Juli begann er sein Öl nach Houston, Texas, zu schiffen. Selbst US-Ölkonzerne, die seit den achtziger Jahren am Kaspischen Meer Öl förderten, hatten bisher, aufgrund der Transporthindernisse (das Öl mußte dreimal von mittelschweren Tankern, die über den Bosporus ins Mittelmeer fuhren, auf riesige Überseetanker umgeladen werden) und der damit verbundenen Kosten, auf dieses Wagnis verzichtet. Chodorkowskij erfüllte aber nur den Sonderauftrag Putins: die Energieallianz zwischen Rußland und den USA sollte Gestalt annehmen und nicht, wie mit der EU, zerredet werden. Die Europäer lud Chodorkowskij zu einem Energiedialog nach Kaliningrad ein.

Zwischen Putin und Bush entstand nach dem 11. September ein bemerkenswertes Vertrauensverhältnis, das von der US-Bürokratie argwöhnisch betrachtet wurde – wie übrigens die Freundschaft zwischen Schröder und Putin von der Bürokratie in Deutschland. Vor seinem ersten Treffen mit Putin im slowenischen Ljubljana im Mai 2001, zum Abschluß der ersten Europareise des neu gewählten US-Präsidenten, empfahlen ihm seine Berater, das Tête-à-tête mit dem Kremlchef nach Möglichkeit kurz zu halten. Die Amerikaner glaubten Putins

Taktik, seinen von Außenstehenden oft verkannten Charme und seine Schüchternheit dafür einzusetzen, um Staatsoberhäupter in intime Gespräche zu verwickeln, um sie nachher damit zu überrumpeln, sie durchschaut zu haben. Clinton selbst hatte diesbezüglich negative Erfahrungen mit Putin gemacht und hielt ihn für »einen falschen Hund«. Spezialisten aus den Geheimdiensten waren überrascht, wie elegant Putin das internationale Parkett für seine Zwecke instrumentalisierte.

Putin vermeidet Eitelkeiten und primitive Shows, er kann sich mit Etiketten oder herrischen Gesten nicht anfreunden. Er besitzt eine außergewöhnliche Intuition, sein Gegenüber sofort zu spüren und sich selbst dabei völlig zurückzunehmen. Sein Händedruck ist weich. Er demonstriert simple und freundschaftliche Umgangsformen, macht aus seinem Herzen aber keine Mördergrube. In Gesprächen äußert er sich schon einmal abfällig über einen Politiker, den er nicht mag.

Seine Minister demütigt er nicht, wie sein Vorgänger Jelzin, doch er besteht darauf, daß Minister – ganz nach Offiziersmanier – ihren Rechenschaftsbericht vor ihm stehend entrichten. Er mag keine Selbstdarsteller und Populisten; in seinem Umfeld duldet er ausschließlich solide Profis, die ihr Handwerk verstehen und fleißig im Hintergrund ihre Hausarbeiten verrichten. Er hält Distanz zu den russischen Demokraten der ersten Stunde, wie Tschubajs oder Gajdar, die er insgeheim für die Verarmung der Bevölkerung Anfang der neunziger Jahre verantwortlich macht. Putin vertraut wenigen, nur ausgewählten Freunden wie Patruschew, Tscherkesow, Iwanow, die er aus seiner frühen KGB-Karriere bestens kennt. Mit ihnen trifft sich der Staatschef samstags auf seiner Datscha und berät sich über Wirtschaft und Politik. Putins Frau Ljudmilla ist meistens dabei, deshalb besteht dieser enge Freundeskreis auch aus den Ehefrauen der KGB-Generäle. Putin hat es sich zur Gewohnheit gemacht, Informationen auch aus nichtoffiziellen Quellen zu beziehen. Offenbar traut er seiner Bürokratie nicht immer über den Weg. So lädt er oft einen außenstehenden Publizisten, Sportler oder Wissenschaftler – egal ob Russe oder Ausländer – zu informellen Abendessen in den Kreml ein. Wenn er guter Laune ist, schenkt Putin ab und zu seinen kaukasischen Lieblingscognac aus.

Bush glaubte, Putin ausmanövrieren zu können. Nach dem ersten Vieraugentreffen offenbarte er einer erstaunten Journalistenschar, bevor Putin das Wort ergreifen konnte, daß er seinem russischen Kollegen »tief in die Seele geblickt habe«. Das Vertrauen zwischen den beiden mächtigsten Männern der Erde war hergestellt. Doch es dauerte noch mindestens ein Jahr – dazwischen lagen die schrecklichen Ereignisse vom 11. September und der Besuch Putins auf Bushs Ranch in Texas –, bis das Eis endgültig gebrochen war. Im Mai 2002 flog der amerikanische Präsident auf dem Weg nach Moskau über Berlin. Dort, wo vor 40 Jahren der amerikanische Präsident John F. Kennedy zur Verteidigung der Freiheit der westlichen Zivilisation vor dem Kommunismus aufgerufen und wo Ronald Reagan vor über einem Jahrzehnt Gorbatschow zum Abriss der Mauer aufgefordert hatte, beschwor Bush, vom selben Rednerpult wie Putin acht Monate zuvor, das Ende des kalten Krieges. Einen beachtlichen Teil der Rede widmete er der neuen Sicherheitspartnerschaft mit Rußland. Das übrige Europa erwähnte er kaum.

Nach 19 Stunden verließ Bush deutschen Boden und flog für drei Tage nach Rußland. Dort besuchte er andächtig die Gedenkstätten des Zweiten Weltkrieges und unterschrieb mit Putin den wohl letzten großen Abrüstungsvertrag. Die USA und Rußland verpflichteten sich, ihre Atomsprengköpfe auf jeweils unter 2000 Stück abzurüsten. Aufgrund der neuen Bedrohungslage, die heute schon am Horizont erkennbar ist – man denke an die Kriegsdrohungen der beiden neuen Atommächte Indien und Pakistan, aber auch an die militärische Hochrüstung in China –, werden Washington und Moskau ihre Atomwaffenarsenale aller Wahrscheinlichkeit nach nicht noch weiter reduzieren.

Doch die amerikanisch-russische Annäherung hatte auch ihre Grenzen. Die USA wollten ihre demontierten Atomsprengköpfe nicht zerstören, sondern nur »lagern«. Das bedeutete, daß die Amerikaner sie schnell wieder als Gefechtsköpfe auf die Raketen montieren konnten. Und – die USA stiegen aus dem ABM-Vertrag aus und unterrichteten Putin von der bevorstehenden Erweiterung der NATO auf die baltischen Staaten.

Kurz nachdem Bush Rußland wieder verlassen hatte, kam die oberste Führung der EU nach Rußland, um dort den EU-Rußland-Gipfel abzuhalten. Die EU erkannte Rußland zum ersten Mal als Land mit einem marktwirtschaftlichen System an, was den langersehnten Abbau zahlreicher Handelsbarrieren zur Folge hatte. Der Gipfel wurde allerdings von der Eskalation des Streits um die Zukunft Kalinigrads überschattet.

Nach der Osterweiterung der EU und der NATO wird das Gebiet Kaliningrad (Königsberg) in wenigen Jahren zu einer russischen Exklave mitten in der europäischen Wirtschaftsgemeinschaft, der Schengener Zone und der Transatlantischen Sicherheitsallianz werden. Seine 1,2 Millionen Einwohner sollen dann – wenn es nach der EU ginge – ein ausländisches Visum benötigen, um auf dem Landweg über Polen oder Litauen nach Rußland reisen zu können. Dasselbe würde für Russen gelten, die aus dem Hauptland nach Kaliningrad fahren würden. Doch Putin wollte nicht hinnehmen, daß seine Landsleute in Zukunft ein Transitvisum benötigen würden, um in ihr Mutterland reisen zu können. Die russische Seite befürchtete offenbar, daß, ohne eine flexible Visumsregelung, sich das Gebiet Kalinigrad vom Mutterland abkoppeln und unter eine Oberhochheit Brüssels geraten würde. Daß solche Befürchtungen nicht völlig aus der Luft gegriffen waren, belegten Umfragen innerhalb der lokalen Bevölkerung. Beunruhigt zeigte man sich in Moskau darüber, daß immer mehr Bewohner Kaliningrads sich einen Sonderstatus innerhalb der reichen EU wünschen würden.

Der ehemalige Erste Stellvertretende Ministerpräsident Schachraj, heute Professor an der Moskauer Universität, entwickelte seine eigene Idee für die Region – Kaliningrad sollte als russisches administratives Gebiet Mitglied der EU werden. Er unterbreitete seinen revolutionären Vorschlag ausführlich beim Sushi-Essen im Restaurant »Miyuki«, das besonders häufig von russischen Politikern und Geschäftsleuten in Berlin frequentiert wird: »Nach einer Pilotphase der Mitgliedschaft Kaliningrads in der EU könnte Rußland selbst der EU beitreten.«

Doch Putin forderte von der EU einen Korridor durch Litauen oder eine Transitlösung, wie sie im kalten Krieg für Westberlin gegolten hatte. Eine internationale Autobahn, wie früher durch die DDR, oder plombierte Züge, die in Litauen nicht haltmachen würden, hätte den Russen das psychologisch wichtige Gefühl der Bindung zu ihrer Exklave gegeben. Doch die EU-Kommission blieb stur: am Schengener Regime durfte nicht gerüttelt werden, Ausnahmen wären nicht möglich.

Um seinen Drohungen Nachdruck zu verleihen, hatte Putin im letzten Jahr die russische Armee die Verteidigung Kaliningrads gegen einen – gleichwohl nicht spezifizierten – »übermächtigen Gegner« üben lassen. Amerikanische Satelliten wollten zudem Anfang 2001 Transporte von taktischen Atomraketen in die Region beobachtet haben.

Die EU schimpfte in gleicher Weise auf Moskau: die russische Regierung hätte in den zurückliegenden Jahren kaum etwas für die Verbesserung der sozialwirtschaftlichen Lage in ihrer Exklave getan, nun wäre die Region völlig heruntergewirtschaftet und zu einem Exportgebiet für Kriminalität, Drogen, gestohlene Autos und Aids geworden. Doch Putin, gestärkt durch die Gespräche mit Bush, drohte seinen Brüsseler Kollegen mit dem Ende der Partnerschaft, falls keine einvernehmliche Regelung für Kaliningrad gefunden werden würde.

Einen Tag später saß Putin wieder mit einer freundlichen Miene in Rom, inmitten aller Staatschefs der NATO-Länder. Dort wurde feierlich die Gründung des NATO-Rates der Zwanzig besiegelt. Moskau erhielt Mitspracherecht über eine breite Palette der NATO-Agenda und wurde faktisch in die NATO integriert, denn die Themen, die Rußland künftig im neuen Rat der Zwanzig mit den anderen 19 NATO-Mitgliedsstaaten im Konsens lösen wird, haben allesamt Bezug zu den wirklichen Bedrohungen, mit denen der Westen konfrontiert ist. Die Perspektiven der neuen Partnerschaft – oder Allianz – zwischen Rußland und der NATO waren revolutionär und wären ohne die Ereignisse vom 11. September undenkbar gewesen: Angefangen von Themen wie Proliferation, Antiterroroperationen, Geheimdienstkooperation, gemeinsame Grenzsicherungen könnten in Bälde frühere Tabubereiche wie gemeinsame Friedensmissionen in der GUS oder die Reformierung der russischen Streitkräfte angegangen werden.

In Deutschland, das Putins Ordnungspolitik zunächst kritisch gegenübergestanden war, errang der Kremlchef nach seiner Rede im Reichstag hohe Sympathiewerte. Außer einigen wenigen Publizisten, die einfach nicht zugestehen wollten, daß ihre anfänglich negative Einstellung gegenüber dem »KGB-Mann« Putin nach dem 11. September relativiert werden mußte, erblickte die Mehrheit der Deutschen in Putin einen Partner. Schröder, der im deutschen Wahlkampf 1998 seinen Vorgänger Kohl noch dafür kritisiert hatte, daß dieser seine Rußlandpolitik ausschließlich auf Jelzin setze und zuviel Finanzhilfe an Rußland leiste, war schon nach dem ersten Staatsbesuch Putins in Berlin im Juni 2000 zu seinem teuersten Verbündeten im Westen geworden. Es waren die obersten Wirtschaftsbosse Deutschlands aus dem Ostausschuß der Deutschen Wirtschaft, wie DaimlerChrysler-Vorstandsmitglied Klaus Mangold, Ruhrgas-Chef Burghard Bergmann und Ferrostaal-Präsident Klaus von Menges, die den Kanzler zu größerem Engagement mit Putin erfolgreich gedrängt hatten. Mit keinem anderen westlichen Politiker traf sich Putin in der ersten Hälfte seiner Amtszeit so oft – auf hoher Staatsebene und privat – wie mit Schröder. Der Kanzler besuchte mit seiner Ehefrau Doris die Familie Putin zu Weihnachten. Ein Jahr später gastierte Putin in Schröders Privathaus in Hannover. Während seiner Deutschlandreise im September 2001 äußerte Putin den Wunsch, die Stadt Dresden, wo er als KGB-Offizier stationiert war, privat zu besuchen. Schröder begleitete seinen russischen Freund nach Dresden und traf dort auf etliche »Schatten« aus Putins Vergangenheit.

Die Männerfreundschaft produzierte positive Resultate. Bei den Regierungskonsultationen im April 2002 in Weimar erließ Deutschland Rußland einen Großteil der Altschulden gegenüber der DDR. Über die Höhe und Rechtmäßigkeit der Schulden hatten sich Deutschland und Rußland in den Jahren zuvor heftig gestritten. Einen allgemeinen großzügigen Schuldenerlaß aller sowjetischen Altschulden lehnte Schröder jedoch unter der Begründung ab, Rußland würde es wirtschaftlich so gut gehen, daß es seine Schulden abtragen könnte. Auch bei der Restrukturierung der Schulden – Rußland schlug vor, russische Schuldscheine in Aktienanteile für deutsche Unternehmen an russischen Staatsbetrieben umzuwandeln – gab es keinen Fortschritt.

Im September 2000 beschlossen Putin und Schröder die Gründung eines Petersburger Dialogs der Zivilgesellschaften. Putin wollte nicht den fatalen Eindruck erwecken, seine Deutschlandpolitik bewege sich nur im Rahmen einer Männerfreundschaft mit Schröder. Es galt

Reminiszenzen aus der »Saunadiplomatie« zwischen Kohl und Jelzin zu vermeiden. Putin wollte nicht nur Schröder, sondern die deutsche Öffentlichkeit für seine Politik der Westintegration interessieren. Das neue deutsch-russische Forum sollte ein ähnliches Ziel verfolgen wie die Königswinter Gespräche, die zur Versöhnung zwischen Deutschland und Großbritannien nach dem Zweiten Weltkrieg beigetragen hatten. Putin und Schröder kamen überein, künftig an der Abschlußsitzung des Petersburger Dialogs aktiv teilzunehmen, um der Veranstaltung den nötigen politisch-gesellschaftlichen Schub zu verleihen.

Die deutsche Seite paßte ihrerseits auf, daß der neue Dialog mit Rußland nicht zur Funktionärsveranstaltung verkommen würde, sondern sich zu einem wirklichen Diskussionsforum für Fragen der Zivilgesellschaft entwickelte. Wie zu erwarten war, verlief der erste Petersburger Dialog im April 2001 in Sankt Petersburg noch recht mühsam. Russen und Deutsche tasteten sich sehr langsam voran, viele Probleme, die sich in den Jahren zuvor in den Beziehungen aufgestaut hatten, sei es die Beutekunst, Schulden, Nichtanerkennung wissenschaftlicher Diplome, Einschränkung der Pressefreiheit in Rußland, gerieten naturgemäß in den Vordergrund der Diskussionen. Die deutsche Delegation war weniger von den Inhalten der eigentlichen Gespräche als vom hervorragenden kulturellen und musikalischen Begleitprogramm begeistert.

Die Russen regten sich über deutsche Kritik an den Mängel ihrer Zivilgesellschaft auf. »Laßt uns über die weltpolitische Lage diskutieren, die beide Länder bewegt«, klagte Expremier Tschernomyrdin am Rande des Dialogs, »nicht über Werte, die unsere Gesellschaft erst nach einigen Jahren der Erfahrung mit der westlichen Zivilisation begreifen wird.« Um Deutschland und den Westen dennoch zufriedenzustellen, ließ Putin seinen Imageberater Pawlowskij kurz darauf im Kreml eine

Massenkonferenz der Nichtregierungsorganisationen durchführen, um eine Zivilgesellschaft zu imitieren.

Der zweite Petersburger Dialog fand ein Jahr später in Weimar statt. Putin zückte dort wieder einmal die »deutsche Karte«. In seiner Ansprache an das versammelte Forum würdigte der Kremlchef den 80. Jahrestag von Rapallo als historisches Beispiel hervorragender deutsch-russischer Zusammenarbeit. Der Rapallo-Vertrag war zwischen der deutschen Weimarer Republik und der jungen Sowjetmacht am Rande der Weltwirtschaftskonferenz in Genua im April 1922 unterzeichnet worden. Im Abkommen besiegelten die beiden Verlierermächte des Ersten Weltkriegs hinter dem Rücken der Entente eine geheime militärtechnologische Zusammenarbeit und verzichteten auf gegenseitige Schadensforderungen. »Weiß Putin nicht, daß Rapallo in Deutschland ein Schimpfwort ist?« flüsterten verärgerte deutsche Diplomaten im Saal.

Um sein Anliegen, die deutsche Öffentlichkeit für Rußlands Interessen stärker zu mobilisieren, spannte Putin den letzten Sowjetpräsidenten Gorbatschow in den Dialog ein. Letzterer wurde russischer Vorsitzender des Dialogs, neben dem ehemaligen Regierungssprecher Peter Bönisch, der den deutschen Vorsitz innehatte. Bönisch – Sohn einer russischen Mutter – eroberte durch seine sensible Art, mit der russischen Mentalität umzugehen, die Herzen der russischen Teilnehmer, während der in Deutschland immer noch äußerst populäre Gorbatschow für die Deutschen zu einem wichtigen Zugpferd für den Dialog wurde.

Im Vorfeld des Dialogs in Weimar organisierte die Nachrichtenagentur »Rosbalt«, die von Natalija Tscherkesowa, der Frau des engen Putin-Vertrauten Wiktor Tscherkesow, geleitet wird, einen runden Tisch mit russischen und deutschen Journalisten über die unterschiedlichen Sichtweisen auf die Ereignisse vom 11. September. Die Diskussion in Weimar sollte globalen, nicht nur zivilgesellschaftlichen Charakter erhalten. Dem russischen Wunsch nach einem solch breiten Dialog kam der Stellvertretende SPD-Fraktionsvorsitzende Gernot Erler gerne entgegen, als er vorschlug, in einem besonderen Arbeitskreis über Fragen der gemeinsamen europäischen Sicherheitspolitik zu diskutieren. Könnte es in Zukunft gemeinsame europäisch-russische Friedensoperationen im Rahmen der Europäischen Sicherheits- und Verteidigungspolitik (ESVP) geben? Was hielt Moskau von der Idee eines Kaukasus-Stabilitätspaktes?

Doch in Weimar paßten die Russen. Sie wichen aus. In der Weltpolitik wehte nach dem 11. September ein anderer Wind, die USA zeigten wieder Interesse an Rußland und folglich verloren manche allzu oberflächlich denkende Politiker in Moskau ihr Interesse an Europa. Die ESVP, so der Außenpolitiker Lukin vor einigen Monaten in einem Artikel in der »Nezawisimaja gazeta«, ist ein regionales Sicherheitsbündnis, das zwischen den USA und Rußland Fuß fassen könnte, aber welches sich dem UN-Sicherheitsrat unterordnen müßte.

Es besteht trotzdem kein Zweifel, daß Rußland zu einer konstruktiven Zusammenarbeit mit Deutschland und anderen führenden EU-Ländern auf dem Gebiet der Wirtschaft und Sicherheitspolitik zurückkehren wird. Mit den globalen Ambitionen der USA kann Rußland heute nicht mithalten. Möglicherweise hat der nüchtern denkende Politiker Putin den Weg der Orientierung auf die EU auch niemals verlassen. Nur wissen weder er noch seine Kollegen in der EU, ob sie zusammen eine Partnerschaft, eine Allianz oder gar eine Integration eingehen sollten. Die Gegnerschaft von 80 Jahren hat tiefe Spuren hinterlassen.

Kaum jemand hatte im August 1999, als der altersschwache Jelzin den 20 Jahre jüngeren Putin zu seinem Nachfolger ausrief, damit gerechnet, daß Rußland drei Jahre später wirtschaftlich wieder auf gesunden Beinen stehen und seinen Großmachtanspruch in der globalen

Sicherheitspolitik nach dem 11. September durchsetzen würde. In der Tat mutete Putins Erfolgsstory auf den ersten Blick verheißungsvoll an. Rußland exportierte wieder – wie vor der Oktoberrevolution 1917 – Agrarprodukte nach Europa, die Öl- und Gasexporte hatten fast den Stand der Sowjetära erreicht. Rußland baute sein Pipelinesystem und die Terminale so aus, daß in Zukunft Energielieferungen auch in die USA und nach Asien ausgeweitet werden konnten. Der russische Militärkomplex lag in den neunziger Jahren völlig am Boden, nun hatte Rußland die USA als größter internationaler Rüstungsexporteur wieder überholt. Die Auslandsschulden wurden pünktlich zurückbezahlt und keine neuen Kredite mehr aufgenommen. Die Zusammenarbeit mit dem IWF, der unter Jelzin der russischen Regierung noch Vorschriften machen durfte, war praktisch beendet.

Putin wollte sich auf dem Polster der Petrodollars keineswegs ausruhen und nahm tatsächliche strukturelle Wirtschaftsveränderungen in Angriff. Einen wichtigen Beitrag zur Transparenz und Erhöhung der Staatseinnahmen bildete der unternehmerfreundliche Steuerkodex. Er bescherte allen Russen, unabhängig vom Einkommen, einen Steuersatz von nur 13 Prozent. Auch die Gewinnsteuer für Unternehmen wurde von 35 auf 24 Prozent drastisch gesenkt. Weiterhin wurden die Importzollsätze vereinfacht und Zolltarife vereinheitlicht. Doch die mächtige Bürokratie in gerade diesem von der Korruption heimgesuchten Sektor verschärfte daraufhin das Zollregime durch interne Verordnungen, was die von Putin beabsichtigte Liberalisierung des Zollwesens unterminierte. Ansonsten passierten alle von der Regierung eingebrachten liberalen Gesetze die Duma, auch der Landkodex, der den Besitz und die Privatisierung von Grund und Boden legalisierte. Privatbesitz war in Rußland nicht mehr ideologisch verhöhnt, sondern wurde Teil der Wirtschaftsphilosophie. Westliche Investitionen flossen wieder nach Rußland, der Finanzkrach von 1998 schien vergessen. Die Steuereinnahmen, die Energieexporterlöse und die Währungs- und Goldreserven stiegen weiter an und füllten die Staatskasse.

Der Widerstand der Kommunisten und Nationalisten war scheinbar gebrochen: die kommunistische Partei war gespalten und dem Untergang geweiht. Die »Vaterland«-Partei des Moskauer Oberbürgermeisters Luschkow – Hauptrivale Putins bei den Parlamentswahlen 1999 – wurde von der Putin-Partei »Einheit« vereinnahmt. Die Nationalisten um Schirinowskij liefen gesenkten Hauptes zu Putin über. Schirinowskij, der vor sieben Jahren noch davon geträumt hatte, daß russische Soldaten ihre Stiefel im Indischen Ozean baden würden, kritisierte nicht einmal die amerikanischen Pläne, Öl- und Gaspipelines über Afghanistan an den Indischen Ozean zu verlegen, sondern pries die neue Freundschaft mit den USA in höchsten Tönen.

Die Opposition aus dem demokratischen Lager war ebenfalls verstummt. Jawlinskij, in all den Jahren alt geworden, liebäugelte mit dem Posten des Außenministers, die Liberalen von der Union der Rechten Kräfte, wie Nemzow, versprachen sich eine Regierungsbeteiligung in Putins zweiter Amtsperiode. Und Tschubajs, seit 1999 selbst Oligarch in der Funktion des Chefs von RAO EES, bereiste eine westliche Hauptstadt nach der anderen, um zu verkünden, daß Putins Schulterschluß am 11. September 2001 keine Einmannshow, sondern das Verlangen der neuen russischen Politikergeneration wäre. Die verschiedenen Politiker kämpften nicht selbst um die Führung des Landes, sondern um den Platz am Ohr des Präsidenten.

Putin konzentrierte sich in seiner Innenpolitik ganz auf die Wirtschaft. Nach seiner Machtübernahme hatte er eine nüchterne Bilanz des Potentials Rußlands gezogen und setzte Schwerpunkte für die künftige Entwicklung des Landes. Vom Modernisierungsschub in den Kernbereichen Energie, Transport, Rüstung erhoffte er sich einen Impuls für die Gesamtwirtschaft. Die Oligarchen wurden in eine Allianz zur Modernisierung Rußlands eingebunden, sie sollten ihre angehäuften Finanzmittel nun in die einheimische Infrastruktur investieren. Sie sollten Stiftungen gründen und ihren Beitrag zur Stärkung der Bildungs- und Forschungseinrichtungen des Landes leisten. Der Großunternehmer Efim Malitikow war einer der ersten, die sein soziales Gewissen entdeckte. Er finanziert heute aus eigener Schatulle Programme für die Erwachsenenbildung in Rußland und anderen GUS-Staaten und hat eine eigene »humanistische Universität« mit modernster technischer Ausrüstung errichtet. Ein anderer Oligarch, »Interros«-Chef Potanin, vergab Stipendien an russische Studenten.

Dafür versprach Putin den Oligarchen seine volle Unterstützung bei der Eroberung neuer Märkte in Europa und Amerika sowie diplomatischen Beistand bei der Privatisierung lukrativer exsowjetischer Industriebetriebe in der Ukraine, Belarus und anderen GUS-Staaten.

Putin strebte die Nutzbarmachung der unterentwickelten Wirtschaftsinfrastruktur Eurasiens als Verlängerung zu den florierenden Wirtschaftsräumen der EU und der asiatischen Staaten an. Sein langfristiges Ziel war die Verankerung Rußlands als strategische Brücke zwischen EU und Asien. Obwohl der nationalistisch geprägte Exbotschafter Lukin auf dem EU-Rußland-Forum im Juni 2001 in Wien sich gegen den Begriff »Brücke« verwahrte, weil »niemand auf der Großmacht Rußland trampeln dürfe«, versuchte Putin die EU an den russischen Energiekomplex (Erdöl, Erdgas, Strom, Atomindustrie) anzukoppeln. Heute ist Westeuropa schon zu 30 Prozent vom russischen Erdgas abhängig. In wenigen Jahren, wenn die Gasvorräte in Nordeuropa aufgebraucht sein werden, wird diese Abhängigkeit 70 Prozent betragen. Rußland, das bisher nur ein Drittel seiner Ölförderung exportierte, witterte ein neues Milliardengeschäft und sah schon westliche Investitionen in die Modernisierung seines Energiesektors fließen. Der Ausstieg Deutschlands aus der Atomwirtschaft käme Putin sehr gelegen, denn dann könnte Rußland vermehrt Gas nach Deutschland liefern. Auch die anvisierte russische Entsorgung europäischen Atommülls, der zusammen mit russischen Nuklearsprengköpfen zu Brennstoffenergie für zivile Atomreaktoren verarbeitet werden könnte, wäre für beide Seiten nützlich.

Allein am Öl- und Gasverkauf verdiente Rußland im ersten Jahr der Präsidentschaft Putins 43 Milliarden US-Dollar – der hohe Ölpreis auf den Weltmärkten warf seinen Profit ab. Ein Großteil der Petrodollars wurde in einen Spezialfonds des Präsidenten transferiert, aus dem zunächst die sozialen Löcher im Land gestopft, danach aber die Modernisierung der strategisch wichtigen Bereiche der russischen Wirtschaft begonnen wurde.

Während der Westen die Modernisierungsstrategie Putins in den Bereichen Energie und Transportwesen begrüßte, führte Putins dritte wirtschaftliche Prioritätssetzung – die Orientierung auf den Rüstungssektor als Motor für die Wirtschaftsankurbelung – zu Irritationen. Putin steigerte die staatlichen Aufträge an die Rüstungsindustrie um 133 Prozent und schickte wieder Kriegsschiffe in die Weltmeere. Es wurden plötzlich wieder großangelegte Militärmanöver wie in Sowjetzeiten abgehalten. Im Juni 2002 lief das größte Atom-U-Boot der Welt in der Barentssee, wo zwei Jahre zuvor die »Kursk« gesunken war, vom Stapel. Rußland eröffnete mit der Ankündigung, in 13 Jahren sechs Kosmonauten auf den Mars schicken zu wollen, einen neuen Wettlauf im All.

Die Rückforderung der Schulden war das einzige Instrument, das dem Westen geblieben war, um auf Putin Druck auszuüben und zu verhindern, daß Rußland seine Petrodollars in die Wiederaufrüstung steckte. Doch Putin beruhigte den Westen: ab 2002 sah der russische

Staatshaushalt zum ersten Mal in seiner Geschichte mehr Ausgaben für Bildung als für Rüstung vor. Nach Putins Schulterschluß mit dem Westen am 11. September begann der Westen dem Kremlchef wirklich zu vertrauen. Doch nun machte die Tatsache, daß der positive Umschwung in der russischen Politik allein an die Person Putins gebunden zu sein schien, westlichen Politikern Sorgen. Auch wenn in Rußland der Staatschef traditionell – zwar nicht de jure, aber de facto – die Allmacht eines Zaren genoß, bedeutete es nicht, daß es zur Person Putins keine Alternative gab.

Die »Jelzin-Familie« verfügte noch über großen Einfluß auf die Regierung, die sie größtenteils noch 1999, vor Putins Auftauchen als Premierminister, formiert hatte. Ministerpräsident Michail Kasjanow, der laut Verfassung Interimspräsident werden würde, falls Putin etwas zustoßen sollte, stammte aus ihren Reihen. Es ist längst kein Geheimnis mehr, daß Kasjanow sich mit den Mitgliedern seines Kabinetts, die Putin aus Sankt Petersburg geholt hat, in einem Richtungsstreit befindet. Wirtschaftsminister Gref beschwerte sich im öffentlichen Fernsehen darüber, daß Anordnungen des Präsidenten im Ministerrat nicht befolgt werden und Putin oft persönlich zum Telefon greifen müßte, um seine Linie durchzusetzen.

Doch Putin erlitt auch empfindliche Niederlagen. Bei den Gouverneurswahlen im Gebiet Moskau und Sankt Petersburg im Jahre 2000 schaffte er es nicht, seine Kandidaten durchzubringen. In Tatarstan und Baschkirien weigerten sich die alten Präsidenten, die von Putin zunächst durchgesetzte Limitierung der Amtszeit auf zwei Legislaturperioden zu akzeptieren. Nach der »Kursk«-Katastrophe benötigte er mehr als ein Jahr, um die verantwortlichen Admirale zu feuern. Die größte Niederlage erlitt er bei der Nominierung des Generalstaatsanwaltes. Putins Sankt Petersburger Mannschaft vermochte es nicht, ihren Wunschkandidaten, Dmitrij

Kozak, an die Stelle des noch unter Jelzin entmachteten Generalstaatsanwalts Skuratow zu hieven. Dieser Posten, der vor allem im Kampf gegen die staatliche Korruption von riesiger Bedeutung war, ging an Wladimir Ustinow, einen undurchsichtigen Staatsanwalt aus Sotschi, dem Verbindungen zur »Jelzin-Familie« nachgesagt wurden.

Der eigentliche Konflikt drehte sich um kommerzielle Interessen. Mit Hilfe Kasjanows wollte sich die alte Oligarchengruppe Vorteile bei der letzten Runde der Privatisierung sowjetischer Staatsbetriebe verschaffen. Dabei scheute sich die »Jelzin-Familie« nicht davor, ihr altes Oberhaupt – Jelzin – zu instrumentalisieren. Dieser wurde inzwischen zu einem Kritiker Putins. Putin ließ die Kritik Jelzins an seiner Führung mit den Worten abprallen: »Der Präsident bin jetzt ich!«

In der Vergangenheit hatte sich Kasjanow für Mitglieder der alten »Jelzin-Familie« eingesetzt, die Putin zu entmachten suchte, wie Eisenbahnminister Aksenenko, und fand eigene Möglichkeiten, Putin-Vertraute zu degradieren, wie den Vizepremier für Rüstung Ilja Klebanow. Für Verwirrung sorgte Kasjanow Ende 2000, als er plötzlich erklärte, Rußland könne seinen Verpflichtungen bei Schuldenrückzahlungen nicht mehr nachkommen. Ein zorniger Putin rief daraufhin eine Dringlichkeitssitzung des Kabinetts zusammen und forderte, Sondermittel – wenn nötig auch aus dem Spezialfonds – für den Schuldendienst zur Verfügung zu stellen, um die russische Politik der Westintegration nicht zu gefährden.

Putin hat, durch seine Arbeit in der Präsidialadministration und seine eigene Zugehörigkeit zum engen Kreis der »Jelzin-Familie« in der zweiten Hälfte der neunziger Jahre, eine realistische Vorstellung von der Korrumpiertheit des Regimes bekommen. Wie in den vorangegangenen Kapiteln ausführlich beschrieben, wurden Geheimdienstleute, oder Personen mit engen Kontakten zur Sankt Petersburger Geheimdienstzentrale, aus der Putin stammte, an die wichtigsten Schaltzentren des Landes plaziert – in die Präsidialadministration (die schon erwähnten Medwedew, Kozak, Koschin, Setschin, Iwanow, andere), an die Spitze der neuen Föderativen Superverwaltungen (Tscherkesow und Georgij Poltawtschenko), ins Militär (Sergej Iwanow), an die Spitze der Finanzverwaltung der Armee (Ljubow Kudelina), in die Führung der Parteien (Gryzlow), in den Vorstand des Industrie- und Handelsverbandes (Primakow), in die Steuerpolizei (Wladimir Woroschzow), in den Obersten Rechnungshof (Expremier Stepaschin), in die Leitung von Gasprom (Miller, Medwedew), in die Führung der staatlichen Rüstungskonzerne, in das Diamantenkartell, in das Eisenbahnministerium und sogar ins Direktorium des Staatsfernsehens (Alexander Zdanowitsch). Um die Oligarchenherrschaft erfolgreich bekämpfen zu können, mußte Putin den Geheimdienst, den er als einzige nichtkorrumpierte Institution kannte, zur tragenden Säule seiner Exekutive installieren.

Allerdings waren Putins Geheimdienstleute bei der Auswahl der Mittel, mit denen sie das politische Programm der Wiederherstellung der Ordnungsmacht oder »Diktatur des Gesetzes«, mit dem Putin vor zweieinhalb Jahren die Präsidentschaftswahlen gewann, durchsetzten, wenig zimperlich. Die Handschrift der Geheimdienstleute war bald überall in der russischen Innenpolitik unverkennbar. Der Manipulation mit den Instrumenten der Staatsanwaltschaft und Steuerpolizei waren Tür und Tor geöffnet. Das zeigte ihr resolutes Vorgehen gegen die Medienimperien von Berezowskij und Gusinskij. Zwar verbreiten die Geheimdienstler keine Angst in der Bevölkerung – wie in Zeiten des Kommunismus – doch in den Intellektuellenkreisen und den Medien verstummte die unter Gorbatschow und Jelzin als selbstverständlich gesehene Kritik am Staat merklich.

Die Ordnungspolitik Putins mochte nach Jahren der Korruption und Anarchie für Rußland notwendig erscheinen, um Barrieren auf dem Weg zum Rechtssystem sowie zur Marktwirtschaft zu beseitigen. Doch konnte sich das System der »gelenkten Demokratie« so verfestigen, daß die Entwicklung Rußlands zur Demokratie einen bleibenden Schaden davontragen würde.

Putin erkannte die Gefahr, denn er wurde sowohl von eigenen Intellektuellen als auch ausländischen Staatschefs darauf aufmerksam gemacht. Doch der Kremlchef wischte alle Bedenken vom Tisch: »Eine Diktatur wird es in Rußland nicht geben!« Für Putin hat die Modernisierung Rußlands höchste Priorität. Soweit es ging, wollte er in seiner Politik liberale Grundsätze befolgen – doch nicht auf Kosten einer weiteren Verelendung der Bevölkerung und Schwächung des Staates.

Am 11. September 2000 verabschiedete sich Putin von seinem Biographen, den er zu einem privaten Abendessen in den Kreml eingeladen hatte, mit den Worten: »Als Präsident bin ich nur der höchste Staatsbeamte. Ich sehe meine Aufgabe darin, dieses Amt in ein wirklich demokratisches umzufunktionieren und es, unseren historischen Traditionen zum Trotz, nach meinem Weggang als demokratische Institution für die Zukunft zu sichern.«

Personenregister